权威·前沿·原创

皮书系列为
"十二五""十三五""十四五"时期国家重点出版物出版专项规划项目

BLUE BOOK

智 库 成 果 出 版 与 传 播 平 台

中国涉案财物制度改革蓝皮书

BLUE BOOK OF THE REFORM OF LITIGATION
PROPERTY SYSTEM IN CHINA

中国刑事涉案财物制度改革发展报告 *No.3*
（2023~2024）

REPORT ON THE REFORM AND DEVELOPMENT OF CRIMINAL
PROPERTY AND EVIDENCE SYSTEM IN CHINA No.3
（2023-2024）

主　编／李玉华　肖　松
副主编／张海军　焦　娜

社会科学文献出版社
SOCIAL SCIENCES ACADEMIC PRESS （CHINA）

图书在版编目（CIP）数据

中国刑事涉案财物制度改革发展报告 . No. 3，2023~
2024 / 李玉华，肖松主编 . --北京：社会科学文献出
版社，2024. 9. --（中国涉案财物制度改革蓝皮书）.
ISBN 978-7-5228-4001-7

Ⅰ. D925. 204

中国国家版本馆 CIP 数据核字第 2024QR0233 号

中国涉案财物制度改革蓝皮书
中国刑事涉案财物制度改革发展报告 No. 3（2023~2024）

主　　编 / 李玉华　肖　松
副 主 编 / 张海军　焦　娜

出 版 人 / 冀祥德
责任编辑 / 李　晨　刘　芳
责任印制 / 王京美

出　　　版 / 社会科学文献出版社 · 法治分社（010）59367161
　　　　　　 地址：北京市北三环中路甲 29 号院华龙大厦　邮编：100029
　　　　　　 网址：www. ssap. com. cn
发　　　行 / 社会科学文献出版社（010）59367028
印　　　装 / 三河市东方印刷有限公司

规　　　格 / 开　本：787mm×1092mm　1/16
　　　　　　 印　张：16.5　字　数：246 千字
版　　　次 / 2024 年 9 月第 1 版　2024 年 9 月第 1 次印刷
书　　　号 / ISBN 978-7-5228-4001-7
定　　　价 / 128.00 元

读者服务电话：4008918866

本书受中国人民公安大学"双一流"建设暨公安学科自主知识体系建设计划资助

主要编撰者简介

主　编

李玉华　中国人民公安大学法学院院长、教授、博士生导师；北京市人大代表、北京市人大监察和司法委员会副主任委员；教育部高等学校法学类专业教学指导委员会委员、中国刑事诉讼法学研究会副会长、中国案例法学研究会常务理事、中国法学教育研究会常务理事、北京数字经济与数字治理法治研究会副会长；国务院政府特殊津贴专家；入选国家高层次人才特殊支持计划教学名师、教育部新世纪优秀人才支持计划；荣获北京市先进工作者、首都十大杰出青年法学家等称号。主要研究领域为刑事诉讼法学、证据法学、警察法学等。

肖　松　法律硕士，现任北京市公安局法制总队党委书记、总队长，长期致力于法治公安建设理论研究和执法实践，在《人民公安报》等刊物发表论文十余篇，在公安执法改革和执法规范化建设领域创建多个"北京样本""北京经验"，全面推进首都公安创新发展成效突出。

副主编

张海军　海邻科集团创始人、董事长兼总裁，兼任黑龙江省工商联副主席、松北区政协副主席、松北区工商联主席、哈尔滨市深圳商会会长、"海邻科-哈工大智能社会治理信息服务产业技术研究院"院长等。哈尔滨工业大学通信工程专业硕士学位，长期致力于通信技术、警务办公领域的研发创新。带领的研发团队曾获教育部一等奖、黑龙江省电子工业科技进步一等奖、黑龙江省科学技术奖二等奖、山东省公安厅科学技术进步奖二等奖。

焦　娜　中国人民公安大学法学院讲师，公安法治研究中心研究员，法学博士。参与科技部重大司法专项、国社科重点课题等 8 项；发表文章 8 篇；主持校级项目 2 项；参编中国涉案财物改革蓝皮书 2 部，参编著作《统一涉案财物管理中心建立的论证与设计》。获第九届陈光中诉讼法学奖学金、中国法学会案例法学研究会 2019 年学术年会优秀论文二等奖等。

摘　要

过去两年，全国公安机关在中共中央办公厅、国务院办公厅《关于进一步规范刑事诉讼涉案财物处置工作的意见》《关于全面深化公安改革若干重大问题的框架意见》的政策指引下，在公安部《公安机关涉案财物管理若干规定》的具体要求下，深入开展刑事涉案财物制度改革，形成了新的经验做法，取得了一定的工作成效。

"中国涉案财物制度改革蓝皮书"由中国人民公安大学法学院编写，旨在持续记录和描述中国涉案财物制度从传统向现代改革转型的发展状况，分析改革中存在的问题，预测未来发展趋势，推动涉案财物管理和处置工作的现代化进程。该蓝皮书2023~2024年卷为《中国刑事涉案财物制度改革发展报告No.3（2023~2024）》，分为总报告和分报告两部分，描述了中国刑事涉案财物制度改革现状，梳理和分析了刑事涉案财物制度改革中存在的问题，提出了未来我国刑事涉案财物制度改革的完善建议。

总报告指出了刑事涉案财物制度改革的重要意义；总结了各地改革探索的典型经验；梳理分析了当前刑事涉案财物制度改革中面临的主要问题和挑战，提出了未来中国刑事涉案财物制度改革的发展方向。

分报告选取在刑事涉案财物制度改革中具有代表性的城市，描述了各地在改革探索过程中的困难挑战、先进经验和创新举措，有利于我们全方位了解刑事涉案财物制度改革实践。北京市依托"实物静止，手续流转"的涉案财物跨部门管理机制，成功打造了涉案财物管理的"北京模式"。厦门市联合财政部门、检察院、法院等，线上研发涉案财物管理平台，线下打造跨

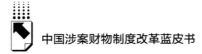

部门涉案财物管理中心，实现"物品集中管理、信息网上流转、中心集约处置"。湖州市建立针对涉众型案件的涉案财产管理人制度，迭代涉案财物监管机制，建立"刑事涉案财物智能监管平台"。温州市创新涉案财物社会化处置模式，不断优化升级涉案财物数字化处置平台。湘潭市利用制度规范、移动智能与政法协同，形成涉案财物管理工作的"湘潭模式"。常熟市着力构建涉案财物全流程闭环管理体系，形成快进快出、高效处置的共管新格局。

目前，刑事涉案财物制度改革仍存在一些堵点和难点，例如，全国范围内的统一涉案财物管理中心尚未普遍建立，而已经建立的统一涉案财物管理中心又面临独立性不足、职权范围不清等问题，影响涉案财物制度改革的整体性推进。又如，在涉案财物保管期限立法不明，涉案数字资产处置规范缺失，利益相关人权利保障不足的条件下，现有刑事司法制度无法满足涉案财物处置的实践需要。面对这些问题，需要进一步深化涉案财物制度改革，加强涉案财物理论供给，以刑事涉案财物处置工作现代化推动新时代政法工作现代化。

关键词： 刑事涉案财物处置　先行处置　跨部门涉案财物管理中心

目 录 ⎰

Ⅰ 总报告

Ⅱ 分报告

涉案财物制度改革之直辖市篇

涉案财物制度改革之计划单列市篇

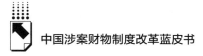

皮书数据库阅读**使用指南**

总 报 告

B.1
中国涉案财物制度改革总报告

李玉华 焦 娜*

摘 要： 财产权是公民基本人权的重要组成部分。加强涉案财物的管理与处置，有利于财产权的保护，有利于保障人权。近两年，中国涉案财物制度改革持续进行，相关法律法规进一步完善，不同地区改革的进度、深度有所差异。现代化的统一涉案财物管理中心尚未在全国普遍建立；已建立的统一涉案财物管理中心面临一些新问题；涉案财物先期处置与审前返还不畅，涉案数字资产"处置变现"不易；涉案财物利益相关人的权利保障不足等。未来涉案财物管理制度改革和发展的方向是推动跨部门统一涉案财物管理中心的建立与完善，畅通涉案财物"出口"，重视利益相关人权利的保障。

关键词： 统一涉案财物管理中心 先期处置 权利保障 财产权保护

---

* 李玉华，中国人民公安大学法学院院长、教授、博士生导师，法学博士，主要研究领域为刑事诉讼法学、证据法学、警察法学等；焦娜，中国人民公安大学法学院讲师，法学博士，主要研究领域为刑事诉讼法学。

一 引言

坚持以人民为中心是习近平法治思想的重要内容，坚持以人民为中心就要着眼于实现人民群众对平安幸福的向往，着眼于回应人民群众对公平正义的新期待。① "习近平法治思想坚持以人民为中心的发展理念，把实现人民美好生活向往作为根本价值，强调不断提高尊重和保障人权水平。"② 国家层面不仅应重视依法保障公民的财产权，还要重视依法保障民营企业的财产权。为了优化民营经济发展环境，依法保护民营企业产权和企业家权益，2023年7月19日发布的《中共中央 国务院关于促进民营经济发展壮大的意见》中提出，对涉案企业能不对涉案财物采取强制性措施的就不采取，能缩短采取强制性措施的时间就缩短时间。③ 对于企业而言，这是对涉案企业财产权的保护；对于办案机关而言，这有利于减少对涉案财物的管理与处置工作，使办案机关有更多的时间和精力投入查清案件事实与收集证据中，从而推动诉讼进程顺利进行。

加强涉案财物的管理与处置，有利于财产权的保护，有利于保障人权。近两年，中国涉案财物制度处于持续改革发展中，实践探索中不断出现新的亟待解决的问题。例如，涉案财物的种类越来越多，涉案财物管理中心需要提供适当的保管和处置措施；再如，涉案财物管理中心的涉案财物进得快、进得多，出得慢、出得少，涉案财物管理中心随时可能面临爆仓的风险。在这种情况下，不仅需要把好入库关，尽量减少涉案财物的入库量和入库速度，还需要把好出库关，特别是提高涉案财物的处置效率。对此，实务部门不断出现新的探索，例如办案机关与其他多部门共同管理涉案财物、政府购

---

① 参见王洪祥《坚持以人民为中心》，《人民日报》2021年1月25日，第11版。
② 汪习根：《论习近平法治思想中的美好生活权利》，《政法论丛》2021年第5期。
③ 具体而言，进一步规范涉产权强制性措施，避免超权限、超范围、超数额、超时限查封扣押冻结财产。对不宜查封扣押冻结的经营性涉案财物，在保证侦查活动正常进行的同时，可以允许有关当事人继续合理使用，并采取必要的保值保管措施，最大限度减少侦查办案对正常办公和合法生产经营的影响。

买第三方服务、引入第三方平台进行在线处置涉案财物等。这些措施无疑可以提高处置效率，包括先期处置效率，从而更加科学与规范地处置涉案财物。

总报告主要集中介绍 2022 年、2023 年中国涉案财物制度改革研究状况以及实践中典型代表地区的做法。在此基础上，综合分析中国涉案财物制度改革存在的主要问题及原因，并提出未来改革发展的方向和重点，以期中国涉案财物管理制度朝着现代化、科学化方向迈进。

二　中国涉案财物制度改革的实践发展

（一）法律法规的完善

近两年，不论是国家层面，还是地方层面，都出台了与涉案财物制度相关的法律文件及规定。具体而言，在国家层面，全国人大常委会通过了两部专门性的法律。一是自 2022 年 5 月 1 日起施行的《中华人民共和国反有组织犯罪法》（简称《反有组织犯罪法》），其中第四章规定了"涉案财产认定和处置"，并明确了涉案财产的处置方式包括退还、返还、先行出售、变现或者变卖、拍卖、追缴、没收或者责令退赔；二是自 2022 年 12 月 1 日起施行的《中华人民共和国反电信网络诈骗法》（简称《反电信网络诈骗法》），其中第 20 条规定了建立完善电信网络诈骗涉案资金相关处置制度，包括及时解冻和资金返还等。[①] 2022 年 6 月公安部印发了《关于进一步推动执法办案管理中心提质增效的意见》，明确提出了"强化涉案财物管理""整合执法办案功能和需求，打造一站式执法办案基地"等，推动银行、鉴定机构等为公安机关提供必要的办案辅助服务。

---

① 《反电信网络诈骗法》第 20 条规定："国务院公安部门会同有关部门建立完善电信网络诈骗涉案资金即时查询、紧急止付、快速冻结、及时解冻和资金返还制度，明确有关条件、程序和救济措施。公安机关依法决定采取上述措施的，银行业金融机构、非银行支付机构应当予以配合。"

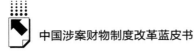

在地方层面，不少地区出台相关文件规定。例如改革之初，北京市公安局已针对刑事、行政案件分别出台了《刑事诉讼涉案财物管理实施细则》《行政案件涉案财物管理实施办法》；为持续不断深化涉案财物管理改革，北京市公安局制定印发了《关于进一步加强涉案财物管理工作的意见》《关于贯彻落实刑事案件层级管辖分工有关工作的意见（三）》，与市场监督管理局共同签署了《关于建立市场监管领域涉案财物存储协作机制的意见》等。天津市公安局先后制定了《涉案财物信息录入管理规定》《涉案财物处置工作规定》。江苏常熟市委政法委牵头常熟市公安局、检察院、法院、财政局，经反复研商，联合制定印发了《常熟市刑事诉讼涉案财物管理办法》。

（二）代表地区的发展概况

1. 北京市

北京市公安局立足首都定位，自 2017 年起积极开展涉案财物管理改革，实现了机制、队伍、信息化建设等方面从无到有的历史性变革，打造的涉案财物管理"北京模式"为全国法治建设贡献了北京力量、北京智慧。北京市公安局不断丰富完善"实物静止、手续流转"的工作机制，联合行政部门创新搭建行刑衔接案件涉案财物"公物仓"存储协作机制，依托执法办案管理中心检察室，创建刑事涉案财物公检跨部门监督协作机制，建立了重大数额财产强制措施法制审核制度。搭建场所、人员、信息化系统"3+3+3"管理架构。北京市公安局大胆探索，勇于创新，着力丰富涉案财物跨部门集中统一管理"一个核心"工作机制的内涵，推动涉案财物管理中心与执法办案管理中心"两个中心"融合运行，规范涉案财物源头、过程、出口"三个环节"精准管理，不断提升涉案财物管理法治保障水平。北京市公安局在管理队伍专业化、保管场所规范化、信息系统智能化、监督管理精细化等方面成果显著，全面推动涉案财物管理工作迈上了新台阶。

2. 厦门市

在厦门市委政法委的统筹协调下，厦门市公安局联合财政部门、检察院、法院等，线上研发涉案财物管理平台，打通数据壁垒，实现对涉案财物实时、动态、全流程信息化监管，将跨部门涉案财物智能化管理平台同时部署在公安内网、政法专网以及法院内网；线下通过政府购买社会化服务的方式打造跨部门涉案财物管理中心，将全市刑事、行政涉案财物集中管理，引入第三方机构为涉案财物提供专业服务，运用先进技术保障涉案财物的管理、运输、仓储安全，从而实现"物品集中管理、信息网上流转、中心集约处置"。厦门市积极推动刑事涉案财物先行处置机制的落地，探索车辆先期拍卖，尽可能实现涉案财物的保值增值，加快涉案财物的流转处置；探索建立物证"一站式"鉴定，实现案件暂扣款和保证金"去现金化"管理，打通了执法部门与财政部门、银行、微信、支付宝等平台的数据壁垒，运用"全渠道缴款和支付"手段，实现款项缴交、支付"去现金化"，降低涉案保管行政成本和压力，维护当事人合法权益。

3. 湖州市

湖州市 2019 年统筹成立全省首家"刑事诉讼涉案财物管理中心"，由市、县（区）共同使用，切实提升资源管理效率。首先，湖州市公安局在省委政法委试点工作的基础上，政企协作创新刑事涉案财物保管机制，提出"第三方保管""换押式移交"的做法，依托第三方公司打造一流硬件，完善综合配套设施，开发专用系统。其次，该局搭建刑事诉讼涉案财物智能监管平台与"一键式"网络法拍平台，创新涉众型刑事案件涉案财产管理人制度，有效提升了涉案财产处置的专业性、系统性和实效性，最大限度地追赃挽损，有力保护了公司、法人和其他组织的合法财产权益，完善协同监督、联动处置、权益保障等机制，对刑事涉案财物的监管予以提升。再次，湖州公安开发涉众型刑事案件"智管平台"，平台下设政法机关、管理人、投资人 3 个端口，通过拓宽涉案财物一体化保管范围、完善监督保管机制、打造涉案财物处置生态圈三大措施，按照"体制、机制、技术"三轮驱动理念，进一步推动涉案财物智慧监管处置工作迭代优化。最后，湖州公安建立权利保障机制，在刑事涉案财物处置中增加听证会，为涉案财物处置争议提供法律救济渠道。

4. 温州市

温州市作为浙江省刑事诉讼涉案财物处置改革试点地区，积极探索刑事诉讼涉案财物处置工作现代化建设。2019 年，由温州市公安局牵头，在市委政法委、市检察院、市法院及市财政局等部门的共同参与下，经过前期的认真谋划，决定采取委托第三方社会机构保管模式，建立全市跨部门涉案财物管理中心，形成统一的涉案财物保管制度和标准。在建立跨部门涉案财物管理中心的基础上，不断创新刑事诉讼涉案财物处置工作机制，打造一个集"管理、流转、处置、监督"于一体的涉案财物处置平台，推进数字化改革与涉案财物处置核心业务深度融合。温州市主要采取了以下三项举措：一是加强数字赋能，打造刑事诉讼涉案财物数字化处置平台；二是引入专业力量，创新刑事诉讼涉案财物社会化处置模式；三是抓好建章立制，重塑刑事诉讼涉案财物处置规范化流程。但实践中仍然存在分阶段职责落实不到位、信息应用平台不够智能、处置范围渠道不够广泛、监督制约机制仍不健全等堵点。对此，温州市进一步压实部门处置职责，迭代数字化处置平台，拓宽处置范围渠道，健全监督制约机制，全面提升全市刑事诉讼涉案财物处置工作数字化、专业化和规范化。在刑事诉讼涉案财物社会化处置改革中，该市采取了专班推进、专项清理、试点先行的方式，通过落实分阶段处置原则、委托社会机构协助处置，创新规范化制度体系、打造数字化协同平台、构建立体式监督体系。

5. 湘潭市

湘潭市公安局在历年的改革探索中，不断针对涉案财物中频发的收缴、保管、处置难题因地制宜地提出解决方案。在人、财、物资源配备不充足的情况下，利用制度规范、移动智能与政法协同等手段形成涉案财物管理工作的"湘潭模式"。2017 年深入细化了涉案财物管理，对涉案财物集中保管中心进行了智能化改造，并引入了涉案财物管理系统对全市的涉案财物进行管理。2023 年，湘潭市将侦查监督与协作配合机制、公检法司联席协调机制、非羁押人员管控、涉案财物跨部门流转等诸多机制融入打造成全市政法协同中心，创新跨部门协作，扭转原来涉案财物管理模式，从"被动管""事后管"转变到"主动管""事前管",明确部门保管职责,厘清部门间流转程序,重点监管特殊物品。此外,2023 年对涉案财物系统进行升级改革,利用移动互联应用建立涉案财物"云仓库",优化信息平台数据运算逻辑,并强化结果运用。

6. 常熟市

常熟市积极探索涉案财物管理处置机制改革,常熟市公安机关积极贯彻上级要求,树立全市"一盘棋"思想,联合检法机关建立三方共管的涉案财物管理中心,委托第三方具体管理涉案物品,着力打造分类保管、有序流转、专业运营、科学评估、高效处置、切实监督的涉案财物管理处置工作,快速助推涉案财物管理能力和水平提升,最大限度减少资源浪费和保障相关当事人的合法权益,提升司法公信力。另外,该市开发常熟市涉案财物管理系统,推动涉案财物的全生命周期管理,出台《常熟市刑事诉讼涉案财物管理办法》,并同步制订涉案财物保管工作、处置工作两个实施细则,最大化发挥集约管理效能。常熟市公安机关高度重视涉案财物管理处置工作,不断创新方式方法,通过线上直拍、警银联动监督、电子非税罚没收据、行政罚款非诉执行、智能化报表等措施,打通便捷快处渠道,强化内外监督,促进涉案财物快进快出、高效处置。涉案财物管理中心的库房占用率常态化保持在 44% 左右,大宗涉案财物积压情况不再出现。未来常熟市公安机关将更加重视涉案财物管理处置工作,进一步推进信息化管理水平,完善监督制约机制,深化涉案财物存量清理,拓展中心涉案财物的管理范围。

三 中国涉案财物制度改革存在的问题

中国涉案财物制度正在持续改革过程中,因不同地区的经济发展速度、主要犯罪案件类型以及犯罪案件的发案率存在差异,不同地域的涉案财物管理制度和执行举措也有所不同。例如在经济发展较快地区,涉众型经济犯罪案件以及新型犯罪案件的案发率都较高,侵害财产权的问题更为严重,涉案财物的管理和处置就显得尤为重要。如果因管理工作疏忽导致涉案财物出现毁损和灭失，或者是在保管期间涉案财物出现了明显贬值，其不仅是对涉案财物权利人的权利造成损害，同时可能会影响涉案财物的证据能力甚至是证明力。因此，这些地区的政府部门往往对涉案财物的管理与处置工作特别重视。但是在实践中，我国不同地区对涉案财物制度改革的进度、深度有所差异，而且不同地区在探索的过程中遇到了发展的难题与瓶颈。

（一）统一涉案财物管理中心尚未普遍建立

由于现代化的规范的统一涉案财物管理中心尚未普遍建立，许多未建立统一涉案财物管理中心的地区在涉案财物管理方面仍存在一些问题，包括涉案财物管理方式落后、涉案财物管理程序不透明等。

首先，涉案财物管理方式落后。目前，很多地方的保管方式并未跟上现代信息化水平的发展程度，依然采用较为落后的管理方式。这主要表现在以下两点。一是涉案财物保管场地有限，统一管理、专人管理要求落实不到位，造成风险隐患。部分办案机关涉案财物管理场所的面积较小、设施老旧，没有做好防潮、防蛀、防鼠等措施，导致涉案财物霉烂、蛀蚀，不能完全满足工作需要，特别是一些地方城市建设快速发展，老城区内缺乏合适保管场所，有的建设场地的问题更加突出，场所的物防、技防设备设施性能落后，存在安全防护漏洞。如某地公安机关收缴的自制枪支存放在保管架上，房间也仅安装普通木门而非防盗门。有的场所配备的储物箱、保险柜、冷柜等保管设施在数量和质量上无法完全满足妥善保管涉案财物的需要。二是涉案财物对应查找效率低下。实践中有些办案机关对于在库保存的小件涉案物品，通常采用"物证袋"封存的方式，保管在储物架指定位置，查找方便；对于稍有一定体积的涉案物品，由于没有合适包装且不易存于储物架，通常采取指定位置摆（堆）放的方式，久而久之，容易混放，导致对应查找效率低下，影响案件办理。

其次，涉案财物管理程序不透明。办案机关对涉案财物进行查封、扣押、冻结后，当事人与利害关系人随即失去了对涉案财物的占有权，由于管理程序的不透明，当事人并不清楚涉案财物的保管场所、保管方式以及各机关之间的移送状况，这在一定程度上限制了权利人的知情权，也难以起到对办案机关的监督作用。

（二）已经建立的统一涉案财物管理中心面临新问题

跨部门涉案财物管理中心的建立已经成为一种社会趋势，发展较快的一些直辖市、地级市早在 7 年前就已经成立了跨部门涉案财物管理中心，并在全国范围内发挥着示范作用，例如，广东省深圳市公安局宝安分局于 2016 年底建立了全区统一的涉案财物管理中心，北京市于 2017 年建立了由市、区两级公安机关建设的涉案财物管理中心，集中统一保管公检法机关的涉案物品。其他地区也陆续建立了适合本地发展的跨部门涉案财物管理中心，比如：湖州市于 2019 年统筹成立全省首家刑事诉讼涉案财物管理中心，由市、县（区）共同使用，切实提升了资源管理效率；厦门市于 2020 年成立了跨部门涉案财物管理中心；常熟市作为县级市，2022 年 9 月正式成立常熟市涉案财物管理中心，在全省率先建成实体化运行的公检法涉案财物共管中心，形成"政法牵头、公安主管、检法协同"的涉案财物共管格局。

已建立统一涉案财物管理中心的地区改变了以往涉案财物管理落后、场地有限等状况，但仍面临一些新的问题。一是未赋予统一涉案财物管理中心独立性定位。实践中，集中管理中心因未核定独立编制，缺乏独立财政支持，通常被认为不是独立的组织机构，不具备独立性。以成都市温江区为例，集中管理中心设立在公安机关大楼内，由公安机关装备财务处代管，配备有 2 名文职和 1 名民警，其中在编人员仅 1 名，管理中心运行费用来自当地财政，自身不具备自负盈亏能力。二是统一涉案财物管理中心的职权范围不明确。一方面，实践中存在仅有管理之责而无管理之权现象；另一方面，管理中心的权力缺乏实质约束力，实践中管理中心往往仅负管理义务，并无约束相关机关的实质权力，[①] 从而导致涉案财物管理要求落实不到位。三是

---

① 参见江佳佳《刑事诉讼涉案财物管理的改革模式与路径选择》，《地方立法研究》2023 年第 3 期。

跨部门集中统一管理工作相对滞后。虽然近年来各地公安机关加大投入建设涉案财物保管场所，但由于缺乏完善的顶层设计和有效的部门协调，导致部分地区跨部门集中统一管理工作进展较慢，新建的管理场所作用发挥不充分。四是处置工作需要进一步强化协同。一些案件特别是涉众型经济犯罪案件、黑恶势力犯罪案件中，涉案财物数量多、种类杂、分布散，涉及受害人众多且与案件的关联度有所不同，对涉案财物的处置可能会出现"众口难调"的结果，容易引发社会矛盾。① 例如在电信网络诈骗案件中，刑事涉案财物处置司法控制弱的问题比较突出，审前阶段对刑事涉案财物的处置缺乏程序性救济，庭审程序中重"定罪量刑"、轻"财物处置"。② 对涉案资金适用先行处置的条件较为僵化，在一定程度上有违电信网络诈骗犯罪涉案资金的流转特征和返还实践。③ 在有组织犯罪案件中，涉案财产的处置通常较普通刑事犯罪更为复杂，侦查机关对涉案财物的来源、性质、权属不容易查清与区分，导致检察机关与审判机关难以深入调查，从而在判决时无法明确提出具体处理意见，影响后续对涉案财物的及时处置。

（三）历史遗留问题

首先，涉案物品管理工作规范程度较低。由于 2010 年之前的涉案物品管理工作规范程度低，普遍存在底册不清、物品不详的问题，主要表现在三个方面：一是底册不清，办案人员不知道应当有多少涉案财物以及实际上有多少涉案财物；二是物品不详，办案人员不知道扣押的涉案财物应当归属于哪个案件；三是扣押清单不清楚，清单上的描述不详细，如清单上仅写了手机一部，但究竟是何种型号的手机并未描述清楚，造成清单与物品难以对应的问题。

---

① 参见任志中、王珊《非法集资犯罪案件资产管理与处置问题研究》，《法律适用》2021 年第 2 期。
② 参见郭烁《电信网络诈骗犯罪应对的程序性困境与完善》，《法学论坛》2023 年第 4 期。
③ 参见林喜芬、张一武《涉案资金先行返还的制度困境与出路——以电信网络诈骗犯罪为例》，《昆明理工大学学报（社会科学版）》2022 年第 5 期。

其次，公检法部门协作不够。具体表现为法院裁判文书存在未提及或遗漏部分涉案财物的问题，导致公安机关无法处置，从而产生积压。

（四）涉案财物处置过程中存在的问题

近年来，涉案财物处置工作面临的新情况、新问题层出不穷，处置难度愈发加大，对办案机关公正高效开展涉案财物处置工作提出了更高的要求和标准。[1]

1. 涉案财物保管期限立法不明确

最高人民法院和国家档案局于 1984 年颁行的《人民法院诉讼文书立卷归档办法》对结案后归档的刑事赃证物留存时限最少为十五年。另外，最高人民法院《关于刑事案件中证物保管问题的批复》【（64）法研字第 77号】规定，"刑事案件中的证物，如凶器、血衣、妇女被奸污后留有精液的衣、裤等，应当开列清单附卷，并在证物上粘贴标签，注明年度、档案，另放一处妥善保管，至少保存十五年，以后如认为没有必要保存时，可造具清册，经院领导批准后销毁"。这些规定难以满足涉案财物保管处置的现实需求，影响了涉案财物的及时处置。

2. 涉案财物先期处置面临问题

面对数量巨大、种类繁多的涉案财物，传统的随案移送等到案件终结再处理涉案财物的方式已经不能适应现实需要，对涉案财物进行先期处置具有必要性和紧迫性。然而，我国涉案财物先期处置面临着观念上的模糊认识、立法上过于原则与保守、执法上的谨慎等问题。[2]

首先，观念上的模糊认识包括机械理解无罪推定与涉案财物先期处置的关系、对涉案财物先期处置的性质认识不清以及片面强调涉案财物的证据作用，忽视其作为财物的价值。因此，在实践中涉案财物先期处置方式较为单

---

① 上海市第一中级人民法院课题组：《刑事案件涉案财物处置问题研究》，《人民法院报》2024 年 1 月 18 日，第 8 版。
② 参见李玉华《从涉众型经济犯罪案件看涉案财物的先期处置》，《当代法学》2019 年第2 期。

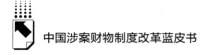

一，以退还、返还为主，鲜见拍卖、变卖等方式。

其次，立法上对先期处置的规定过于原则与保守，如先期处置的启动程序和条件不明确、先期处置的程序过于简单等。《中华人民共和国刑事诉讼法》（简称《刑事诉讼法》）第245条将先期处置的范围规定为"被害人的合法财产、违禁品或者不宜长期保存的物品"，但缺乏配套的操作性规定，先期处置的主体、权限、财物范围、具体程序和救济渠道等不够明确具体。此外，部分案件涉及大批量涉案财物，带来保管场所不足、保管费用过高、自然损耗贬值等问题，需要及时抽样取证后再进行先期处置，但《刑事诉讼法》对于抽样取证没有规定，不利于相关工作开展。

最后，由于观念上认识模糊，立法上过于原则与保守，导致司法实践中司法机关的办案人员对先期处置的谨慎。一方面，办案机关尤其是检察机关和审判机关，不会直接接触或者负责涉案财物管理中心的运营工作，对中心保管涉案财物数量的严峻形势缺乏真切直观感受，因此对确实需要先期处置的涉案财物决定尽快进行先期处置的意识较弱。另一方面，在有些确实需要先期处置的情况下，办案人员虽然已经认识到涉案财物先期处置的必要性，但是担心先期处置有风险，例如对涉案财物进行先期处置后，还可能面临当事人要求返还原物、赔偿损失，乃至因错误处置被追究责任、引发国家赔偿的风险。因此，办案机关不敢也不愿对涉案财物进行先期处置。总之，观念、立法的滞后以及执法上的谨慎不仅制约了涉案财物规范化的发展，也无法满足社会和公众对涉案财物保护与利用的切实需求。

3. 涉案财物审前返还面临的问题

目前，我国的审前返还程序存在着审前返还程序立法缺失、执行混乱、无法返还以及缺乏监督和救济程序等问题亟待解决。一是立法缺失。在立法上，审前返还程序的返还对象、标准、程序等要素缺少统一明确的规定。例如，针对返还的对象，是否包括了各方当事人正当财产，规定中没有明确；针对返还的时限，规定中的表达是"及时返还"，但何为及时返还尚不明确。二是执行混乱。立法方面的不明确造成了实际执行过程中的不规范，办案机关存在应返还而不返还、不应返还而错误返还甚至办案人员从中谋取利益的情况。三是无法返还。司法实践中，有些涉案财物找不到被害人或被害人不愿意来领等导致无法返还，特别是涉众型案件量比较大。四是缺乏监督和救济程序。当前我国对审前返还程序的规定尚且不够完善，权力行使的过程缺乏监督，利害关系人的利益受到侵害后也没有相应的救济方法与途径。由于办案机关的疏忽或不规范，导致涉案财物的错误返还，此时财物的所有者获得财物的依据是办案机关的侦查行为，而侦查行为是不可诉的，财物的合法所有权人只能依靠国家赔偿程序获得救济。

4. 涉案数字资产处置面临的问题

无论是对于社会公众，还是对于办案机关而言，涉案数字资产是随着新型犯罪的发生而出现的新生事物，办案机关对涉案虚拟财物的管理成为工作中的难点。涉案数字资产处置是在数字经济发展背景下出现的新问题。数字经济深刻影响了社会生产、生活方式，大数据、区块链、人工智能等技术深度应用产生了诸多新形式的数字资产，如数据资产、区块链资产等。司法实践中已经出现数字资产成为涉案财产的情况，如涉案虚拟货币的追缴、变卖等。与传统财产形式相比，数字资产在形成方式、价值形态、管理手段等方面都存在极大差别，这也导致涉案数字资产处置在理论上产生了诸多障碍。同时，现行法律并未就涉案虚拟财物处置问题作出专门性规定，全国各地在涉案虚拟财物的管理实践中，也缺少有代表性的可供参考的实践经验，导致处置时经常出现操作程序上的冲突与矛盾。这既不利于刑事司法机关办案效率的提升，也不利于对被害人的财产权利进行保护与事后救济。此外，针对涉案虚拟财物的处置往往不如现实世界财产的处置那样有迹可循，公权力机关在处置此种涉案虚拟财物时的自由裁量权相对较大，相应的监督制约机制却往往较弱，容易出现对公民财产权保护不力的情形。

由于法律法规的滞后和缺位，当前影响"处置变现"的因素主要是行业政策。近年来，我国在应对虚拟货币这个新生事物方面不断加大监管力度，从起初的包容观望到逐渐收紧，直至目前的严厉监管。国家层面的牵头部门主要是中国人民银行，比较有代表性的政策文件有 2013 年《关于防范比特币风险的通知》（以下简称"五部委通知"）、2017 年《关于防范代币发行融资风险的公告》（以下简称"七部委公告"），特别是 2021 年 9 月 24 日中国人民银行等十部门发布的《关于进一步防范和处置虚拟货币交易炒作风险的通知》，是近年来"最严监管令"，监管要点可以概括为允许持有、风险自担、限制交易、禁止经营。"目前我国原则上禁止金融行业或相关平台从事虚拟货币类业务，故无法在国内找到委托代管的官方机构或专业组织而只能寻求境外平台的业务受理。"① "处置变现"涉及虚拟货币监管政策、罚没财物管理规范等多领域多学科，综合性强、敏感性高，研究不透或者操作不慎都可能涉嫌不合法、不合规，甚至对我国涉外关系造成不良影响。

（五）涉案财物利益相关人的权利保障不足

1. 涉案财物利益相关人的程序参与不足

涉案财物利益相关人对处置程序参与不足，体现在不同的刑事诉讼阶段。具体而言，在具有"流水作业"构造特征的刑事诉讼进程中，漫长的审前程序中没有法院的介入，侦查机关与检察机关有权对涉案财物采取查封、扣押、冻结等措施，还能直接对刑事涉案财物进行处置。② 而在审判阶段，目前主要受"重人身、轻财产"观念的影响，不会将审判的重点放在涉案财物的处置或者其他权属争议问题上。综合以上分析可以看出，从涉案财物的保管到涉案财物的处置过程中，包括先行处置和审前返还，都存在涉案财物利益相关人程序参与不足的问题，缺少表达自己意见的机会。③

---

① 田力男：《刑事涉案虚拟财产强制处分论》，《中国法学》2023 年第 5 期。
② 参见李奋飞《刑事诉讼案外人异议制度的规范阐释与困境反思》，《华东政法大学学报》2021 年第 6 期。
③ 参见李奋飞《刑事诉讼案外人异议制度的规范阐释与困境反思》，《华东政法大学学报》2021 年第 6 期。

2. 涉案财物利益相关人的程序救济不足

对于被追诉人而言，财产辩护属于刑事辩护的一部分，是被追诉人辩护权的重要组成部分。然而在司法实践中，被追诉人在缺乏明确指控内容的情况下，很难作出具有针对性的财产辩护；同时，被追诉人缺少专门的程序来提出关于涉案财物处置的异议，以及难以将涉案财物处置问题进入到法庭实质审理的轨道上。① 对于刑事诉讼案外人来说，涉案财物处置过程中提出异议的情形中，"针对异议受理部门的选择、异议处理的具体程序、异议结论的答复方式等程序性事项，各地公检法机关操作并不一致，且欠缺规范性，导致对当事人、案外人的权利救济并不充分，甚至容易激发矛盾"②。

四　中国涉案财物制度改革的未来发展

（一）推动跨部门统一涉案财物管理中心的建立与完善

近年来，一些地方探索设置公检法共用的涉案财物保管场所，并配合跨部门管理信息系统，实现"涉案财物实物静止、办案手续网上流转"，进一步提高了涉案财物管理水平，也有效解决了涉案财物跨部门流转难、办案单位与保管单位分离等问题。

1. 推动普遍建立跨部门统一涉案财物管理中心

由于传统的涉案财物管理存在管理方式落后、管理程序不透明等问题，涉案财物管理现状严峻，因处置机制不畅导致涉案财物积压严重、保管标准不统一、管理方式落后等问题，对权利人财产权益保障不利。统一涉案财物管理中心有助于提升刑事涉案财物管理的科学化与规范化水平，因此有必要在全国推动建立统一涉案财物管理中心，以实现涉案财物的专

---

① 参见闵春雷、张伟《论相对独立的刑事涉案财物处置程序之建构》，《厦门大学学报（哲学社会科学版）》2022 年第 4 期。

② 上海市第一中级人民法院课题组：《刑事案件涉案财物处置问题研究》，《人民法院报》2024 年 1 月 18 日，第 8 版。

业化精细化管理，推动涉案财物管理方式从传统向现代转型。[①] 首先，应当积极推动各地公安机关通过新建、改建、扩建等方式，建设符合要求的涉案财物管理场所，解决当前各地存在的建筑老旧、面积不足、设备落后等问题，全面实现涉案财物的集中保管和规范管理；其次，有条件的公安机关，可以会同检察院、法院、财政部门等，共同争取党委及政府资金支持，建设多部门共用共管的涉案财物管理场所。此外，还应对与执法办案管理中心一体建设的涉案财物管理场所作出明确规范。如重庆市委政法委牵头会同公检法机关，采取"1+N"的总体建设规划思路，在全市范围内建设1个市级中心库和多个区域库，满足刑事案件涉案财物跨部门集中管理需要。

2. 逐步完善已经建立的跨部门统一涉案财物管理中心

针对统一涉案财物管理中心面临的合法性存疑、功能定位和职权范围不明晰等问题，可以从以下几个方面加以解决。第一，加强顶层设计，完善保障机制。当前建设公检法共同管理的涉案财物保管中心从场地、配套设施、人员配备等各方面对财政投入提出了较高需求，需要中央和地方财政予以足够支持。第二，加强观念转变，完善协调机制。包括强化公安机关、检察机关和法院之间分工负责、互相配合、互相制约的观念，建立联席会商机制，探索完善社会力量辅助或者委托社会保管涉案财物管理的机制等。第三，加强信息化建设，改进衔接机制。包括实现新旧办案管理系统的顺利衔接、信息平台与保管中心的顺利衔接与财物管理和信息公示的顺利衔接。研发专门的涉案财物管理信息系统，汇集刑事案件涉案财物相关数据，公检法等机关分配相应权限，按诉讼阶段明确主体和管理责任，顺畅实现跨部门移交。如常熟市研发"常熟市涉案财物管理系统"，对接公安内网和政法、检察、法院、政务等专网，获取刑事案件从立案、侦查到起诉、判决的全量信息，并根据公检法职能分配用户使用权限。涉案物品移送至中心后，全过程全要素

---

① 参见李玉华主编《统一涉案财物管理中心建立的论证与设计》，中国法制出版社，2021，第1~2页。

网上流转，"一键式"换押移交，有效解决公检法跨部门移送难题。第四，加强日常检查，完善监督机制。包括强化内部监督措施与建立定期通报机制。①

3. 推进涉案财物跨部门集中统一管理

在加强场所建设的基础上，进一步推进共用信息平台和部门协作机制建设，实现"财物实物静止、手续网上流转"，有效解决管理不规范、部门间移送不畅等问题，为后续处置工作奠定坚实基础。一是研发应用涉案财物跨部门管理信息系统。推动各地公安机关研发应用公安、检察院、法院、财政等部门共用的信息系统，各职能部门根据刑事诉讼活动不同阶段和环节，将法律文书、财物清单、交接手续、处置意见、处置情况等及时录入信息平台，实现网上移送、网上管理、信息共享。二是完善部门协作的制度规范。制订涉案财物集中统一管理和跨部门移交的制度规范，明确管理模式、部门分工、交接流程等方面要求，明确不同诉讼阶段各单位日常管理责任和管理费用支出责任。例如，公检法等部门根据自身在刑事诉讼不同阶段的流程要求，联合制定出台规范性文件，切实解决涉案财物多头、分散、混乱的管理局面，缓解基层涉案财物管理压力。厦门市委政法委牵头会同市中级法院、市检察院、市公安局、市财政局出台《厦门市跨部门涉案财物管理办法》，对跨部门管理机制进行顶层设计，明确了涉案财物信息录入要素和跨部门流转程序，细化了涉案财物入出库、保管、调用、维护和处置的操作性要求，有效提升了管理处置水平。建立公安、检察院、法院、财政、物价等部门组成的联席会议机制，由各单位责任领导和责任人员成立联络小组，定期或不定期召开会议，汇总工作中存在的问题并及时协调解决。三是引入社会化力量提升管理水平。鼓励有条件的地方通过政府购买服务等方式，引入第三方社会化管理力量，选择具有专业管理能力和保密资质的专业公司，负责涉案财物的接收、移交、保管、调用、维护等日常管理工作，提升管理的专业化

① 参见梁春程《涉案财物跨部门统一管理的理论与实践——以上海市 J 区公检法涉案财物共管平台为样本》，《河南财经政法大学学报》2019 年第 2 期。

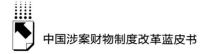
水平。四是增加统一涉案财物管理中心对行政案件涉案财物的管理。随着统一涉案财物管理中心的功能不断健全，可以适当接收监察、市场监督管理、农业农村、烟草专卖、交通等具有执法权部门移交的涉案财物，充分发挥中心的集约化管理效能。

（二）畅通涉案财物"出口"

1. 从立法上明确涉案财物的保管期限

对犯罪嫌疑人长期未抓获，案件未侦查终结的，涉案财物应当依法长期保管。不宜保存的应当通过拍照、录像等方式固定证据。已经作出生效裁判的案件，单一犯罪被判处五年以下有期徒刑的，裁判生效后证据至少再保存二年；单一犯罪被判处五年以上（包含五年）有期徒刑至十年以下有期徒刑的，裁判生效后证据至少再保存五年；单一犯罪被判处十年（包含十年）有期徒刑以上刑罚的，裁判生效后证据至少再保存十五年。证据过保存期限以后，需要经过严格的审批程序决定销毁或者继续保存。[①]

2. 解决涉案财物先行处置难题

对涉案财物进行先期处置需要及时转变观念，遵循法治原则、比例原则和正当程序原则，具体而言，一是进一步引导办案人员树立"重财产权保护"的思想观念，在严格遵守程序规定的前提下，司法机关应当积极开展刑事涉案财物先行处置，并有序扩大先行处置范围，有效维护当事人合法权益。二是建立公开、透明、高效的先期处置程序和机制，充分保障权利人的合法权利，消除办案机关的顾虑。三是加强政策宣传，让当事人消除顾虑，主动申请先行处置涉案财物，同时执法部门要细化流程，有效保护办案人员，使其与当事人双向发力，加快推进涉案财物先行处置工作。

（1）明确先期处置的依据

涉案财物先期处置面临的最大的问题之一是没有法律依据。特别是办法

---

① 参见李玉华等《非自愿口供替代系统化研究》，中国人民公安大学出版社，2015，第94页。

中明确规定，公安机关、检察院在起诉意见书、起诉书中要附带涉案财物处置建议，法院在判决书中要明确具体处置措施，有效避免因涉案财物处置意见不明导致的积压、贬值等情况。如果公安机关、检察院在起诉意见书、起诉书中提出涉案财物处置建议是需要对涉案财物进行先期处置的，那么，涉案财物管理中心在综合考量之后，确实需要对涉案财物进行先期处置的，此时处置工作在一定意义上就具备了处置依据，降低了工作人员进行先期处置的处置压力。为了加强对先期处置的监管，有学者提到了在先行处置程序中构建司法审查，由办案机关提出先期处置的申请，并向法院提交申请后，由法院作出裁定。[①]

（2）丰富先期处置的方式和种类

通过改革更新先期处置的方式，从而提高先期处置的效率。常熟市利用阿里网拍在用户体量、市场份额、专业度、本地化服务能力等方面的优势，与阿里资产平台共同探索涉案资产线上处置模式，对易贬值、易腐败、机械性能易下降的涉案财物进行诉前处置。涉案财物处置工作的完成通过第三方平台提供更为便捷的方式和渠道。我国的超大型企业淘宝和京东在其平台上分别设立了专门的模块，比如淘宝的平台上设有司法拍卖，该模块按照涉案财物的种类、所在区域等信息进行划分，按照细化的搜索条件可以锁定满足竞拍者需求的拍卖物。司法拍卖已经为先期处置的网拍模式提供了良好的探索实践和经验，先期处置需要统一涉案财物管理中心和第三方平台进行对接。相比之下，第三方平台完备的处置体系不仅包括公众可以登录浏览的平台，还包括对涉案财物提供专业的估价体系，既包括对实物资产的评估和先期处置，也包括对虚拟财产的评估和先期处置。第三方机构进行先期拍卖过程中，应当做到公平、公正、公开，使先期处置不被人诟病，实现相关利益者的财产权益最大化，从而实现保护社会财富的功能，真正实现案结物清，实现法律效果和社会效果的统一。

---

① 参见李玉华《从涉众型经济犯罪案件看涉案财物的先期处置》，《当代法学》2019 年第 2 期。

3.完善刑事涉案财物审前返还程序

刑事涉案财物的审前返还程序不仅关系到我国司法机关的公信力，更关系到相关案件合法主体的利益保障问题，因此完善刑事涉案财物审前返还程序具有必要性。一是明确返还主体、返还对象、返还条件等，畅通返还机制，为办案机关提供明确指引。二是增加救济途径，维护利害关系人合法权益。除了通过国家承担赔偿损失并向相关人员追责追偿维护利害关系人合法权益外，还可以通过要求被返还人提供一定的保证金或者提供保证人，避免错误返还的风险，从而保障利害关系人合法权益。三是加强监督制约，保障审前返还程序的正确性与合法性。检察机关应积极对审前返还涉案财物进行监督。除了公检法机关的监督，审前返还的财物应当做到信息公开，由媒体和社会公众监督，保障当事人的合法财产权、知情权、救济权。

4.针对历史遗留问题开展专项清理

针对历史遗留问题主动开展专项清理：一方面，公安机关自查解决内部的历史遗留积压问题；另一方面，公安机关主动与法院对接解决裁判文书漏判问题。在此基础上，开展规范化建设，严防出现新的问题。

5.解决涉案数字资产的处置难题

面对实践中涉案数字资产的处置难题，可以采取以下几个方面的措施：一是，完善相应的刑事实体法与程序规则。实体法方面包括明确数字资产的法律属性，针对数字资产的涉案金额明确统一的认定标准；程序规则方面包括明确协作主体的准入条件和区块链技术合规标准，明确涉案数字资产刑事处置的公私协作程序以及明确各方的权利义务与法律责任。二是，搭建常态化的涉案数字资产刑事处置的公私协作平台。作为科学的"处置变现"方式，既要保证罚没虚拟货币出口而不是内销，又要符合"三个领域、一个环节"的合规要素，还要满足稳妥可靠的敏感要求，因此需要全盘考虑和专业化市场化设计。以执法机关为委托和监督主体，以专业代理机构为载体，通过"境内代理、境外再代理、境外交易、结汇返回"方式，由境外代理商作为最终交易主体，代理商只收取服务佣金，交易前罚没虚拟货币所有权仍然归委托人。该模式具有合规性、专业性、安全性、妥当性等多方面的优势。三是，为了解决数字资产刑事处置的跨境难题，应完善国际合作体制机制，司法机关可以基于国际条约或双边协议相互开展国际司法协作。①

（三）加强利益相关人的权利保障

1. 开通对外公开和查询功能，保障利益相关人的知情权

为了保障涉案财物利益相关人的知情权，彰显涉案财物管理工作的公正，办案机关对涉案财物的管理工作需要开通对外公开和查询功能。以常熟市做法为例，对于需要运营管理及处置并且不涉及案件秘密的涉案财物，在经过严格程序后，登录涉案财物管理处置系统，数据对外公开。不仅办案单位可以检索和查询，利害关系人也可以检索和查询，参与购买正在挂牌处置涉案财物的单位和个人，同样也可以查询涉案财物的信息（并非案件信息）。这个过程保障涉案财物权利人以及社会公众的知情权、监督权，倒逼涉案财物管理中心在管理涉案财物过程中能够尽职尽责，减少涉案财物管理过程中产生的争议。此外，涉案财物的管理，包括涉案财物的保管和处置过程都需要公开。其中，公开的方式多种多样，例如书面通知书的形式，电话语音系统或短信服务平台的形式，互联网信息公开的形式，公告栏方式，官方客户端平台、短信、QQ、微信的公开方式，公开听证方式。②

2. 构建对物之诉，保障利益相关人的程序参与权与救济权

"现代司法文明的重要标志之一，就是权利人可以通过诉讼保障合法的财产权利。"③ 涉案财物利益相关人的程序参与权是实现财产权的重要保障，当利益相关人的财产权利受到侵害后，程序救济权是对财产权的补救。换言之，涉案财物权利人的程序参与权是程序救济权的前提。一方面，要保障当事人和相关第三人能够参与到诉讼程序中，构建对物之诉是学

---

① 参见马明亮、徐明达《数字资产刑事处置的公私协作平台建设》，《数字法治》2023 年第 4 期。

② 参见杨胜荣、周雪操《刑事被追诉人涉案财物保障机制探究》，《社会科学家》2022 年第 5 期。

③ 王约然：《民刑交叉视域下涉案财物处置程序研究——以被害人及利害关系人的财产保障为中心》，《甘肃政法大学学报》2022 年第 5 期。

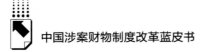

者们提出来的较为独立的程序构造，即一种"常态化、专门化的涉案财物处置程序"①。同时，有学者提出可以考虑涉案财物的权属争议、财物数量等复杂程度后，决定选择合并审理模式或者相对独立审理模式。② 程序参与权不仅在庭审阶段，也可以在庭前会议体现，对于是否因涉案财物保管和处置争议召开庭前会议，可以通过依申请和依职权两种方式。③ 另一方面，保障当事人与利益相关人的程序救济权。有学者提出按照执行异议之诉的标准进行实质审查。若案外人针对的是判决生效后处置的涉案财物，由执行法官负责审查；若针对的是先行处置的涉案财物，由处置机构和法官共同审查，同时由检察机关行使法律监督职能。总而言之，通过"构建刑事执行程序中的案外人异议之诉，解决针对执行标的的实体争议和权利救济问题"④。

五　结语

习近平总书记多次提到，"依法保障全体公民享有广泛的权利，保障公民的人身权、财产权、基本政治权利等各项权利不受侵犯"⑤。依法保障公民的财产权是坚持以人民为中心的重要要求与体现。"财产权是公民基本人权的重要组成部分，是公民享有自由权、平等权和人格尊严的物质保障。"⑥ 从一定意义上来讲，规范有效、合法合理管理与处置涉案财物已经成为衡量司法公信力的标尺，"财产处置与定罪量刑一样关涉国家、社会和个人法益

---

① 闵春雷、张伟：《论相对独立的刑事涉案财物处置程序之建构》，《厦门大学学报（哲学社会科学版）》2022 年第 4 期。
② 参见梁健《刑事涉案财物处置的失范与规范》，《中国刑事法杂志》2022 年第 5 期。
③ 参见闵春雷、张伟《论相对独立的刑事涉案财物处置程序之建构》，《厦门大学学报（哲学社会科学版）》2022 年第 4 期。
④ 梁健：《刑事涉案财物处置的失范与规范》，《中国刑事法杂志》2022 年第 5 期。
⑤ 《习近平关于尊重和保障人权论述摘编》，中央文献出版社，2021，第 136 页。
⑥ 张向东：《黑社会性质组织犯罪涉案财物的处置困境及应对》，《中国刑事法杂志》2019 年第 1 期。

的保护，任重而道远。"① 中国涉案财物制度改革一直都在持续进行中，且未来改革方向会随着社会经济的发展而不断更新，这无论是对理论界还是对实务界都提出了新的挑战。因此，对中国涉案财物制度改革的持续关注和研究同样具有重要意义。

---

① 徐岱、毕清辉：《黑恶势力犯罪涉案财产处置程序完善路径探析》，《国家检察官学院学报》2021年第2期。

分 报 告

B.2
北京市公安局深化涉案财物管理
改革工作探索与研究

肖松 刘彦 曹文建 李凯*

摘 要： 自中共中央办公厅、国务院办公厅联合印发了《关于进一步规范刑事诉讼涉案财物处置工作的意见》以来，北京市公安局在市委政法委领导下，全面推动涉案财物管理改革，依托创建"实物静止，手续流转"涉案财物跨部门管理机制，打通实物上缴国库"绿色通道"，搭建场所、人员、信息化系统"3+3+3"管理架构，成功打造了涉案财物管理"北京模式"。近年来，北京市公安局始终高度重视涉案财物管理工作，坚持敢于担当、勇于创新，以建立健全制度规范为抓手，压紧压实"市局-分局-基层

* 肖松，北京市公安局法制总队党委书记、总队长，研究方向，公安法治建设；刘彦，北京市公安局法制总队党委副书记、政委，研究方向，公安执法规范化建设；曹文建，北京市公安局法制总队涉案财物管理支队支队长，研究方向，公安机关涉案财物管理；李凯，北京市公安局法制总队涉案财物管理支队中队长，研究方向，公安机关涉案财物管理。

所队"三级责任，不断创新丰富涉案财物跨部门集中统一管理"一个核心"工作机制，推动涉案财物管理中心与执法办案管理中心"两个中心"融合运行，规范涉案财物源头、过程、出口"三个环节"重点管理，持续精准发力，纵深推进涉案财物管理改革。全局涉财队伍专业化水平、保管场所规范化水平、信息系统智能化水平、监督管理精细化水平实现了跨越式提升，为首都社会治理体系和治理能力现代化提供了有力法治保障。

关键词： 实物上缴国库　涉案财物管理　涉案财物处置　执法办案管理

"治国无其法则乱，守法而不变则衰"①，习近平总书记曾在中央全面依法治国工作会议上引用这句话，强调要不断深化推动司法体制改革。党的二十大报告更是首次单独把"法治建设"作为专章论述、专门部署，充分体现了以习近平同志为核心的党中央对全面依法治国、深化法治改革的高度重视。涉案财物管理改革，不仅是推动法治建设的一个切入点，更是执法司法权力运行机制改革、以审判为中心的诉讼制度改革、执法监督管理机制改革的交汇点，事关正确惩治犯罪、保障群众合法权利，直接关乎执法司法公信力。北京市公安局立足首都定位，自 2017 年起积极开展涉案财物管理改革，实现了机制、队伍、信息化建设等方面从无到有的历史性变革，打造的涉案财物管理"北京模式"为全国法治建设贡献了北京力量、北京智慧。

一　北京市涉案财物管理改革历程回顾

为了贯彻落实上级机关关于涉案财物管理改革的指示精神，北京市公安局积极协调市委政法委，并报经北京市委研究后决定，将涉案财物管理改革纳入北京市法治建设领域改革重点项目。

---

① （唐）欧阳询《艺文类聚》。

（一）建立"实物静止，手续流转"工作机制

为了深入贯彻落实中央改革部署，在市委政法委牵头下，由北京市公安局主导，联合检察院、法院、财政局等部门共同组成调研组，深入5省11市对涉案财物管理工作开展专项考察调研，学习借鉴外省市先进做法。2017年2月，选择将通州区作为试点，推行"实物静止，手续流转"涉案财物跨部门集中统一管理新模式。在全面总结通州区先行先试经验的基础上，同年9月，在市委政法委的推动下，北京市公安局起草了《北京市刑事诉讼涉案财物管理实施办法》，经市法治建设领域改革专项小组全体会议审议通过，由市公安局、市人民检察院、市高级人民法院、市国家安全局、市财政局五部门会签后正式颁布实施，确定了由市、区两级公安机关设立涉案财物管理中心，集中管理公、检、法三机关的涉案财物，在省级层面首次创建了"实物静止，手续流转"涉案财物跨部门管理新机制，即仅需根据刑事诉讼程序移送涉案财物相关的清单、照片、法律文书等手续材料，实物则由涉案财物管理中心统一保管，无须随案移送。同时为了保障"实物静止，手续流转"工作机制运行顺畅，五部门联合会签了《关于建立北京市涉案财物规范管理和处置工作联席会议机制的意见》，从制度层面畅通了成员单位之间的沟通协调渠道，有力推动刑事诉讼涉案财物工作规范化运行。[①]

（二）打通实物上缴国库"绿色通道"

长期以来，涉案财物清理处置工作是个"老大难"问题，2017年10月，北京市公安局主动作为，与市财政局积极沟通协调，制定了《关于开展全市积压刑事诉讼涉案财物集中清理处置工作的实施方案》，在全市范围内开展了涉案财物积压处置专项整治活动。

为固化专项整治成果，北京市公安局与市财政局经过反复研究会商，决

---

① 参见华列兵等《流程再造 制度创新 2015—2019年北京打造全新涉案财物管理体系》，载李玉华主编《中国刑事涉案财物制度改革发展报告No.1（2020）》，社会科学文献出版社，2020。

定建立涉案财物实物上缴国库机制，并于 2019 年制定了《涉案财物上缴工作实施办法》，规定了严格依法、规范办理、加强配合的工作原则，明确了公安、财政、资产处置机构三方责任，提出了涉案财物权属及处置依据明确、尚未进入评估拍卖程序等上缴条件，并按照公安机关直接执行上缴、公安机关作出上缴决定并予以执行两类情形细化了工作流程，同时规定了退库及返还程序，畅通权利救济途径。新机制的建立将以往由公安机关对涉案财物"先变现，后上缴"的处置方式改变为"实物上缴"，即市、区两级公安机关可以直接联系财政局委托的第三方资产处置机构，第三方资产处置机构前往市、区各涉案财物管理中心上门接收待处置的普通涉案财物（不含违禁品），双方完成实物与手续交接则视为公安机关完成上缴工作，第三方资产处置机构将根据涉案财物种类及价值进行后续拍卖、变卖、销毁或无害化处理，并将所得款项上缴国库，公安机关无须参与后续工作。自 2019 年实物上缴国库机制建立以来，北京市公安局已累计上缴涉案财物 360 余万件，有力推动了管理良性循环，彻底解决出口难题。[1]

（三）初步搭建"3+3+3"管理架构

为全面落实"实物静止，手续流转"涉案财物管理工作机制，北京市公安局着眼规范化、专业化、现代化建设需要，构建了市、区、基层所队三层级涉案财物管理架构，打造了场所、人员、信息化匹配系统，为涉案财物规范管理奠定坚实基础。一是建设市、区两级"中心+所队保管室"的三级涉案财物管理场所，制定了《涉案财物管理中心建设标准》《涉案财物智能化管理系统建设标准指引》《涉案财物保管室设置使用规范》，全面推进土建改造建设及信息化系统研发，确保全局涉案财物保管场所建设规范化、标准化、现代化。二是组建市局、分局、所队三级涉案财物管理队伍，经市委编办正式批复，北京市公安局法制总队成立了全国首支正处级建制的涉案财

---

[1] 参见李丰等《2017—2021 年北京市公安局涉案财物上缴机制研究》，载李玉华主编《中国刑事涉案财物制度改革发展报告 No. 2（2021）》，社会科学文献出版社，2021。

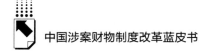

物管理支队，负责统筹市局涉案财物管理工作，分局安排专职民警负责涉案财物管理工作，各基层办案部门案管组履行本单位涉案财物管理职能。三是打造政法办案网上协同、执法办案平台、涉案财物管理场所智能库管三级管理系统，三层级信息平台的有效融合，实现了各诉讼环节涉案财物网上流转、信息共享、实时监督，无缝衔接。①

综上所述，北京市依托公安机关建立统一的涉案财物管理中心，通过与检、法、财政、安全五部门会签建立"实物静止，手续流转"工作机制，实现了涉案财物跨部门集中统一管理，创新打通了实物上缴国库"绿色通道"，有力促进涉案财物管理良性循环，初步搭建场所、人员、信息化系统"3+3+3"管理架构，成功打造了涉案财物专业化管理体系。

二　北京市涉案财物管理现阶段创新做法

改革"不可能一蹴而就，也不可能一劳永逸"②。面对不断变化的经济社会环境，刑事案件也在发生结构性变化，严重暴力犯罪下降，侵财类案件、经济犯罪类案件持续增长③，涉案财物数量持续增长、种类日益增加。④为了深化改革成果，服务保障执法实践，北京市公安局大胆探索，勇于创新，着力丰富涉案财物跨部门集中统一管理"一个核心"工作机制的内涵，推动涉案财物管理中心与执法办案管理中心"两个中心"融合运行，规范涉案财物源头、过程、出口"三个环节"精准管理，不断提升涉案财物管理法治保障水平。

① 参见华列兵等《流程再造 制度创新 北京打造全新涉案财物管理体系》，载李玉华主编《中国刑事涉案财物制度改革发展报告 No.1（2020）》，社会科学文献出版社，2020。
② 参见《习近平谈治国理政》第一卷，外文出版社，2018。
③ 参见李玉华、焦娜《中国刑事涉案财物处置改革报告》，载李玉华主编《中国刑事涉案财物制度改革发展报告 No.2（2021）》，社会科学文献出版社，2021。
④ 参见李玉华、张晶《中国刑事涉案财物制度改革发展年度报告》，载李玉华主编《中国刑事涉案财物制度改革发展报告 No.1（2020）》，社会科学文献出版社，2020。

（一）创新丰富"一个核心"工作机制

"实物静止，手续流转"是北京市涉案财物管理改革的核心工作机制，改革之初，该机制仅限于市公安局、市人民检察院、市高级人民法院、市国家安全局、市财政局五部门会签实施。为了切实解决执法司法实践中涉案财物管理难点、堵点，北京市公安局坚持对内加强一体化资源整合、对外深化跨部门协同共治，依托"实物静止，手续流转"工作机制，不断创新发展改革内涵。

1. 构建局内涉案财物一体化管理格局

为持续不断深化涉案财物管理改革，向改革注入不竭动力，北京市公安局制订印发了《关于进一步加强涉案财物管理工作的意见》，提出了"六个全面"工作要求，即全面加强组织领导、全面形成整体合力、全面深化部门联动、全面推进常态治理、全面运用科技手段、全面提升专业化水平。从顶层设计方面建立了党委会、办公会每季度必研究讨论，执法监督管理委员会每月工作例会必强调提示，分局及基层所队涉案财物管理问题每日必通报整改的"三必"工作制度。细化了局内法制、警务保障、审计、督察、纪检以及承担执法办案任务的业务部门职责分工，特别强调了刑侦、治安、经侦、网安、环食药旅等10多个有执法办案管辖职责的业务警种负责本系统管辖案件涉案财物管理工作的条线指导、监督、考核责任，全面推动形成了"法制部门统筹牵动、职能部门协同监督、业务警种条线推进、属地分局抓好落实"的涉案财物一体化管理格局。

为了切实提升齐抓共管合力，法制部门每月依托执法办案平台，按照各专业警种管辖案件的罪名分类，梳理汇总案件、物品数据并推送各单位，协助各专业警种明确监督考核范围，便于开展本系统牵动工作。特别是2023年以来，北京市公安局按照"党委领导、市局主责、分局主战、派出所主防"的思路，推动刑事案件层级管辖分工改革，重塑打击治理架构，压实执法责任链条，提升案件侦办效能。为了确保分工调整后涉及的各项工作顺利推进，结合涉案财物管理工作实际制定印发了《北京市公安局关于贯彻落实刑事案件层级管辖分工有关工作的意见（三）》，从明确职能定位、严格流程管理、完善配套措施三个方面强调了涉案财物管理工作重点，并同步对涉及刑事案件层级管辖分工改革的相关业务总队、局开展专门培训，不断提升涉案财物管理业务能力。

2. 搭建行刑衔接案件涉案财物"公物仓"存储协作新机制

近年来，北京市各级公安机关与行政机关联动执法配合密切，行刑衔接案件逐年递增，特别是市场监管领域违法犯罪案件打击力度不断加大，假冒伪劣商品以及冷链、药品等特殊种类涉案财物的规范管理与依法处置备受关注，成为执法中的难点问题。此类案件的涉案财物往往存在数量多、体积大的特点，需较大存储空间，特殊种类物品还需专业存储条件，办案单位涉案财物管理场所无法满足实际存储需求。为切实解决实战难题，北京市公安局深入一线调研，全面梳理分析市场监管领域涉案财物特点、存储要求及管理现状，逐步形成了利用行政机关公物仓协助存储涉案财物的改革思路。为推动改革落地，北京市公安局成立工作专班，积极与市场监督管理局开展多层次研究会商，经过反复论证，成功搭建"公安+行政"市场监管领域涉案财物存储协作机制，由市场监督管理局公物仓集中存储、管理、处置与公安机关联动执法和行刑衔接办案过程中依法查扣的大宗、特殊种类涉案物品。2022年3月，北京市公安局与市场监督管理局共同举行了公物仓使用揭牌仪式，并签署了《关于建立市场监管领域涉案财物存储协作机制的意见》，具体包括以下内容。

一是明确了公物仓存储协作机制的适用范围。（1）市场监管部门单独开展执法时依法扣押的物品，后经调查发现当事人涉嫌犯罪，依法向公安机关移送案件时，公安机关只需出具案件和物品接收手续，涉案物品可继续暂存于市场监管部门的公物仓，至案件办结后由相关责任部门依法处置。（2）市场监管部门发起、公安机关参与的联动执法中，发现当事人涉嫌犯罪，公安机关依法扣押的涉案物品，经双方协商，可将涉案物品暂存于市场监管部门的公物仓或双方协商一致的地点，并由公安机关依法及时进行后续处理。

二是细化了公安机关、市场监管部门的责任分工。其中，公安机关负责对与市场监管部门开展的联动执法、行刑衔接工作提供执法保障，加快协作存储物品的流转速度，高效推进案件诉讼和涉案物品的移交、流转、处置等工作，减轻公物仓存储压力；市场监管部门负责利用公物仓或辖区内具有存储大宗、特殊种类物品条件的库房，保管联动执法和行刑衔接案件查办过程中依法扣押的涉案物品，根据办案需要，协助办理涉案物品的入库、出库、调用、处置等工作。工作中遇到问题或困难，双方及时沟通协商，确保市场监管领域涉案财物规范管理。

三是规范了公物仓存储协作的具体流程。启动环节中，由市场监管部门发起案件及物品移交，公安机关出具接收手续并将涉案物品信息录入执法办案平台。管理环节中，公安机关、市场监管部门要根据案件来源，分别依职责开具涉案物品相关法律手续，对于公安机关、检察院、法院需要办理调用出库的涉案物品，市场监管部门要严格按照流程规范对出入库物品及法律手续加强审核把关。处置环节中，公安机关主要负责刑事案件涉案物品发还、销毁、上缴等处置工作，市场监管部门配合做好相关工作，同时对不构成犯罪但可予以行政处罚案件的涉案物品进行处置。

机制的建立既是深化北京政法领域涉案财物"实物静止，手续流转"工作机制的一项创新举措，也是集成推进法治建设和依法行政的生动实践，属全国首创，有力推动市场监管领域涉案财物管理规范化建设进程，全面提升公安机关与市场监管部门联动执法、行刑衔接工作质效。同时，为了进一步深化改革，拓宽涉案财物存储渠道，北京市公安局参照上述模式，积极对接烟草专卖局、农业农村局，成功推动建立烟草领域、农业农村领域行刑衔接案件涉案财物公物仓存储协作机制，并在市区两级层面进行推广，将"实物静止，手续流转"模式进一步向行政机关延伸，着力建立多层次监管体系，丰富改革内涵，拓宽存储渠道，破解基层难题。机制建成以来，市场监管、烟草专卖、农业农村部门公物仓共协助北京市公安局各办案单位保管了50万余件特殊种类物品，极大地缓解了公安机关涉案财物管理中心存储保管压力，有效降低了涉案财物在流转过程中损毁、灭失风险，同步提高了物品流转效率和办案工作质效，《法治日报》《人民公安报》以及北京电视

台、腾讯网、新浪网、今日头条等多家媒体予以宣传报道。

3. 建立刑事涉案财物公检跨部门监督协作机制

北京市公安局打造的执法办案管理中心工作机制得到了公安部的重点关注和充分认可，并在全国范围内予以全面推广，派驻公安机关执法办案管理中心检察机制就是其中一项具有首都特色的重要改革内容。为进一步推进以审判为中心的诉讼制度改革、执法司法制约监督机制改革，落实最高检、公安部《关于健全完善侦查监督与协作配合机制的意见》，不断创新丰富派驻公安机关执法办案管理中心检察机制内涵，北京市公安局涉案财物管理中心指导昌平公安分局与区检察院积极探索，围绕监督范围、运行模式、人员配备、专门保障等问题多层级深入座谈会商，开展实地调研，推演工作流程，推动达成共识，最终决定依托执法办案管理中心检察室，创建公检机关刑事案件涉案财物监督新机制，并联合会签《关于依托派驻公安执法办案管理中心检察室加强刑事案件涉案财物监督的工作规范》（以下简称《规范》），具体内容如下。

一是从监督的角度出发，《规范》明确了依法规范、全面均衡、及时有效、衔接配合工作原则。《规范》细化了对涉案财物管理中心内的刑事案件涉案财物法律监督，具体包括是否依法对涉案财物采取查封、扣押、冻结等强制措施；是否严格履行涉案财物登记、调用、出库等手续；是否依法依规妥善保管涉案财物；是否依法及时办理涉案财物的移送、返还、变卖、拍卖、销毁、上缴国库等处置工作；其他违反涉案财物管理规定的行为等五个方面内容。《规范》明确了派驻检察室可以采取查看涉案财物管理中心信息系统、调取视频监控资料、查阅卷宗、实地巡查等监督形式。《规范》提出了派驻中心检察官应当依法监督，严格遵守公安机关涉案财物管理中心的各项规定，严守保密纪律，不得干涉侦查人员依法办案，不得干扰和妨碍侦查活动正常进行等具体要求。规定了派驻中心检察官经调查核实后认为公安机关对涉案财物采取强制措施和保管处置存在违法情形的，应依法开展监督程序，视情形依法依规采取口头或书面方式进行纠正。同时规定了公安机关对于检察机关提出的监督意见、建议，应当在一个月内纠正并反馈纠正结果；对监督意见、建议有异议的，应当及时向检察室说明情况或理由，双方应加强沟通会商。

二是从协作的角度出发，《规范》明确了公安机关可以商请派驻检察室介入指导重大、疑难、复杂案件中有关涉案财物管理的工作。《规范》确立了派驻中心检察室与公安机关就涉案财物管理工作建立工作会商机制，定期或适时互通情况，及时研究解决工作中存在的问题，有效促进工作规范开展。《规范》提出，根据实际需要，可以通过开展同堂培训等形式，共同提升涉案财物管理工作质效。此外，《规范》还明确了派驻中心检察室对公安机关涉案财物管理工作开展监督，分别由检察机关立案监督和监督调查部门与公安机关法制部门牵头具体负责，归口做好沟通衔接和配合工作。

为了保障派驻检察官顺利开展工作，公安机关在涉案财物管理中心内设立了专席，并为派驻检察室配置了电脑、桌椅、文件上墙制度，畅通通信网络，确保派驻检察官在执法办案管理中心、涉案财物管理中心均有独立专用办公场所，便于日常工作。同时，主动优化升级涉案财物智能化保管系统，专门设置了派驻检察官监督账户，分配角色权限，检察官通过系统即可对刑事案件涉案财物提取、流转、保管、处置各个环节开展全面监督。在实现网上巡检的基础上，还积极协助派驻检察官丰富了调取视频监控资料、查阅卷宗、实地巡查等多元监督方式，提升监督管理精细化水平。自刑事涉案财物公检跨部门监督协作机制试点运行以来，最大限度加强了公安机关执法监督与检察机关法律监督衔接配合，实现了监督同向化、系统化，确保涉案财物精准提取、规范保管、及时处置。目前，该机制已在 16 区分局全面推广，进一步凝聚了公检机关跨部门办案、监督、协作合力，涉案财物管理工作质效得到进一步提升。

概括来看，北京市公安局始终坚持共建、共治、共享的理念。一方面注重内部资源整合，充分发挥不同警种专业优势，全力构建涉案财物一体化管理格局；另一方面加强外部协同配合，积极探索与市场监督管理局、烟草专卖局、农业农村局等行政部门创新搭建行刑衔接案件涉案财物"公物仓"存储协作机制，并依托执法办案管理中心检察室，创建刑事涉案财物公检跨部门监督协作机制，极大地丰富了涉案财物管理改革内涵。

（二）推动涉案财物管理中心与执法办案管理中心"两个中心"协同运转

近年来，北京市公安局执法办案管理中心成为全国公安改革的"新样本"，同时"实物静止，手续流转"涉案财物管理改革也成为首都公安深化改革的"新亮点"。截至 2022 年 10 月，16 个区公安分局已全部完成了执法办案管理中心和涉案财物管理中心的软硬件建设，其中 11 家分局"两个中心"坐落在同一办公区内，具有地理位置毗邻的优势。为进一步推动实现执法规范化建设新的增长点，北京市公安局以推动执法办案管理中心工作机制提质增效、深化涉案财物管理改革为契机，积极探索推动执法办案管理中心与涉案财物管理中心"两个中心"一体统筹、融合发展。

1. 全面推动"两个中心"共建共融

立足"打造执法总部基地"新定位，为建设强大的保障中枢，优化统筹"人、案、物"执法要素，各分局在执法办案管理中心设立涉案财物管理办公室或工作专席，设置专门的涉案财物临时保管区或保管柜，涉案财物管理民警可以在传唤嫌疑人阶段提前介入，负责协助核对、盘点、整理、采集涉案财物信息并办理入库，第一时间严格落实"管办分离"刚性原则，同时积极协助办理调用出库、示证、鉴定等工作，充分保障办案民警在 24 小时有限的审查期间内全身心投入审查工作，进一步提升"两个中心"服务执法办案的效能。当涉案人员被采取强制措施后，由涉案财物管理民警负责直接将涉案财物从执法办案管理中心一站流转至涉案财物管理中心，无须办案民警往返办理移交业务，实现了全程无缝对接、闭环管理。此外，为推动涉案财物内部"全流程"监督落地见效，涉案财物管理民警在执法办案管理中心常态化开展执法办案初始环节巡检监督，通过对案件输机质量和法律文书审批情况同步监测，及时发现问题流转办案中心，并依托每日网上执法问题通报、每周分局早例会通报、每月执法监督管理委员会通报的三级通报机制有力督促整改落实。

2. 开创涉案人员随身财物管理新模式

涉案人员随身财物管理直接关系到人民群众合法权益，但一直以来却是执法办案过程中容易被忽视的环节，而且由于涉及办案单位、执法办案管理中心、监管场所、监狱系统等多个部门，管理标准不统一、存放条件受限等，导致常常出现涉案人员随身财物移交接收不畅的问题，"人走物留"现象时有发生。

为彻底破解涉案人员随身财物管理难题，北京市公安局确立了"坚持管办分离、应登必登、闭环管控、全程留痕、应还尽还"的原则，强化办案部门、执法办案管理中心及监管场所协同联动，以执法办案管理中心为轴心，做到前端及时分流，后端应收尽收，实现随身财物规范化保管、"一站式"流转、多元化处置，物随人走、人走物清。同时，各分局结合目前执法办案管理中心信息系统和涉案财物管理智能化保管系统建设应用情况，研发涉案人员随身财物管理模块，方便记录随身财物的基本信息以及登记、保管、流转、领取环节轨迹，并与涉案人员信息数据关联，与视频监控、高拍仪等硬件设备关联对接，与现场执法记录数据协同，确保随身财物登记、保管、流转、领取各环节操作全程留痕，录音录像资料统一归档管理和刻录存盘，全程视频监控接入北京市公安局网上督察信息系统。依托涉案人员随身财物管理模块可以实现"一站式"登记流转，办案单位对随身财物登记封装，并同步全程录音录像后，执法办案管理中心、看守所、拘留所等接收单位无须打开包装再次逐一清点、登记随身财物，仅需现场查验密封包装完整性及录音录像资料即可直接接收，实现为一线民警减负的目的。

同时，为进一步推动"两个中心"融合协作，部分分局涉案财物管理民警前置执法办案管理中心的安检大厅，在办案中心民警对嫌疑人进行入区检查的同时，涉案财物管理民警同步开展涉案人员随身财物登记、保管及流转等工作，实现共建同管。同时，各办案中心还专门设置了随身财物邮寄区，在案件初审结束后，与案件无关的随身财物可以在邮寄区便捷高效办理寄递业务，拓宽了随身财物处理途径，减少了后续随身财物移交流转，从根源上消除了安全隐患，更有力保障了当事人合法权益。

概括来看，北京市公安局坚持将涉案财物管理中心与执法办案管理中心作为首都公安执法规范化建设的重要抓手，全面推动"两个中心"共建共融，最大化统筹"人、案、物"执法要素一体化运行，切实加强三者在执法全环节的综合监督管理，最大化为基层办案减负。

（三）全面规范涉案财物源头提取、过程管理、出口处置"三个环节"

为了持续加强涉案财物在执法全环节的综合管理，北京市公安局坚持深入基层一线摸排调研，突出实战、实用、实效，以"扣得准、管得好、出得去"为目标，紧紧围绕提取、保管、流转、处置等关键节点，建立健全一系列制度规范，切实解决工作中存在的难点、堵点、痛点、盲点，持续加强涉案财物源头管控、过程监督、出口把关。

1. 建立重大数额财产强制措施法制审核制度

涉案财物管理贯穿执法办案全流程，其中关于提取环节，主要指办案单位改变了对涉案财物的占有，能够控制涉案财物，包括对涉案财物采取的查封、扣押、冻结等措施。提取环节是涉案财物管理入口关，直接影响证据证明效力，影响案件后期诉讼。为进一步加强涉案财物在执法全环节的综合管理，北京市公安局印发了《关于进一步规范涉案财物查封、扣押、冻结措施的意见》，具体内容如下。

一是建立了重大数额财产强制措施法制审核制度。2021年公安部印发了《关于规范办理刑事案件适用资金冻结措施的若干规定》（公通字〔2021〕20号），其中第8条针对同一案件一次性冻结账户较多、金额较大的情形，要求提级审核，需要报经设区的市一级以上公安机关负责人批准。此外，《公安机关办理刑事案件程序规定》第239条也要求冻结特殊种类涉案财产需要提级审核，即一般性冻结仅需报县级以上公安机关负责人批准，而对于冻结股权、保单权益的，应当经设区的市一级以上公安机关负责人批准。为了落实上述办案规定，进一步严把涉案财物"入口关"，加强源头审核，细化操作流程，北京市公安局拓宽了重大数额财产提级审核范围，明确规定针对较大数额、价值的账户、股权、土地、房屋、车辆、船舶、航空器、大型机器、设备等，以及以公益为目的教育、医疗、卫生与社会福利机构等场所、设施、保障性住房，办案单位在呈请对上述涉案财物采取查封、扣押、冻结等强制措施时，应根据案件性质、管辖分工，将呈请的审批报告书及案件相关证据材料呈报市局主管业务总队、局法制部门审核，并呈报市局分管领导（省一级公安机关负责人）批准。

二是重申了对涉案财物依法采取强制措施的要求。强调了严禁行政案件在受案之前、刑事案件在立案之前查封、扣押、冻结涉案财物；明确了个人或单位在行政受案、刑事立案之前向办案单位提交涉案财物的，办案单位可以制作接收证据材料清单后先行接收，然后根据受案、立案和侦查情况决定是否查封、扣押和冻结；提出了与案件无关的财物不得采取强制措施，但对于违禁品（淫秽物品、毒品等）、危险物品（枪支、爆炸物品等），不管是否与案件有关，都应当扣押等工作要求。

三是强调了加强涉案财物强制措施的监督管理。《关于进一步规范涉案财产查封、扣押、冻结措施的意见》明确提出法制部门要加强对涉案财物查封、扣押、冻结强制措施的规范和指导，重点监督重大数额、超过 5 年未解除强制措施等案件。相关业务总队、局要发挥条线牵动作用，依托网上巡检、实地检查、调卷评查等方式，进一步强化对本系统管辖案件涉案财物强制措施监督管理，并严格重大数额财产强制措施法制审核及报备工作。

为了确保各项规范要求落在实处，北京市公安局重点围绕涉案财物提取环节，从各区分局随机抽调含有涉案财物且经法制部门审核的案件，利用执法办案平台电子卷宗模块，定期组织开展涉案财物管理专项案件评查，重点整治"超权限、超范围、超数额、超时限查扣冻"四类突出问题，推进包容审慎执法，努力实现政治效果、法律效果、社会效果"三个效果"有机统一。此外，自重大数额财产强制措施法制审核制度建立以来，北京市公安局经侦总队已按照要求完成了一起职务侵占案件涉及的 7700 余万元涉案资金冻结的审批工作。

2. 分类规范常见涉案财物过程管理

改革之初，北京市公安局已针对刑事、行政案件分别出台了《刑事诉讼涉案财物管理实施细则》《行政案件涉案财物管理实施办法》，详细制定了涉案财物管理工作规范。然而对于一些常见种类涉案财物，如机动车档案、涉案款、保证金、毒品等，由于其自身属性特殊，并不完全适合按照普通涉案财物进行管理。因此，为了精准提升涉案财物过程管理质效，北京市公安局立足执法实践和涉案财物管理实际，分门别类制订工作规范。

第一，规范查封机动车档案工作。在执法办案过程中，为了追查涉案机动车，避免涉案人员私自变更机动车权属，防止涉案机动车转移过户影响侦查办案，保护权利人合法权益，办案单位需请求交管部门协助查封相关机动车档案，并停止办理机动车注册、变更、转移、抵押、注销等登记业务。在开展执法办案顽瘴痼疾专项整治期间，北京市公安局通过调研发现，由于相关文件没有明确办理查封机动车档案适用何种法律手续，基层民警办案过程中使用的手续包括公函、协查通报、办案协作说明、冻结封存决定书等多达十余种法律文书。同时，由于查封机动车档案的操作流程不明确，查封的具体期限不明确，致使办案单位如果不主动申请解除查封，涉案车辆档案将一直处于查封状态，个别车辆档案甚至已经被查封十余年之久。此外，各单位办理查封、解封手续仍采取线下方式，需要办案民警持相关手续前往交管局车辆管理所当面办理，客观上增加了工作困难和办案成本。为了切实解决上述困扰基层执法办案的难题，北京市公安局针对查封机动车档案工作中存在的不规范问题开展专项整治，按照摸清底数、自查整改、督导检查三个阶段顺序推进，取得了良好效果，并在认真研究、反复论证后，制定印发了《北京市公安局查封机动车档案工作规范》（以下简称《工作规范》），具体内容如下。

一是明确了"查封机动车档案"概念，即执法办案部门在办理刑事案件过程中，依法请求北京市公安局公安交通管理局车辆管理所协助查封相关机动车档案，并停止办理该机动车的注册、变更、转移、抵押、注销等登记业务。

二是明确要求使用《协助查封通知书》作为统一的查封手续，细化了办案单位审批及与车管所对接的工作流程。明确了查封期限不得超过两年，期限届满可以续封一次，续封期限最长不得超过一年，并规定了因案件重大复杂或其他原因需再次续封的呈报流程。

三是规范了制式解封手续《协助解除查封通知书》，强调了查封期限届满，办案单位未办理续封手续的，查封自动解除。车管所档案管理部门将解封信息录入公安交通管理信息系统，恢复办理该机动车各项登记业务。

规范查封机动车档案工作对于深化涉案财物管理改革具有十分重要的意义。一方面为群众办了实事，《工作规范》印发后，全面规范了机动车辆档案查封解封工作，特别是避免出现查封超期的问题，全局按时解封率已达100%，切实保障涉案车辆当事人及其他利害关系人的合法权益。另一方面为基层解了难题，《工作规范》统一了制式查封手续，细化了工作环节，统一了办理标准，规范了执法行为，为基层执法解决了疑虑、提供了依据，避免随意执法的问题发生。同时市局涉案财物管理中心积极协调相关部门完善执法办案平台功能，如今全局民警仅需花费几分钟操作，即可线上办理相关手续，节省大量办案时间和警力成本，大幅提高办案工作效率，实现了"信息多跑路、民警少跑腿"的工作目标。

第二，规范涉案款、保证金管理工作。传统的涉案款、保证金管理由警务保障部门主要负责，但由于警务保障部门主要从财务管理的角度进行管理，办案单位收取涉案款、保证金后，交银行入账慢的问题较为普遍，有的单位涉案款、保证金账户设置时间较为久远，与一般性账户共同管理，不符合公安部关于唯一指定账户的要求。同时，由于警务保障部门并不对执法办案直接进行监督，仅仅依靠办案单位主动上报交纳，监督管理相对薄弱。为了改变传统管理模式的弊端，北京市公安局认真梳理汇总了每月执法办案平台巡检及实地检查中发现的涉案款、保证金管理问题，组织西城、朝阳、海淀、房山、通州、平谷等分局开展座谈交流，并多次前往工商银行、建设银行、北京银行等金融机构实地调研，充分征求北京市公安局警保部门、审计部门及各分局意见建议，于2022年5月制定印发了《北京市公安局关于进

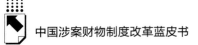

一步加强涉案款 保证金管理工作的意见》（以下简称《意见》），进一步严密了涉案款、保证金管理工作措施，具体内容如下。

一是严格入账规定。《意见》强调了各分局应当设立或指定账户，作为本单位涉案款及孳息管理的唯一合规账户，进行单独核算，外币涉案款按照北京市公安局警保部要求及时办理入账。《意见》明确了办案单位扣押涉案现金后，应当在24小时内存入合规账户，并于入账后24小时内将加盖银行公章的存款凭证上传至执法办案平台。提出了如果在办案过程中遇有特殊情况的，办案单位可在扣押后24小时内将涉案现金交警保部门、涉案财物管理中心或保管室，待特殊情况消除后及时存入合规账户。《意见》区分了对于具有特定特征、能够证明某些案件事实而需要作为证据使用的现金，应当在24小时内交保管室、涉案财物管理中心进行管理。

二是细化台账档案。要求各单位应及时更新台账内容，确保账实相符，明确涉案款台账包括案件名称、持有人姓名、涉案款币种、涉案款数额、扣押时间、入账时间、处置情况、经办人等。保证金台账至少应包括案件名称及取保候审人员、取保候审起止时间、保证金数额、保证金缴纳情况、缴纳人、退还/没收保证金情况、经办人等。要求各单位涉案财物管理中心、办案部门案管组建立涉案款、保证金管理档案，一案一档。涉案款档案包括扣押清单、存款凭证、结算单据、处置依据（判决书、行政处罚决定书、委托处置函、协助执行通知书等）、呈请处置审批单、处置手续（发还、上缴）等；保证金档案包括取保候审决定书、收取保证金通知书、存款凭证、退还/没收保证金决定书、通知书等。

三是规范对账机制。强调各单位涉案财物管理中心、办案部门案管组要定期通过执法办案平台及线下办理案件台账梳理含涉案款、保证金的案件信息，及时更新台账内容；警保部门要定期梳理涉案款、保证金银行账户交易明细、银行流水等款项情况，确保账实相符。同时建立对账机制，涉案财物管理中心与警保部门每月至少对账一次。涉案财物管理中心应当依据梳理的案件信息及办案单位上交的存款凭证和结算单据，与警保部门提供的银行交易记录进行核对，重点核对是否存在应入账未入账、入账不及时、案件已结未处置、保证金未及时处理等问题。

自规范涉案款、保证金管理工作以来，全局 24 小时入账率由原先的 71.3% 提升至 99.9%，执法办案平台上传的入账凭证有扣押决定书、扣押清单或行政事业单位资金往来结算单等各式各样的凭证，统一为加盖公章的银行入账凭证，能够准确查询涉案款账户、入账时间、入账金额、银行办理网点，为准确开展对账工作奠定了数据基础，全局涉案款、保证金账账相符率达到 100%。

第三，规范缴获毒品管理工作。为进一步规范全局缴获毒品管理工作，保障毒品案件顺利办理，确保毒品安全，根据公安部 2016 年印发的《公安机关缴获毒品管理规定》，结合首都禁毒工作实际，制定了《北京市公安局缴获毒品管理办法》。该文件主要规范了市局、分局两级办案部门及各派出所对办理刑事案件、行政案件过程中依法扣押、收缴的毒品进行保管、移交、入库、调用、出库、处理等工作，同时涵盖了北京铁路公安局、北京海关缉私局、首都机场公安局等单位移交至北京市公安局保管的毒品，具体内容如下。

一是明确了市公安局禁毒总队设置毒品专用保管仓库，负责对缴获毒品实行集中统一保管。同时，毒品调用单位设置保管仓库或保管柜，负责调用毒品的保管，北京市禁毒科技中心设置毒品检材保管仓库或保管柜，负责检验鉴定毒品检材的临时保管。

二是细化了毒品的移交、入库、调用、出库工作流程，明确规定了办案人员、毒品库保管人员、禁毒科技中心鉴定人员在执法办案各个环节的工作职责和操作规范，统一规范了收缴毒品清单、检材移交清单、毒品调用审批表、毒品调用出库/重新入库清单以及毒品调用延长期限审批表等法律手续。

三是规定了毒品处理工作要求，明确了处理毒品的前提条件，即作为证据使用的毒品，要在不起诉决定书或者判决、裁定（含死刑复核判决、裁定）发生法律效力，或者行政处罚决定已过复议诉讼期限后方可销毁。重申了缴获毒品不随案移送人民检察院、人民法院，但办案部门应当将其清单、照片或者其他证明文件随案移送的工作要求。明确了禁毒部门、警务督察部门在销毁毒品工作中的职责。

自文件印发以来，全局缴获毒品管理工作得到了进一步规范，通过对全局已决毒品案件（含不起诉案件、行政处罚决定已过复议诉讼期限案件）以及近年来大宗毒品原植物案件，涉"笑气"案件中收缴的毒品、毒品原植物等进行梳理，集中销毁各类毒品 137.2 千克（含冰毒 74.7 千克、海洛因 36.9 千克、大麻 6.4 千克、美沙酮 11.5 千克、可卡因 0.3 千克，其他毒品 7.4 千克）、毒品原植物 10339 株、毒品原植物种子 2073.2 千克以及"笑气"14060 瓶。

3. 探索完善涉案财物出口处置路径

涉案财物清理处置直接关系到追赃挽损成效，对实现政治效果、法律效果、社会效果统一具有十分重要的意义。北京市公安局在打通涉案财物实物上缴国库"绿色通道"的基础上，进一步深入研究涉案财物清理处置工作，明确处置期限，探索特殊种类涉案财物处置出口，丰富电信网络诈骗案件冻结账户资金处置路径，有力推动涉案财物管理良性循环。

第一，明确涉案财物清理处置期限。为进一步加快涉案财物清理处置，常态化推进涉案财物清理处置，推动实现"案结物清"工作目标，北京市公安局涉案财物管理中心经过深入调研，结合工作实际制定了《关于进一步明确涉案财物清理处置期限的意见》（以下简称《清理处置期限意见》）。该文件分别针对刑事、行政案件涉案财物清理处置期限作出了规定。

一是对于刑事案件涉案财物，明确了涉案财物处置的前提是完成结案。《清理处置期限意见》规定了处置方式为发还的，处置期限为三日；处置方式为上缴、销毁及其他的，处置期限为一个月。同时，按照公安机关撤销案件、检察院作出不起诉决定、法院作出判决或裁定等刑事诉讼不同阶段，分别规定了涉案财物清理处置起算日。此外，强调了如果检察院、法院对随案移送的涉案财物处理意见不明确时，办案单位应在三个工作日内发函征求意见的要求。《清理处置期限意见》规定了如果涉案财物须发还当事人，办案单位应当通知当事人认领；无人认领的，办案单位应当公告通知；公告满一年仍无人认领或当事人明确表示不予认领的，应当上缴国库。

二是对于行政案件涉案财物，《清理处置期限意见》重申了办案单位应在对涉案财物采取的强制措施期限内作出发还、收缴、追缴、没收等处理决定。参照刑事案件涉案财物，《清理处置期限意见》明确了如果作出发还决定，处置期限为三日，原主不明确的，办案单位应当采取公告方式告知原主认领，如果六个月内无人认领的，按无主财物处理，登记后上缴国库；规定了如果作出上缴、销毁及其他处置决定，处置期限为一个月，并按照调解结案或以行政拘留、罚款、警告、不予处罚、终止调查等不同结案情形，根据当事人复议诉讼情况确定处置起算日。

该文件印发之后，极大地促进了涉案财物清理处置工作，加快了涉案财物流转速度，释放了涉案财物管理中心及基层所队保管室库存压力。2023年，全局共清理处置各类涉案物品 14807 案 319.14 万件、机动车 271 案 343 辆、涉案款 2332 案 12575.96 万元。

第二，完善特殊种类涉案物品保管和处置工作。在执法实践工作中，各单位涉案财物保管场所、保管装备、存储条件只能保障常规涉案财物的存储、管理，对于枪支弹药管制器具、爆炸物品、烟花爆竹、液化石油气罐（含气）、剧毒/易制爆危险性化学品/放射性物品、毒品、成品油、野生动物及其制品等特殊种类涉案财物，往往不具备保管条件，专业妥善保管工作难度较大。虽然北京市公安局与财政局开通了涉案财物实物上缴国库"绿色通道"，但第三方资产处置机构一般情况下仅能够将常规涉案财物纳入接收处置范围，不具备清理处置上述特殊种类涉案财物的专业资质。为了深入推进涉案财物管理改革创新，切实解决基层执法办案中遇到的特殊种类涉案财物保管处置难题，市局法制部门牵动组织刑侦、治安、环食药旅、禁毒、森林等业务警种以及相关分局，针对执法办案中涉及的常见特殊种类涉案财物管理工作开展专题研究，强化协同配合，明确职责任务，制定印发了《特殊种类涉案物品保管和处置工作指引》（以下简称《工作指引》），具体内容如下。

一是针对十一类特殊种类涉案财物，主要从保管、处置两个环节详细规范了不同种类涉案财物的具体工作流程，列明了相关执法依据。其中，对于枪支弹药/管制器具、爆炸物品、烟花爆竹、液化石油气罐（含气）、剧毒/易制爆危险性化学品/放射性物品等五类涉案财物由公安治安部门负责统筹

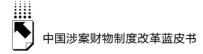
保管，并按照涉案物品类型分别协助办案单位联系城市管委部门、生态环境部门，并委托专业公司代为保管、处置。对于毒品类涉案财物需办案单位交由禁毒部门专门设立的毒品库负责集中统一保管、处置。对于成品油类涉案财物由环食药旅部门协助办案单位联系中国石化销售股份有限公司北京石油分公司或北京石油产品质量监督检验中心进行鉴定，并可委托中国石化销售股份有限公司北京石油分公司对查扣的涉案成品油进行集中计量、统一运输、分类保存。对于野生动物及其制品类涉案财物由森林分局负责统筹，活体类陆生、水生动物可以分别移送至北京市野生动物救护中心、北京市水生野生动物救护中心，死体或制品可交由各单位涉财中心保管，涉财中心不具备保管条件的，可交由森林分局库房统一保管，案件办结后移交园林绿化局处置。对于市场监管领域、烟草领域、农业农村领域涉案财物，依托公物仓存储协作机制，分别对接市场监督管理局、烟草专卖局、农业农村局配合做好保管、处置工作。此外，还在每一类涉案财物之后列明了与之相对应的执法依据，方便办案民警查阅。

二是充分挖掘、发挥各业务警种及第三方机构的专业优势，探索引入了第三方专业机构参与保管、协助处置，并在附件中列示了北京市及各区应急管理局、生态环境局地址和联系方式，以及爆炸物品运输、存储、销毁资质单位名单及联系方式，方便了民警查阅，可操作性强，为一线执法办案提供有力保障。

自《工作指引》印发以来，有效提升了特殊种类涉案财物管理的规范化、专业化、社会化水平，全局委托第三方专业机构协助处置 214 案 2.8 万余件特殊种类涉案财物，受到了各级领导及基层办案民警的一致好评，并被公安部法制局评为 2022 年地方公安机关优秀执法制度。

第三，丰富电信网络诈骗案件冻结账户资金处置路径。近年来，电信网络诈骗犯罪呈高发态势，电信网络诈骗案件办理面临涉案财物处置等程序性困境。[①] 2015 年，北京市公安局刑侦总队成立了全国首家省级反诈中

---

① 参见郭烁《电信网络诈骗犯罪应对的程序性困境与完善》，《法学论坛》2023 年第 4 期。

心，负责统筹全市反电信网络诈骗犯罪工作。2016 年，公安部授权北京市公安局建设"公安部打击治理电信网络新型违法犯罪查控中心"，承担全国电信网络诈骗案件涉案账号的止付、查询、冻结及资金流追查等工作。为高效推进电信网络新型违法犯罪案件冻结账户资金清理处置工作，北京市公安局法制总队会同刑侦总队、警保部进行研究，并与市财政局相关部门交流座谈，共同会商处置办法。经过梳理研究，根据《刑事诉讼法》《公安机关办理刑事案件程序规定》、财政部《罚没财物管理办法》以及银保监会、公安部《电信网络新型违法犯罪案件冻结资金返还若干规定》和《实施细则》相关规定，明确了对冻结账户资金采取四种处置方式。

一是对冻结资金来源于被害人合法财产，权属、数额明确无争议，能够溯源到具体被害人的，可通知金融机构直接返还给被害人。

二是对冻结资金系账户持有人合法财产，因出现可疑交易特征而被冻结，但经核实与电信网络等违法犯罪案件无关的，在当事人提出申诉并经查证属实后，可通知金融机构解除冻结。

三是对冻结资金属于违法所得应当追缴，但犯罪嫌疑人逃匿境外、经通缉一年后仍未到案或已死亡，符合违法所得没收程序规定情形的，可将相关材料移送检法机关，由法院裁决予以没收上缴国库或发还被害人。

四是对案件因客观原因未能侦破、无法继续推进诉讼，或者案件虽移送起诉，但检法机关未对涉案账户资金作出决定、裁判，同时涉案账户被冻结超过三年未接到当事人申诉且无法溯源的，经账户实名制持有人或者实际控制人确认冻结资金与其无关后，可认定为无主资金上缴国库。特别是针对第四种情形，北京市公安局制定工作指引，坚持依法管辖、稳妥推进、规范操作的原则，明确了无主资金认定条件，细化了溯源、取证、转账、审核、缴纳、退库六步工作流程，为基层实践提供了依据。

北京市公安局坚持主动作为，构建形成了"市局-分局-派出所"的三级资金查控体系，积极与各大商业银行对接，建立资金快速处置渠道，聘请专业会计师团队对冻结资金开展逐户、逐笔梳理，全面提升冻结资金核查处置效率。经过不懈努力，2023 年北京市公安局向全国电信网络诈骗案件被害人返还资金约 9500 万元，涉及被害人 1147 名，解除冻结账户 500 余个，释放冻结资金 7300 万余元，上缴国库 18 笔共计 28.5 万余元，有力维护了人民群众合法权益，为推动社会经济发展提供了坚实保障。

综上所述，为了深化涉案财物管理改革，北京市公安局按照"1+2+3"的推进思路，整合局内各业务警种资源，集成涉案财物管理一体化合力，通过与行政部门搭建行刑衔接案件涉案财物"公物仓"存储协作机制，与检察机关创建刑事涉案财物公检跨部门监督协作机制，探索丰富涉案财物跨部门集中统一管理"一个核心"工作机制；通过推动涉案财物管理中心与执法办案管理中心共建共融，开创涉案人员随身财物管理新模式，推动"两个中心"协同运转；通过建立重大数额财产强制措施法制审核制度加强涉案财物源头管控，通过规范查封机动车档案、涉案款、保证金、缴获毒品管理强化涉案财物过程监管，通过明确涉案财物清理处置期限、完善特殊种类涉案财物处置工作、探索电信网络诈骗案件冻结账户资金清理方式细化涉案财物出口处置途径，有力提升涉案财物源头、过程、出口"三个环节"工作质效。

三　涉案财物管理"北京模式"改革积累的经验与取得的成效

回顾近年来的改革历程，涉案财物管理"北京模式"之所以能够持续纵深推进，创新层出不穷，不断升级优化，结出累累硕果，主要得益于以下三个方面的经验。

一是党委高度重视、强力推动改革。北京市委政法委将涉案财物管理改革纳入市法治建设领域重点改革项目，纳入市委政法委司法改革任务账单，将市区两级涉案财物管理中心建设作为首都新时代公安工作重点任务进行推进。北京市公安局党委高度重视，主要领导多次就"加强涉案财物管理"作出指示批示；主管局领导先后组织召开全局部署会、调度会、现场推进会 20 余次，并与检法机关和财政部门多次联席会商，高标准高质量推动改革。各分局党委严格落实涉案财物管理改革的各项要求，积极争取各区政府相关部门支持，在机构编制、人员配备、资金投入、土建改造、系统开发等方面给予了强有力的保障。二是完善制度建设、固化改革成果。自 2017 年以来，北京市公安局立足实战实用实效，除上文提到的规范性文件外，还出台了《涉案财物保管场所突发安全事故（事件）应急处置工作预案》《办理刑事案件适用查封、扣押、冻结措施实施细则》《关于常见案件涉案财物规范提取指引》等共计 23 个与涉案财物管理有关的规范性文件，明确管办分离原则，细化提取、保管、流转、处置各环节工作流程和操作标准，规范涉案财物保管场所土建改造和信息化建设标准，健全办案人员与保管人员相互制约制度，规范查封、扣押、冻结等措施使用，明确涉案财物清理处置期限，让办案民警在涉案财物管理上每一个环节、每一个步骤都有章可循，以制度完善促规范运行。三是压实三级责任、强化贯彻落实。依托"法制部门统筹牵动、职能部门协同监督、业务警种条线推进、属地分局抓好落实"的涉案财物一体化管理机制，北京市公安局各个业务警种充分发挥自身专业优势，结合自身管辖案件及相关涉案财物特点，坚持"人、案、物"并重，积极牵头指导本系统管辖案件涉案财物管理工作的条线指导、监督、考核工作。同时，各分局严格落实党委会、办公会每季度必研究讨论，执法监督管理委员会每月工作例会必强调提示，分局及基层所队涉案财物管理问题每日必通报整改的"三必"工作制度。市局涉案财物管理中心牵头将涉案财物管理工作纳入全局三级执法管理体系，每月抽检各单位问题通报，并将监督履职不到位的情况在每月《全局涉案财物工作法制工作简报》中予以公示，全力扭转"上热、中温、下冷"的倒金字塔局面，有力提高分局法制部门、基层案管组监督管理履职能力。

（一）管理队伍专业化进一步提升

为了实现涉案财物管理队伍专业化，北京市公安局法制总队成立了正处级建制的涉案财物管理支队，支队包括 2 名正处级现职领导、2 名副处级现

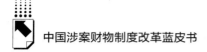

职领导以及 5 名民警、5 名文职辅警、8 名保安员，主要职责有：一是负责集中保存管理市局直属各办案单位及提级审核案件各分局移交的涉案财物；二是统筹全局涉案财物管理及嫌疑人随身财物代为保管工作，研究制订完善相关规章制度；三是对全局各办案单位、执法办案管理中心的涉案财物管理及嫌疑人随身财物代为保管工作进行指导、监督和考核；四是负责协调专业资质公司，协助办案单位对涉案财物进行处置。

在分局层面，16 个分局中已有东城、西城、朝阳、海淀、丰台、石景山、房山、顺义、昌平、大兴等 10 个分局给法制支队增设了涉案财物管理中队，其余 6 个分局均安排专职民警负责涉案财物管理工作，市、区两级涉案财物管理中心专职民警已由改革之初的 38 人增至 125 人，增加 2.3 倍。同时，根据执法办案管理中心工作机制要求，各基层办案部门均成立了案管组，其中涉案财物管理工作被列为案管组五大职能之一。案管组既要负责涉案财物日常工作中的接收、保管、移送、协助处置等工作，又要对涉案财物履行管理监督职能。截至 2023 年底，全局负责涉案财物管理工作的人员已由改革之初的 800 余人扩展至 1300 余人。

（二）保管场所规范化进一步提升

涉案财物保管场所是涉案财物管理的基础，为规范推进涉案财物保管场所土建改造和信息化建设，北京市公安局将智能化涉案财物管理中心建设纳入首都公安改革和执法规范化建设重点项目，市局主管领导先后多次通过全局部署会、调度会、现场推进会等形式推动落实，并多次与检法机关和财政部门联席会商，高标高质推动建设。北京市公安局法制总队先后制定《涉案财物管理中心建设标准》《涉案财物保管室设置使用规范》《涉案财物智能化管理系统建设标准指引》，同时在市局涉案财物管理中心打造"智能化库管系统样本"，通过分类指导、实地检查、通报考核等方式，强力督导推进。各分局将其作为"党委工程"，多次召开会议专题研究建设方案设计、资金保障、人员配备等问题，并积极争取区政府相关部门支持，历时三年努力，16 家涉案财物管理中心全部完成建设。全市涉案财物管理中心建设共投入资金 9100 余万元，中心总面积由 1.7 万平方米扩大至 4.6 万平方米，增加 1.7 倍，统一划分为收物区、库区和办公区，其中各分局因地制宜将库区分为贵重物品区、普通物品区、大型物品区、防磁防爆区、冷藏恒温区、车辆停放区等区域，功能更完备、布局更合理、管理更智能和设施更齐全。

同时，为了保障一线执法，北京市公安局积极推动基层所队根据自身办案实际、办公条件进行涉案财物保管室或保管柜建设，特别是紧密结合全局刑事案件层级管辖分工改革，明确了承担执法办案任务的市局各业务总队及分局各职能部门原则上要设立标准化涉案财物保管室，配备相应的人员、场地、硬件、设施，集中保管本单位办案人员移交的涉案财物；对个别办案量较小的业务部门，也可不单独建设保管室，只设立专门存放涉案财物的保管柜（需加密或带锁，设置 24 小时高清监控探头等，确保绝对安全）。新设置保管室（柜）的单位要在市局执法办案平台涉案财物管理模块中完成虚拟库的建立。截至 2023 年底，全局建设完成涉案财物保管室（保管柜）464 个。

（三）信息系统智能化进一步提升

近年来，信息化的实践表明，信息化是规范执法办案、提高执法效率、节约司法资源的重要手段。刑事诉讼涉案财物处置的信息化是规范化的重要组成部分。[①] 将信息化运用到涉案财物管理，建立涉案财物管理信息平台，不仅有助于涉案财物进行系统、规范、高效管理，以及对涉案财物信息进行采集、共享、分析和运用，而且还有助于涉案财物管理进行流程管控和透明监督。[②] 北京市公安局坚持科技赋能，强化创新实践，以创建数字化"物的看守所"为目标，认真研究，积极探索，将物联网、云计算、大数据等现代科技信息技术融入涉案财物智能化库管系统。一方面，推动安全防范实现

---

① 参见高一飞、张露《刑事诉讼涉案财物处置公开机制的构建》，《河南财经政法大学学报》2016 年第 6 期。

② 李玉华：《统一涉案财物管理中心建立的论证与设计》，中国法制出版社，2021，第 157 页。

了数字化升级。安全设备从普通门锁、不锈钢护栏升级成了人脸识别、虹膜认证、周界报警，库区装备从塑料袋、整理箱、铁货架升级成了智能柜、防磁柜、冷冻柜、防爆柜等多种专业功能设备。特别是利用 RFID 射频技术等物联网技术，给每一件物品都贴上了专属"身份证"，将系统与库区内外多种门禁系统、周界报警系统、监控设备实现技术关联，实现了全面记载物品入出库环节、异常操作下联动报警、全流程视频录像回溯等功能，确保库区绝对安全、不留死角。另一方面，推动库区管理实现了智能化转型。管理模式从手填登记转变为依托标准化数据端口，一键导入执法办案平台推送的物品信息，并通过建立库区三维模型、智能位置分配算法、数字化指示屏等设备与技术，实现物品信息精准、高效采集入库；盘库模式从手工开箱逐件核对转变为"电子枪全面扫描、人工抽检复核"新模式，大幅提升盘库效率与准确率。

智能化保管系统建设应用从根本上改变了传统的纸质台账管理形式，有力支撑数据梳理、汇总分析、智能预警，真正实现涉案财物"底数清、情况明"。在入口环节，通过比对执法办案平台与智能化保管系统数据，即可准确掌握涉案财物管理中心与基层保管室收物底数，督导办案单位尽快办理移交，避免物品长期积压在保管室，既规范了保管室职能，又缓解了基层库存压力。在流转环节，依托智能化保管系统自动预警功能，有效解决了物品调用出库后久借不还的问题，不断提升涉案财物管理中心管理规范化、监督精准化水平。在出口环节，充分发挥智能化保管系统综合查询、统计分析优势，预警提示民警及时精准开展清理处置，同时系统自动整合同类物品，大幅提升了涉案财物管理中心与资产处置公司的对接效率，进一步加速涉案财物管理良性循环。此外，智能化保管系统还实现了远程监督功能，为北京市公安局对各分局、各分局对所属办案单位涉案财物管理工作开展监督提供了极大的便利条件。

（四）监督管理精细化进一步提升

为不断提高全局涉案财物管理专业化、精准化水平，北京市公安局通过日常网上巡检、调卷评查、"双清"专项治理、信访线索核查、应用效能评估等方式，狠抓监督管理。

改革之初，为了规范涉案财物管理，促进基层办案民警养成规范执法习惯，北京市公安局涉案财物管理中心组织专人每月通过执法办案平台巡检涉案财物输机质量，主要监督物品名称、数量、特征、照片、出入库记录等重要信息是否规范录入。同时，为了规范刑事诉讼，为涉案财物后期处置提供依据，北京市公安局严格将涉案财物纳入法制审核范畴，要求全局在向检察机关移送起诉案件时不仅要规范开具随案移送清单，还要将涉案财物处理建议明确写入《起诉意见书》中，并提出了随案移送清单线上开具率和向检察机关协同率达到双100%的要求。

在全局涉案财物管理工作精细化程度不断提高的同时，北京市公安局不断延伸拓展监督范围，持续加大管理力度。一是推动全局开展涉案财物"应上账未上账，应处置未处置"双清专项治理工作，通过制订工作方案，明确了枪、刀、毒、黄、车、款、账户、房产等八类重点整治内容，划定了动员部署、全面排查、集中清理、总结提高四个工作阶段，紧盯"上账入口"和"处置出口"两个关键环节，围绕人、案、场所展开全要素、全覆盖排查。专项治理期间，全局各单位先后组织上万名办案民警开展自查，对涉案财物保管场所及可能存放物品的地点4700余处全面排查，清理处置涉案物品48万余件，公安部法制局专题刊发法制工作简报（第30期），充分肯定治理成效。二是推动开展应用效能评估，制定了《关于开展涉案财物管理中心应用效能评估的意见》，从基础建设、人员配备、制度建设、运行管理、协同运转、应用评价六个方面，细化了59项评估指标。以建立健全涉案财物管理中心应用效能评估制度为抓手，坚持"全域、全程、全量"监管理念，强化各区涉案财物管理中心及基层所队涉案财物保管室的规范运行、深度应用和创新发展，推动涉案财物管理中心与执法办案管理中心的协同运转，提升涉案财物管理工作的规范化、智能化、专业化水平。三是精准督办信访、审计重点问题整改。北京市公安局始终坚持问题导向、民意导向，由涉案财物管

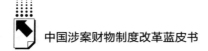
理中心牵头，积极对接信访、审计部门，全面梳理信访投诉以及审计工作中发现的涉案财物管理问题线索，通过调阅电子卷宗、电话回访当事人、查询不起诉决定书或判决书等方式对问题线索开展全面评查，组织专人拉列工作清单，细化措施方案，加强分类指导，逐项逐件督导责任单位限期整改。对于未完成整改任务的单位，北京市公安局坚持每周督办、每月通报，采取下发督办单、整改通知书等方式，将问题纳入执法质量考评，积极督促办案单位完成整改，切实推动完善"执法办案+追赃挽损"工作闭环。四是强化日常监督管理。在每月巡检平台涉案财物输机质量及随案移送工作的基础上，增加涉案财物及时清理处置、涉案财物长期调用不还两项巡检内容。同时，重点围绕涉案财物提取环节，从16个区分局随机抽调含有涉案财物且经法制部门审核的刑事、行政案件，组织开展涉案财物管理专项案件评查。截至2023年，北京市公安局累计抽检涉案财物信息44853条、案件2391件，发现并督导整改问题1865件，涉案物品"管办分离"率、24小时入库率以及涉案物品账实相符率、涉案款账账相符率均为100%，台账流转信息登记规范率为97.9%，涉案财物平均处置率为87.5%，随案移送清单开具率达到98.2%、协同率达到98.8%，全局整体工作水平显著提升。

四　涉案财物管理"北京模式"的未来展望

（一）进一步提升涉案财物现代化管理理念

随着经济快速发展，人民群众的财产权保护意识不断增强，追赃挽损与打击犯罪同等重要，涉案财物既具有证据属性，又具有财产属性[①]，不仅影

---

①　梁春程：《涉案财物跨部门统一管理的理论与实践——以上海市J区公检法涉案财物共管平台为样本》，《河南财经政法大学学报》2019年第2期。

响被害人挽回财产损失，还影响犯罪嫌疑人的退赔数额及法官量刑考量[①]，也会直接影响国库收入。一件物品只有同时具有使用价值、交换价值，才能形成社会财富。对涉案财物长期采取强制措施，不仅贬损了物品使用价值，更限制了交换流通。然而，传统的涉案财物管理改革理念主要是以推动执法规范化建设为立足点和出发点，通过涉案财物管理实现保值甚至增值、最大化减少社会财富损耗方面的办法不多。

北京市公安局将继续把涉案财物管理工作作为提升社会治理体系和治理能力现代化的重要内容，坚持公正、高效、价值最大化原则，进一步提高运用法治力量服务高质量发展的认识，不断提升"人物并重"的涉案财物现代化管理理念，以合理性作为评判涉案财物处置好坏的实质和应然依据。[②]努力创新丰富涉案财物保值保管举措，在不影响刑事诉讼的前提下，尽可能让被采取强制措施的涉案财物加速回归社会，积极解决长期保管涉案财物花费成本高、浪费社会资源的问题，以最小的行政司法成本换取最大的社会经济效益，高质高效推动实现执法办案政治效果、法律效果、社会效果三统一，充分发挥服务保障高质量发展的作用。

（二）进一步提高涉案财物精细化管理水平

当前，北京主要由公安局内部设立的涉案财物管理中心及基层所队保管室承担涉案财物管理工作。为进一步提升精准化管理水平，北京市公安局将充分借鉴外省市利用第三方社会化资源保管涉案财物的先进改革经验，进一步探索完善"公安自管为主，社会化托管辅助"的涉案财物管理方式。积极争取市委政法委、检察院、法院和财政部门支持，在常办的经侦、环食药旅领域案件中挑选特殊种类或数量较大的涉案财物，按照必要严控、高效节约的原则研究确定引入社会化服务的范围，明确清点、运输、仓储、维保等服务种类，规范细化服务流程，严格按照审计和财务管理规定落实经费保

① 陈艳飞：《涉案财物无法作价时的犯罪金额认定问题探析——以王某诈骗案为例》，《法律适用·司法案例》2018年第16期。
② 梁健：《刑事涉案财物处置的失范与规范》，《中国刑事法杂志》2022年第5期。

障，探索推进类案、类物试点引入社会化服务工作，并力争建立常态机制，固化改革成果。

北京市公安局将进一步细化规范涉案财物提取环节，明确要求办案民警必须通过现场拍摄照片或视频最大限度反映涉案财物原始状态，流转涉案财物必须全程录音录像，杜绝影响证据同一性的问题发生，以严密的流程管理为诉讼活动顺利进行提供有力保障。同时，北京市公安局将积极与金融机构对接，探索研究通过微信、支付宝或银行手机 App 等方式办理涉案款、取保候审保证金线上收取、退还的途径，着力解决基层民警线下跑银行耗时费力的问题。此外，北京市公安局将及时跟进互联网领域发展趋势，依托北京互联网大厂总部基地云集的地域优势，寻求与北京互联网公司、北京互联网法院、中国人民公安大学法学院等单位合作，加强对虚拟涉案财产采取强制措施、日常监管、清理处置等方面的调查研究，探索建立虚拟涉案财产管理机制。

（三）进一步加强涉案财物管理追赃挽损力度

刑事诉讼的目的不仅是维护社会公平正义，还要保护公民财产权不受侵犯。涉案财物处置是刑事司法领域贯彻保护公民财产权的重要环节，[1] 涉案财物价值高低直接关乎刑事诉讼各方的财产权能否得到有效保护。由于诉讼程序的时间往往长达半年甚至几年，有的涉案财物如食品、药品由于自身特性容易腐烂、变质，有的涉案财物如机动车、电子产品容易发生贬值，有的涉案财物如股票、债券市场价格波动大，还有的涉案财物如汇票、本票、支票有效期届满不处置将直接作废。

因此，北京市公安局将继续坚持打击犯罪与追赃挽损并重，积极争取市委政法委支持，联合检、法、财机关探索建立涉案财物先行处置机制，结合执法办案实际，出台工作规范，界定先行处置对象和范围，明确各机关在案

---

[1] 闵春雷、张伟：《论相对独立的刑事涉案财物处置程序之建构》，《厦门大学学报（哲学社会科学版）》2022 年第 4 期。

件不同诉讼阶段的具体职责任务，推动建立重大数额、敏感案件涉案财物先行处置公检法会商决定机制，规范启动程序，细化审批及操作流程。同时，通过集中授课、专题培训、发布典型案例、送教到岗等形式，加大对办案民警的培训力度，着力扭转基层普遍认为先行处置费力不讨好的陈旧观念，消除民警对先行处置易引发证据灭失、权利人质疑等隐患风险的顾虑。此外，完善先行处置告知程序，向权利人、利害关系人充分告知涉案财物先行处置的程序、风险、救济途径等内容，促进群众充分认识先行处置工作带来的收益与可能发生的风险，加强政策宣讲，增进沟通互信，以高效规范的涉案财物先行处置工作，有效节约司法行政成本，提升执法公信力，有效维护当事人合法权益。

（四）进一步深化涉案财物管理改革创新

在 2015 年《关于进一步规范刑事诉讼涉案财物处置工作的意见》印发之前，涉案财物管理在法学理论研究领域、执法司法实践中普遍不受重视，不论是专家学者还是一线执法司法人员，"重人轻物"的陈旧观念普遍存在。[1] 近年来，各地政法系统特别是公安机关在涉案财物管理顶层设计、统一的涉案财物管理中心建设及信息化应用、引入第三方社会化服务、推动先行处置等方面积极探索创新，积累了丰富的改革经验。同时，多所高校的专家学者踊跃参与到涉案财物管理改革相关课题研究中，提出了涉外刑事案件涉案财物取证和管理实现路径、涉案财物拍卖变卖机制、保值增值措施、权利人救济途径等具有前瞻性的想法和建议。

北京市公安局将坚持目标导向、问题导向，深入组织开展调查研究，广泛征求基层一线执法司法工作人员实战需求、意见建议，紧盯社会热点案件、新型违法犯罪中涉及的涉案财物管理难题，认真向外省市兄弟单位学习借鉴涉案财物管理工作中的优秀做法和改革经验，积极参加法学领域专家学

---

[1] 温小洁：《我国刑事涉案财物处理之完善——以公民财产权保障为视角》，《法律适用》2017 年第 13 期。

者组织的各类课题研究、研讨活动，进一步拓宽自身视野、拓展改革思路，紧密结合首都执法办案实践、刑事诉讼实际，不断丰富完善涉案财物管理"北京模式"内涵，推动涉案财物管理工作提质增效，全力助推首都社会治理体系和治理能力现代化，为全国法治领域改革打造"北京样板"，贡献"北京力量"。

B.3

厦门市涉案财物管理改革的探索与研究

叶文同　陈仲怡　林尊　姜阅*

摘　要：　近年来，在厦门市委政法委的统筹协调下，厦门市公安局联合财政局、检察院、法院等部门，线上研发涉案财物管理平台，打通公、检、法、财政、金融、鉴定机构数据壁垒，集成一个系统运行，建设全市统一的涉案财物数据库，对所有涉案财物实行编码管理，拓展案件涉案款、保证金全渠道缴款和支付方式，实现对涉案财物实时、动态、全流程信息化监管。线下通过政府购买社会化服务，打造跨部门涉案财物管理中心，将全市刑事、行政涉案财物集中管理，设立涉案款项虚拟子账户，针对不同类别、不同风险等级的涉案财物实行分库专业管理，引入第三方机构为涉案财物提供统一存储、流转、拍卖、"一站式"司法鉴定等专业服务，实现"物品集中管理、信息网上流转、中心集约处置"。

关键词：　涉案财物数据库　集中管理　"一站式"司法鉴定

涉案财物管理贯穿执法活动始终，涉及从查封、扣押、冻结到移交、保管、处置各个环节，对保证刑事诉讼的正常进行、保障当事人的合法权益、确保司法公正具有重要的意义，是执法规范化建设的重要环节，也是刑事诉

---

* 叶文同，福建省厦门市公安局法制支队副支队长、二级高级警长，主要研究领域为公安法制建设；陈仲怡，福建省厦门市公安局法制支队民警，主要研究领域为涉案财物管理；林尊，福建省厦门市公安局法制支队民警，主要研究领域为涉案财物管理；姜阅，廊坊燕京职业技术学院教授、教务处副处长，主要研究领域为现代物流管理。

讼领域对公民财产权保护的重要体现。但是，长期以来，刑事涉案财物管理和处置在刑事诉讼中是一个复杂、涉及多方利益且尚未得到高度关注的问题，无论是涉案财物管理的理论研究、立法层面还是司法实践领域，都存在一定的缺陷，导致在办案过程中涉案财物保管处置不当、款项监管不到位、长期挂账、财产权保护不到位等问题频发，严重侵害当事人合法权益。特别是近几年，随着经济社会的快速发展，涉众型经济、电信诈骗、网络赌博类犯罪高发，案件办理中涉及的涉案财物种类、数量、价值激增。2022 年 6 月公安部印发了《关于进一步推动执法办案管理中心提质增效的意见》，明确提出"强化涉案财物管理""整合执法办案功能和需求，打造一站式执法办案基地"等要求，进一步拓展延伸执法办案的功能和运用，推动与银行、鉴定机构等部门建立相应的工作机制，为办案民警提供必要的办案辅助服务。在这样的背景下，"案多人少"的矛盾日益突出，传统、烦琐、落后的涉案财物管理模式已经无法适应新时代公安执法办案的新需求，上级公安机关也对进一步提升执法办案质效提出了新要求，如何优化涉案财物管理模式，提升执法办案效率已经成为新的执法办案实践需求和呼唤。2019 年以来，厦门市针对涉案财物管理中存在的痛点、难点，以问题为导向，坚持改革创新，打造"一平台+一中心"，打通公、检、法、财及社会之间的数据壁垒，创新建立跨部门涉案财物集中管理模式，实现了"物品集中管理、信息网上流转、中心集约处置"，着力破解涉案财物管理难题，有效提升执法司法效能。本报告以涉案财物管理的厦门改革探索为样本，深入总结和分析涉案财物管理改革经验、存在问题和原因，以期为全国涉案财物管理改革和刑事诉讼涉案财物的理论研究提供有益的借鉴。

一 厦门市对涉案财物管理处置的探索

2016 年开始，在厦门市委政法委的大力支持下，以厦门市公安局集美分局的涉案财物管理中心为试点，建设公安局、检察院、法院共用的刑事诉讼涉案财物管理中心。集美公安分局经调研，研发了刑事诉讼涉案财物管理平台，打通了公检法三家的数据壁垒，创新实现涉案财物处置权移交，保管地点不变的工作机制，线下利用原有的办案场所，建立涉案财物管理中心，室内面积约 400 平方米，室外有一个车辆停车场占地面积约 50 亩。2016 年 3 月 18 日，厦门市公安局在集美区召开全市涉案财物管理工作现场会，要求各分局积极向党委、政府汇报公安机关涉案财物管理工作情况，在政策制定、机制完善、基础保障等方面争取理解和支持，按照厦门市公安局集美分局的样板模式，全面建设公检法共用的刑事诉讼涉案财物管理中心。这次的试点改革和探索，是中共中央办公厅、国务院办公厅印发《关于进一步规范刑事诉讼涉案财物处置工作的意见》后，厦门市最早对涉案财物管理改革的探索。

2019 年 2 月，厦门市跨部门涉案财物集中管理改革在全市铺开，厦门市委政法委统筹协调，以厦门市公安局为建设主体，厦门市财政局首期投入人民币 2700 余万元给予资金预算的保障，联合检察院、法院等部门，创新打造了涉案财物管理的"厦门模式"。厦门市涉案财物管理改革的建设思路是"线上和线下相结合、社会与政府相配合、跨部门联通共用"，不仅推动涉案财物管理在公安、检察院、法院、财政部门之间的业务协同，还坚持以问题为导向，深化治理体系和治理能力现代化改革，努力探索涉案财物管理社会化、集约化、智能化的创新发展之路，进一步拓展延伸执法办案服务功能，推动实现政法部门、财政部门、物流仓储、银行、司法鉴定、拍卖、处置等社会机构的数据互联和业务协同。通过"全流程监管、规范化管理、专业化服务、集约化处置"，实现执法规范和办案效率"两提升"，行政成本和执法风险"双下降"。2021 年财政部将该机制列为中央与地方财政政法领域共同研究重点课题，公安部法制局编发简报专刊推介，2022 年入选政法智能化建设智慧警务创新案例，2023 年 3 月份在厦门市举办的涉案财物学术研讨会上，获国内知名刑诉法专家卞建林、龙宗智、李玉华等学者的高度肯定。运行 3 年多以来，入库管理、处置刑事、行政案件涉案财物 120 万余件，全市公、检、法、财涉案财物管理处置实现"零差错"。

（一）完善制度化保障

1.遵循上级规范性文件

早在 2015 年，《关于进一步规范刑事诉讼涉案财物处置工作的意见》中明确指出，"进一步规范刑事诉讼涉案财物处置工作""实行涉案财物集中管理""探索建立涉案财物集中管理信息平台""完善涉案财物先行处置程序"等，这对进一步推动全国的涉案财物管理改革提供了强大的动力引擎。同年，最高人民检察院、公安部等部门依据自身的业务特点对本系统的涉案财物管理相关规定进行重新修订和完善，分别重新修订了《人民检察院刑事诉讼涉案财物管理规定》和《公安机关涉案财物管理若干规定》，特别是公安部印发的《公安机关涉案财物管理若干规定》，在中办发〔2015〕7 号文件的基础上，提出建立多部门共用的涉案财物管理中心，对涉案财物进行统一管理。2017 年，福建省公安厅联合省编办、省高级人民法院、省人民检察院、省财政厅联合印发了《关于建立健全刑事诉讼涉案财物集中管理工作机制的意见》（闽公综〔2017〕78 号），从"建立集中专门场所""实行信息化管理""加强队伍建设"等几个方面，为做好涉案财物管理机制改革提出了指导意见，并要求规范部门流转①，从此拉开了福建省涉案财物管理机制改革的帷幕，也为厦门市探索实施跨部门涉案财物管理改革提供了坚实的支撑。

虽然中央、省级层面都分别出台了相应的规范性文件，进一步推动了涉案财物的改革，但是，目前涉案财物管理的理论研究、立法支撑、实务工作等方面也存在先天不足的问题，这些问题直接制约着涉案财物管理机制改革向纵深发展。刑事涉案财物的管理是刑事诉讼中常被忽视的一个行为，因为它不像涉及人身权利的强制措施，具有相当敏感性，又不是对财产权的实体

---

① "规范部门流转。人民法院、人民检察院、公安机关在办理刑事案件过程中，应当将涉案财物集中保管。案件移送审查起诉和提起公诉时，涉案财物有关法律文书随案移送，相关信息通过信息系统进行登记流转，实物不再移送。"

性处理，具有程序终结性，使财产权利发生变更。① 从立法的角度来讲，在法律渊源方面呈现出立法主体多样、规范分散和效力层次偏低等特点。立法主体的多样造成了规范庞杂、制度性缺失、质量参差不齐等问题，不同规范间又缺乏协调性，带来了规定适用上的矛盾。从理论的角度来讲，作为一个小众的学科范畴，关于涉案财物的研究成果相对较少，没有引起全社会的关注和重视，理论性认识存在滞后性，部分陈旧、传统的观念也直接影响了立法环节。比如，关于涉案财物的管理处置是否可以委托社会第三方进行管理，因为立法层面的缺失，缺乏立法支撑，难免会存在合法性质疑。

2. 制订符合厦门实际的规范性文件

在中央层面出台相关的规范性文件之后，全国各地开始开展了一轮涉案财物管理的改革探索，并分别制定出台相关的规范性文件，比如广东省深圳市、四川省成都市、北京市、浙江省诸暨市也都进行了有益的探索。其中，浙江省诸暨市的探索属于国内最早开展涉案财物管理改革的地区，由诸暨市委政法委牵头，数次召开政法部门联席会议，就涉案财物移送、信息审核、实物处置等内容展开会商，并于 2015 年 4 月 20 日出台了《诸暨市刑事诉讼涉案财物管理办法（试行）》。在严格遵守《关于进一步规范刑事诉讼涉案财物处置工作的意见》《公安机关涉案财物管理若干规定》等中央有关指导意见和规范性文件的精神下，并参考有关地市的改革经验，厦门市委政法委、市公安局、市中级法院、市检察院、市财政局 5 家单位联合印发《厦门市跨部门涉案财物管理办法（试行）》（厦委政〔2020〕6 号），在遵守法定要求和不改变办案单位核心职能的前提下，对涉案财物跨部门管理的机制原则、信息录入、保管流转、集约处置、先行拍卖、职责监督等方面作出明确规定，确保涉案财物扣押、收缴、查封、移交、处置等全过程有章可循、有法可依。随着涉案财物管理改革的深入推进，为了进一步保障涉案财物的规范、安全管理和可持续发展，厦门市又陆续出台了《厦门市刑事涉案车辆先行处置暂行办法》《关于进一步规范涉案财物移交保管工作意见

---

① 参见胡宝珍等《刑事涉案财物处置的法律机制研究》，厦门大学出版社，2018，第 165 页。

（试行）》《刑事涉案车辆先行拍卖操作指南》等规范性文件，构建起厦门市涉案财物管理处置的制度保障体系。

《厦门市跨部门涉案财物管理办法》共有九章，包含总则、集中管理信息平台和集中保管场所、涉案财物信息的录入、涉案财物的流转、涉案财物的保管、涉案财物的调用、出库和维护、涉案财物的处置、跨部门涉案财物管理工作监督、附则。可以说在上位法缺失的前提下，出台管理办法有利于进一步规范厦门市跨部门涉案财物管理处置工作，保护公民、法人和其他组织的合法财产权益，保障办案工作依法顺利进行，提高办案质量和效率。在内容上，明确了涉案财物的概念，规定了跨部门涉案财物管理的机制，并要求人民法院、人民检察院、公安机关、财政部门进行涉案财物管理处置工作时分工负责、互相配合、互相制约，实行办案与管理相分离、来源去向明晰、依法及时处理、全面接受监督的原则。各级人民法院、人民检察院、公安机关、财政部门应当指定专门部门负责涉案财物管理工作，建立完善涉案财物管理制度，市委政法委应当加强对涉案财物管理处置工作的领导协调和监督指导。该管理办法的出台，有助于解决公安机关、检察院、法院、财政部门之间的掣肘，在统一认识、统一意见、统一标准的前提下，不再各自为政地管理、处置涉案财物，而是消除了意见分歧，在政法委的统筹协调下进行工作。在有章可循的前提下，依照规定办事，有利于为涉案财物的管理处置提供明确具体的方向，避免了因为认识的不一致、实际操作的变通、各个部门沟通衔接不畅而产生诸多问题。换言之，在本地区统一规范制度，有利于解决实际中的问题，为之后涉案财物管理处置的提档升级奠定基础。

3. 进一步厘清部门间的责任

《厦门市跨部门涉案财物管理办法（试行）》强调公检法财协调配合、财政监管的机制原则，明确了跨部门涉案财物集中管理的制度，实现线上线下无缝对接运行，打造有厦门特色的工作模式，体现治理能力和治理效能。跨部门涉案财物集中管理机制，简单归纳，其实质是"一个优化、四个不变"。"一个优化"，是指对涉案财物的管理环节和流程进行优化。引入财政监管，购买社会服务，请专业的人做专业的事，就是优化管理的充分体现。

"四个不变"包括以下几方面。一是公安机关（含检、法）的法定职权不变，即执法机关对涉案财物的管理、检查、监督、处置的职责不变。集中管理机制并没有转移公安机关作为涉案财物管理主体的法定责任，公安机关并没有也不可能当"甩手掌柜"。涉案财物管理出了问题，最终仍由执法机关承担法定责任。二是对涉案财物管理的法定要求不变，特别是枪支弹药、毒品毒物、危化品等，遵循专门规定和安全第一的原则。三是责任不变，即涉案财物管理最终的法定责任仍由公、检、法承担。四是保障不变，全市成立跨部门涉案财物管理中心，财政和人员的保障不变，由专门的人员对涉案财物进行管理，仍由国家财政经费予以保障。

（二）委托社会化服务，建设跨部门涉案财物管理中心

1. 涉案财物管理模式的选择

厦门市在推动涉案财物管理改革的初期，有一个重要的问题是无法绕开的，就是由哪个单位或部门来负责管理涉案财物管理中心。由于现有刑事诉讼机制下公安机关是涉案财物扣押的入口，加上公安机关在刑事诉讼中处于上游的地位，传统模式大体上由公安机关主要负责涉案财物的管理，长此以往，导致大量的涉案财物长期积压在公安机关，引发许多执法风险隐患。仅2018~2019年两年，厦门市公安局民警因涉案财物管理被教育问责达19人次。目前，关于跨部门涉案财物管理中心的管理责任问题，理论界和实务部门均存在不同的争议，主要有以下四种观点。第一种观点认为实行公检法三家共管。其主要理由是公检法三家分别派人组成管理机构，各自承担本诉讼阶段的管理义务，可以实现相互配合、相互制约。第二种观点认为由公安机关为主管理。其主要理由是公安机关管理的刑事涉案财物数量、种类最多，管理经验最丰富，公安机关在各个层级的办案部门均设立了涉案财物管理中心或管理室，可以在现有刑事涉案财物管理场所的基础上，整合现有司法资源，成立跨部门刑事涉案财物管理中心。这样可以减少投入，节约有限的司法资源。第三种观点认为由司法行政部门主管。其主要理由是司法行政部门负责管理刑事涉案财物，可以保持管理活动的中立性。同时，司法行政部门

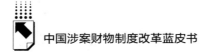

工作人员法律意识较强，能够对刑事涉案财物的保管、移送和处置活动形成一定的制约。第四种观点认为由地方财政部门主管。其主要理由是地方财政部门具有财务管理工作经验和专业人员，既能保证刑事涉案财物的保值增值，又能够保证法院判决后刑事涉案财物及时有效处置。笔者认为，以上观点都具有合理性，但是如果改革一直停留在管理责任归属问题上，不同部门出于对部门利益的考量会导致推诿扯皮，最终改革也就只能止步不前。

从目前全国各地对涉案财物管理改革的探索来看，有建立跨部门涉案财物管理中心的地区，其主要管理模式主要分为三种。一是委托公安机关管理模式，如福建省晋江市，由晋江市公安局主要负责公检法三家的涉案财物管理。二是公安局、检察院、法院三家共同管理模式，实务中有公检法三家各自派员、各自管理的模式，如上海市嘉定区、四川省冕宁县。由公安局、检察院、法院共同派员参加管理、处置工作，三方各自承担涉案财物诉讼阶段的管理义务，真正实现保管义务互不替代、互相制约不越位的目的[1]。三是政府购买第三方企业服务的管理模式，如福建省三明市、四川省成都市和广元市等，即由公安机关通过购买社会化服务的方式，委托第三方企业对涉案财物管理中心进行实体运营和管理。

厦门市是委托第三方企业专业服务的管理模式，这种模式其实就是把专业的事交给专业的人和单位去做，即通过政府购买社会化服务的方式，建设跨部门涉案财物管理中心，设置车辆存储区、恒温恒湿区、贵重物品区、智能存储区、远程示证区，完善人防、物防、技防措施，全方位保障涉案财物保管安全。厦门市在探索改革的初期提出选择这种模式的时候，因为不是由政府机关进行管理，其合法性受到上级和有关部门的质疑，甚至对由第三方企业进行管理打出大大的问号。但是事实证明，"厦门模式"从 2020 年 1 月 1 日正式运行以来，跨部门涉案财物管理中心管理、处置刑事、行政案件涉案财物 120 万余件，实现执法规范和办案效率"两提升"，行政成本和执法风险"双下降"，管理处置涉案财物"零差错"。"委托第三方企业进行涉

---

① 刘夏雨：《化零为整》，《检察日报》2015 年 11 月 9 日，第 3 版。

案财物独立管理更具有高效性、专业性、中立性的优势"①，厦门市建立跨部门涉案财物管理中心并正式运行仅花了 10 个月的时间。

2. 委托社会化服务的可行性分析

（1）上级部门的要求。根据国务院办公厅《关于政府向社会力量购买服务的指导意见》（国办发〔2013〕96 号）、财政部《关于做好政府购买服务工作有关问题的通知》（财综〔2013〕111 号）等文件精神，国家对进一步转变政府职能、改善公共服务作出重点部署，积极推动、鼓励改革创新，要求到 2020 年在全国基本建立比较完善的政府向社会力量购买服务制度，加快形成公共服务提供新机制。根据福建省六部门印发的《关于建立健全刑事诉讼涉案财物集中管理工作机制的意见》，进一步明确了涉案财物管理可以"通过政府购买服务的方式，由具有相应条件、资质和管理能力的单位代为保管"②。举重以明其轻，对于危险物品、违禁品、大型物品以及贵重物品等有特殊要求的物品如果可以委托社会化服务代为保管，那其他的普通物品当然也可以委托社会化服务。当然对于法律法规有特殊规定的涉案财物，由按照规定的特殊场所进行保管，如枪支、弹药、毒品等违禁品，以及刑事技术部门现场勘察和检验鉴定过程中提取、鉴定的痕迹类、文件类、生物检材类等物证。

（2）现有技术能够保障涉案财物管理、运输、仓储安全。跨部门涉案财物管理中心建设方案采取运输保管全程监控、关联电子标签、人员背景调查等措施保障运输仓储安全。一是简化涉案物品的信息。基于物证信息的机密性，办案民警在平台提交入库申请，平台通过接口将申请信息发送至第三方管理中心生产系统，申请信息包括申请时间、申请人、申请人单位、物证编号，没有案件编号、案件名称、物证信息等详细信息。二是对运输进行全程视音频监控。第三方管理中心的运输车辆支持实时定位查询，并实现偏移

---

① 李玉华：《统一涉案财物管理中心建立的论证与设计》，中国法制出版社，2021，第 18 页。

② 对于危险物品、违禁品、大型物品以及贵重物品等有特殊要求的物品，应当按照国家有关标准建设相应的保管场所，或者通过政府购买服务形式，由具有相应条件、资质和管理能力的单位代为保管。

路线报警、停车及停车未熄火报警、速度分析及报警、精确里程统计、车辆运行动态跟踪等功能。三是对高级别押运财物关联电子标签。在交接现场，物流专员将涉案财物关联 RFID 标签，该标签与车辆绑定。第三方管理中心将实时判定车辆与 RFID 标签是否分离，车辆是否偏离原路线。若发生异常信息，如标签与车辆分离，则平台通过接口获取到该异常信息向相关人员发出报警。在保管环节，若平台没有该涉案财物的出库流程，但 RFID 标签离开第三方管理中心，则平台亦会通过接口获取到该异常信息向相关人员发出报警。四是人员背景调查。第三方管理中心将对每位参与运输保管的工作人员严格背景调查确保用工安全。同时，所有参与运输保管的工作人员在公、检、法等相关机构备案。五是第三方管理中心的库房条件和安防设施能够保证涉案物品的保管安全。第三方管理中心的库房适合被保管财物的特性，符合防火、防盗、防潮、防蛀、防磁、防腐蚀等安全要求，并实行 7×24 小时门禁系统和安全监控系统。

3. 委托社会化服务的集中管理方式

通过政府购买社会化服务，建设跨部门涉案财物管理中心，委托第三方对刑事、行政涉案财物进行集中管理，每年大约需要财政预算资金人民币 800 万元。在工作流程上，由第三方公司提供统一存储、管理与流转等专业化服务，办案单位无须考虑运输、存放、管理等问题，办案人员需要对涉案财物进行入库、出库、移送等操作时，仅需通过平台下发指令，第三方公司根据指令，提供上门取件、物流运转、规范管理、集约处置等服务。在科学存储上，建设涉案财物存储专业仓库，针对不同类别和风险级别的涉案财物进行分库管理，不同区域设置相应工作规范，提高存储精细化水平。在规范维护上，出台涉案财物保管维护规范，保证每一件涉案财物管理均有章可循，最大限度增加物品保值率，分类制订企业责任清单，强化全流程监管，确保涉案财物管理中心安全、规范运行。在动态监管上，运用卫星 GPS、视频监控、RFID 技术等科技手段延伸监管触角，物品交接时全程录音录像、入库保管时双向确认；运输时，通过车载 GPS 定位仪、摄像头、人车物分离预警系统，实时显示运输车辆运行轨迹和音像信息；仓储时，物品出入库影像留痕、无死角监控全覆盖，实现对涉案财物全流程、全时空、无盲区监管。在集约处置上，将涉案财物信息共享至市行政事业资产中心，加强财政监管，在此基础上配合相关单位对涉案财物进行集中销毁、网上拍卖等工作。

4. 委托第三方服务如何与省级机关的管理要求有效衔接

厦门市的涉案财物管理改革在福建省内属于率先开展的，在探索中也必然涉及如何与省级原有制度和做法的有机衔接和融合。以公安机关为例，为了确保改革的顺利进行并实现改革的目标，在遵循福建省涉案财物管理规定的基础上，必须对涉案财物制度的顶层设计进一步创新和发展。根据《福建省公安智慧执法中心（区）建设规范（参考意见）》的要求，省厅对涉案财物保管场所设置按照涉案财物的种类和属性进行区分，以"一中心七分库"的模式对涉案财物进行分库归责管理，并根据实际情况在福建省执法办案系统操作入库。所谓的"七分库"主要包括中心库、所队预收库、委托代管库、电子证据库、现场物证保管库、涉案金融性资产库、随身物品保管库。其中厦门市跨部门涉案财物管理中心对应中心库，负责对厦门市公、检、法、财的涉案财物实行集中统一管理，并委托第三方公司具体运营，接收全市公安机关办案单位依法获取且按规定应当移交入库保管的实物类涉案财物，并依照相关规定进行直接管理。

5. 跨部门涉案财物管理中心的保管范围

跨部门涉案财物管理中心主要保管公安机关、检察院、法院、财政部门依法采取扣押、扣留、收缴、追缴等措施提取或固定，以及从其他单位和个人接收的与案件有关的物品、文件和款项。跨部门涉案财物管理中心存放涉案财物设置了负面清单，如以下涉案财物不得移交跨部门涉案财物管理中心保管：枪支弹药；易燃、易爆、毒害性、腐蚀性、放射性等危险物品；毒品、毒物，制毒原料或者配剂，管制药品；对保管条件有特殊要求或条件，而跨部门中心不具备保管要求或条件的涉案财物；其他不得由第三方公司保管的涉案财物。再如以下涉案财物暂缓移交跨部门涉案财物管理中心保管：案件正在办理中、需要随时调用的涉案财物（此类涉案财物在未移交跨部门中心保管之前，除办案需要外，不得由民警自行保管，应当先行移交所队预收库保管）；刑技部门检查、勘验未完毕，证据尚未提取完毕的涉案财物；第三方公司目前不便保管的涉案财物，如鲜活动植物，油罐车、拖头车、船舶、航空器等大型交通工具；其他暂缓由第三方公司保管的涉案财物。

6. 跨部门涉案财物管理中心的管理要求

（1）涉案财物管理中心使用 RFID、条形码、二维码、图像识别、电子标签等技术，实现对涉案财物智能化管理、智慧化预警、换押式移交，并将该涉案财物管理中心信息同步给跨部门涉案财物智能化管理平台。

（2）涉案财物送达涉案财物管理中心后，仓储物流系统将涉案财物的仓储信息即时推送至跨部门涉案财物智能化管理平台。仓储信息包括送件人、送达时间、接收人、存放仓库、存放具体位置等。

（3）涉案财物管理中心建立仓储全方位的视频体系，并能够供招标人进行调阅，包括实时的视频信息以及历史的视频信息。在条件允许的情况下，要求能够实现供政法单位和财政部门业务系统进行实时调阅。

（4）涉案财物管理中心需配备专职人员及场所，配合法院开庭远程示证。

①接收法庭远程示证。远程示证要求包括发起人、发起地点、远程示证时间、需要查看的涉案财物信息。

②提供远程示证服务。提供视频源、专门的场所及人员配合远程示证，要能够供政法单位调阅视频信息并实现语音交互。在条件允许的情况下，要求能够实现供采购人业务系统进行视频调阅和语音交互。

③工作人员在展示涉案财物时应当防止二次污染，不同的涉案财物有不同的展示方式，如管制刀具、棍棒等作案工具，可能留有嫌疑人或被告人指纹的，展示涉案财物的工作人员应当对物品进行物理保护。展示的时间、工作人员、案件、申请单位也要相应地做好台账登记。

（5）仓储物流系统物联网要求

①仓储物流系统需要引入诸如 RFID 等物联网技术，在涉案财物的物流

仓储过程中加以应用，并将应用结果实时推送至跨部门涉案财物智能化管理平台。

②应用场景应当包括但不限于：运输过程实时定位、送达保管中心自动接收、涉案财物在库位置实时查阅、自动盘库、异常出库示警、涉案财物管理中心异常人员进出示警。

（6）管理中心配套的功能处置要求。跨部门涉案财物管理中心除了要提供运输仓储等服务之外，还需要根据公、检、法、财的业务需求，提供相应的配套服务，包括但不限于：一是协助看样服务，涉案财物管理中心应当设置涉案财物看样区，办案人员、财政部门、评估机构、拍卖机构工作人员及有关当事人根据办案、涉案财物处置等需要，经办案部门负责人或财政部门有关处室负责人批准，可以申请查看涉案财物或现场看样，涉案财物管理中心应当予以协助配合；二是协助鉴定、销毁、拍卖变卖等服务，指的是涉案财物管理中心根据相关政法单位或财政部门的处置决定，负责涉案财物的具体处置工作；三是涉案财物的保值服务，即对于涉案车辆等有关物品，在不影响作为证据的效力时，应当提供维养服务（除非办案单位出于办案考虑，要求不予维养），制订维养操作规程，保障涉案车辆入库、出库一个样，避免涉案车辆因保管不当导致的价值贬损。

（三）线上研发涉案财物管理平台，打通部门之间的数据壁垒

随着科技手段的不断更新和发展，大数据、物联网、人工智能、云计算等科技手段不断运用于政法领域，科技赋能、赋力执法办案信息化建设，充分整合执法办案全流程、全要素的各类数据资源，统筹考虑执法办案、执法管理、执法场所智能化建设等需求，实现高效便捷辅助执法办案、执法监督、执法管理、执法场所建设等工作，有效提升执法办案质效，加速推进司法制度改革的步伐。因此，为适应涉案财物数量大、种类多和价值高的发展趋势，实现涉案财物的规范管理，必须依靠信息技术。①

---

① 参见李玉华《统一涉案财物管理中心建立的论证与设计》，中国法制出版社，2021，第156页。

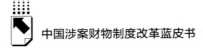

2015 年，《关于进一步规范刑事诉讼涉案财物处置工作的意见》明确要求"探索建立跨部门的地方涉案财物集中管理信息平台"，随后，公安部、最高人民检察院、最高人民法院相继将建设涉案财物集中管理信息化平台纳入司法改革进程中。

1. 跨部门涉案财物智能化管理的特点

线上研发跨部门涉案财物智能化管理平台，通过对涉案财物实时、动态的信息化管理，实现物品"信息网上流转"。平台具有以下特点。一是数据互联互通。平台可自动获取省厅执法办案系统的数据，打通公、检、法、财"四网三系统"的数据壁垒，构建一个系统运行，全市统一的涉案财物数据库，统一数据规格，并在政法专网搭载数据交换中心，在各个单位内网搭载数据交换中心分节点，以政法专网的交换中心为枢纽，数据在不同部门之间进行交换，实现一次录入信息可多部门使用，减少重复录入操作。通过线上和线下无缝衔接，根据"实物集中保管、信息网上流转"的原则，办案单位在平台上提交物品信息移送申请，案件接收机关在平台上审核接收，避免实物移交的烦琐，实现"物随案走，权责明晰"。2020 年 1 月 1 日平台运行以来，公检法通过平台进行处置权移送案件共 8000 余起，涉案财物 70 万余件。二是全流程管理。从涉案财物扣押、移交、保管，一直到最终处置，都在一个平台上操作，实现全流程、全生命周期的信息化管理。三是线上线下无缝对接。办案人员只需在线上平台下发指令，线下遵循指令开展上门取件、物品保管、集约处置等工作，实现线上与线下业务的无缝对接，良性互动。

在确保案件侦办秘密的前提下，将数据共享至财政部门，接受财政部门实时监管，同时，也为后续涉案财物的涉案财物转罚没的集约处置提供有力支撑，实现执法部门在平台上一键开具票据、核销票据。另外，执法部门进行罚没处置时，直接在平台上提交相关手续材料，平台可将信息推送到财政的罚没系统，减少了传统方式中的票据拆解和重复录入的烦琐工作，涉案财物上缴公物仓时，物品继续在管理中心保管，减少重复出库入库的操作，降低涉案财物毁损灭失的风险。

2. 跨部门涉案财物智能化管理平台的设计总体方案

（1）总体设计

跨部门涉案财物智能化管理平台包含3个子系统，分别为公安涉案财物管理子系统、检察院涉案财物管理子系统和法院涉案财物管理子系统，提供案件管理、物证管理、入库、出库、移送、移库、综合查询等基础涉案财物管理功能以及进阶的财政票据管理、涉案财物全景分析、智慧物流仓储功能。同时，平台与省厅执法办案系统、财政非税票据管理系统、财政罚没物资监管系统、涉案财物管理中心仓储物流平台等外部系统进行对接，实现数据及业务上的互联互通。跨部门涉案财物智能化管理平台用户囊括了公安局、检察院、法院、财政非税中心、财政资产中心、第三方保管中心。

①公安局、检察院、法院：用户登录本平台进行平台操作及业务开展。平台分为三层，基础服务层包括快速开发平台、数据交换平台、工作流组件，保证平台的正常运转；硬件接入层包括PC、专用摄像头、扫码枪、打印机，满足日常业务办理的需要；核心业务层包括公安子系统、检察院子系统、法院子系统，为公检法用户提供服务。

②财政资产中心用户：财政资产中心方面，根据业务的开展需要，将罚没物资监控管理系统公检法相关功能移入跨部门涉案财物智能化管理平台，将资产中心相关业务功能通过接口与跨部门涉案财物智能化管理平台对接，形成跨部门涉案财物管理的完整链路，资产中心用户依然登录原罚没物资监控管理系统，通过升级改造后的功能模块接入跨部门涉案财物管理，形成全链条；非税票据管理系统将部分系统功能移入跨部门涉案财物智能化管理平台，如票据开具、票据打印、票据查看等，其余业务（票据综合管理等）依然在原非税平台开展。

③跨部门涉案财物管理中心（第三方保管中心）：通过接口的方式，将跨部门涉案财物智能化管理平台与第三方保管中心系统对接，实现业务的对接。第三方保管中心内部系统包括安防子系统、物流子系统、仓储子系统等3个子系统。

此外，跨部门涉案财物智能化管理平台还通过接口或数据库对接的方

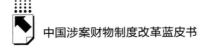

式，与短信平台、省厅执法办案系统、省涉案财物跨部门集中管理信息平台实现对接。

（2）部署架构

跨部门涉案财物智能化管理平台将同时部署在公安内网、政法专网以及法院内网。

①部署在公安内网的跨部门涉案财物智能化管理平台命名为跨部门涉案财物智能化管理平台公安子系统，以该子系统为枢纽对接的系统包括公安内网其他系统和财政内网系统。

②部署在政法专网的跨部门涉案财物智能化管理平台命名为跨部门涉案财物智能化管理平台检察院子系统，除了上文所述与公安子系统对接以外，还对接以下系统：法院内网系统（跨部门涉案财物智能化管理平台法院子系统，通过光闸及数据交换平台实现物理隔离及数据交换）；第三方保管中心内网系统（第三方保管中心涉案财物物流及仓储综合服务系统，通过网闸及数据交换平台实现物理隔离及数据交换）。

③部署在法院内网的跨部门涉案财物智能化管理平台命名为跨部门涉案财物智能化管理平台法院子系统。

④第三方保管中心涉案财物物流及仓储综合服务系统除与跨部门涉案财物智能化管理平台检察院子系统对接以外，还通过网闸与物联网对接，实现与物流 App 的信息交互。

（四）积极推动刑事涉案财物先行处置机制的落地

随着厦门市跨部门涉案财物集中管理机制的运行，刑事涉案财物激增，保管成本居高不下、价值贬损快等问题随之而来，传统的涉案财物管理处置模式已经无法满足实践需求，如何尽可能实现涉案财物的保值增值，加快涉案财物的流转处置，降低涉案保管行政成本和压力，维护当事人合法权益，提高案件追赃挽损效益，已成为当务之急。厦门市建立跨部门涉案财物智能化管理平台、引入财政监管、建立车辆先期拍卖机制等，为涉案财物先行处置提供可借鉴经验，以刑事涉案车辆为突破口，积极探索刑事涉案财物先行处置机制，在全国创设性地规定了对刑事涉案车辆进行先行处置，制定《厦门市刑事涉案车辆先行处置暂行办法》，创立了刑事涉案财物处置"厦门模式"。

执法司法实践中办案单位"重人轻物"的问题较为突出，对涉案财物的先行处置，缺乏细化的、可操作的程序性规定，导致涉案财物长期积压在公安机关，往往要等到案件判决生效后才进行处置，一些物资难免会出现毁损贬值，特别是车辆除了机械性能容易下降且易贬值外，占用空间大，仓储和管理成本较高。在进一步完善涉案财物先行处置机制的探索中，多地公安机关作为执法办案部门和跨部门涉案财物管理中心的业主单位，既有执法办案的现实需求，又承担具体涉案财物管理的职责，探索完善先行处置机制是最为迫切的需求。目前，国内关于先行处置的理论研究和实践探索也都较少，对于程序的细化需要进一步结合厦门市的执法实际进行完善，要充分考虑机制的顶层设计、先行处置的对象、权属的明确、先行处置的启动、拍卖和变卖的关系、先行处置的提起和审批流程、款项保管等问题。

第一，细化规则，规范先行处置程序。2020年12月2日，厦门市委政法委、市中级法院、市检察院、市公安局、市财政局五部门联合印发了《厦门市刑事涉案车辆先行处置暂行办法》。一是规范先行处置的方式，即对于证据属性较弱、先行处置不影响案件事实认定和诉讼正常进行的涉案车辆，应当依法返还或及时拍卖、变卖。二是加强涉案车辆权属关系的调查和审查。三是明确规定先行拍卖变卖的启动方式，即对权属明确的涉案车辆可书面征求权利人意见，经权利人书面同意或申请，并由所处办案阶段的县级以上公安机关、人民检察院或者人民法院主要负责人批准，可以先行拍卖、变卖。四是细化公开拍卖的流程，即拍卖应当通过公开招投标的方式委托具有资质的拍卖机构进行，除法律法规等规范性文件有规定的外应当采取网络公开拍卖的方式进行。

第二，公开招标，引进拍卖行承接先行拍卖业务。司法实践中，由于担心涉案财物被"贱卖"、处置不当等原因，使很多人对于审前先行拍卖存在处置顾虑。不可否认，在以往确实存在涉案财物先行处置时出现被"贱卖"、处置不当等现象，引起当事人对办案单位的不满。因此，对涉案财物进行先行拍卖应当通过公开的方式选定并委托具有相应资质的拍卖机构实施，通过客观、公正、公平、公开的拍卖，避免因为处置不当导致涉案财物被"贱卖"，损害当事人的合法权益。公开招标的方式可以有效地从市场中选取符合先行拍卖处置要求的拍卖机构。

第三，车辆筛查，确定符合先行拍卖的车辆。通过公开招标的方式确定好拍卖机构后，需要进一步对在库的刑事涉案车辆进行筛查，确定符合规定可先行拍卖的车辆。一是初筛车辆可拍卖的条件。通过筛查，选出车辆权属关系清楚、权利人明确且不存在"查封""被盗抢"等状态的"干净"车辆。二是征求权利人的同意或经权利人书面申请。办案单位在充分告知权利人涉案车辆先行处置的意义、程序、拍卖服务机构等相关事宜后，在充分尊重权利人意愿的前提下，征得权利人的书面同意或申请后才可以先行处置。三是对先行拍卖的车辆进行审批。按照《刑事诉讼法》《公安机关办理刑事案件程序规定》《厦门市刑事涉案车辆先行处置暂行办法》的相关规定，对于权属明确的易贬值、机械性能易下降的车辆，经权利人书面同意或申请，报所在办案单位县级以上公安机关、人民检察院或人民法院主要负责人批准，可以先行拍卖。

第四，公开拍卖，确保先行处置公平、公正、公开。经县级以上公安机关主要负责人批准的涉案车辆，交由拍卖机构全权负责拍卖相关事宜。办案单位将准备好相关的法律手续和相关物品、材料移交给拍卖机构，由拍卖机构全权负责拍卖的具体事宜。一是对车辆进行评估。二是先期公告。拍卖前，由拍卖机构对拍卖的车辆进行先期公告，公告应当通过市级以上报纸或其他媒体在拍卖十日前发布。三是确定起拍价和保留价。为了保障案件当事人的合法权益，避免车辆被"贱卖"，先行处置的拍卖以两次拍卖为限，第一次拍卖以评估价格作为起拍价和保留价进行拍卖，如果出现流拍，则以评估价格为基准，下调20%的幅度作为第二次拍卖的起拍价和保留价，且拍卖的成交价格不得低于评估价的80%。四是网上公开拍卖。经过对涉案车辆的评估、公告等，排除案外人异议后，举行网络公开拍卖，整个涉案车辆拍卖过程全程留痕，确保拍卖公正、公平、公开、透明，全程可回溯。拍卖所得的款项由办案单位依法扣押后存入暂扣款专户，随案移送，并由人民法院依法处理。五是拍卖结果的告知。涉案车辆拍卖后，由办案单位将拍卖结果告知当事人及其近亲属或代理人。

2020年12月29日《厦门市刑事涉案车辆先行处置暂行办法》正式出台后，厦门市公安局法制支队根据办案单位的实际业务需求，首次试水组织刑事涉案车辆先行拍卖。在严格遵守程序和拍卖有关规定的前提下，先行处置7部车辆并进行网上公开拍卖，围观人数突破15000人次。实现"一次拍卖，全部成交"，成交金额为人民币95.25万元，其中6辆车辆溢价成交，溢价率高达30%，充分保证了拍卖的合法、公开、公平、公正。

（五）探索建立物证"一站式"鉴定

随着跨部门涉案财物管理中心的投入运用，入库保管的涉案财物种类繁多、数量巨大，在案件事实认定过程中，难免会涉及对物证的鉴定，当然包括内部公安刑技部门的鉴定和外部的司法鉴定。厦门市在一开始也考虑过引进鉴定机构进驻涉案财物管理中心，直接在中心开展"一站式"鉴定。但是，经过对鉴定机构和办案单位进行调研，目前这种做法不太现实，也不容易实现。所谓的鉴定，是指为解决案（事）件调查和诉讼活动中某些专门性问题，公安机关鉴定机构的鉴定人运用自然科学和社会科学的理论成果与技术方法，对人身、尸体、生物检材、痕迹、文件、视听资料、电子数据及其他相关物品、物质等进行检验、鉴别、分析、判断，并出具鉴定意见或检验结果的科学实证活动。常见鉴定种类有法医病理鉴定、法医临床鉴定、法医物证鉴定、法医毒物鉴定、文书鉴定、痕迹鉴定、声像资料鉴定（或录音鉴定和图像鉴定）。根据《公安机关鉴定规则》（公通字〔2017〕6号）第17条、第18条之规定①，公安机关的鉴定是以内部刑事技术部门鉴定为主，外部司法鉴定

---

① 第17条："本级公安机关鉴定机构有鉴定能力的，应当委托该机构；超出本级公安机关鉴定机构鉴定项目或者鉴定能力范围的，应当向上级公安机关鉴定机构逐级委托；特别重大案（事）件的鉴定或者疑难鉴定，可以向有鉴定能力的公安机关鉴定机构委托。"第18条："因技术能力等原因，需要委托公安机关以外的鉴定机构进行鉴定的，应当严格管理。各省级公安机关应当制订对外委托鉴定管理办法以及对外委托鉴定机构和鉴定人名册。"

为辅。鉴定过程中需要配备拥有资质的鉴定人员和符合标准的相关鉴定设备，如果要在涉案财物管理中心配置大部分的鉴定种类，也必须投入大量人力、物力、财力。因此，涉案财物管理中心不可能让每一种鉴定类型都有鉴定机构入驻，将中心变成鉴定机构的"集合体"[①]。这些都要考虑到人力、物力、财力的投入，从经济效益的角度来考量，确实没必要，也缺乏现实的可操作性。但是，在执法司法实践中，鉴定任务基数大，以厦门市公安局内部刑事技术检验鉴定为例，2018~2020年全市公安机关平均每年需要委托送检案件8903起，送检检材物证18609件，出具鉴定文书3657份；以厦门市公安局委托外部司法鉴定为例，2018~2020年全市公安机关每年需要委托送检案件6304起，送检检材物证13586件，出具鉴定文书4162份。鉴定过程中，仅送检、退检、文书送达等环节就会耗费基层大量的警力、物力、时间等，行政成本高，效率低下，且还存在文书未及时取回导致未依法告知和送达文书的执法风险等问题。

1. "一站式"鉴定的方式

在建设跨部门涉案财物管理中心的过程中，不得不充分考虑涉案财物鉴定、评估的问题。在经过充分的调研和论证后，主要考虑两种方式解决涉案财物鉴定烦琐、工作量大的问题。第一种方式是通过现有的物流体系运送物证检材前往鉴定机构开展鉴定，或者由鉴定机构根据相关的物流运输要求，前往办案单位或涉案财物管理中心接收物证检材，并送往鉴定机构开展鉴定。对于公安机关的内部鉴定，依托现有一个平台和一个中心，充分利用涉案财物的物流运输体系，办案人员仅需在涉案财物管理平台发出鉴定指令，第三方物流人员根据指令运送物证检材前往鉴定机构开展鉴定。对于需要委托外部司法鉴定机构开展的鉴定，按照公开、公平的原则，严格遵守政府采购有关规定，通过公开招投标，择优选择社会司法鉴定机构，承接我局部分鉴定服务，规范我局委托社会鉴定采购行为。即依托现有的跨部门机制，在

[①] 参见李玉华《统一涉案财物管理中心建立的论证与设计》，中国法制出版社，2021，第40页。

确保案件侦办秘密、检材和数据安全的前提下，打通线上平台与社会司法鉴定机构的数据壁垒，提高鉴定服务质量。民警在线上平台委托送检，鉴定机构上门接收检材或在鉴定完成后，检材由鉴定机构送回办案单位或涉案财物管理中心，鉴定文书通过寄递方式回传办案单位，改变传统上由民警线下委托、送检、取回报告的做法，提升执法办案的质量，实现减负增效。第二种方式是针对不易搬运的大型涉案财物，比如汽车等物品的鉴定或评估，由涉案财物管理中心为办案单位提供便利，允许办案单位指派或聘请鉴定人员前往涉案财物管理中心开展鉴定或评估。因此，"一站式"鉴定并不是物理上的一站式集合的概念，应该是体现在机制上的"一站式"，即办案人员足不出户，通过线上平台即可完成鉴定的所有流程和工作。通过创新"一站式"鉴定机制，在确保鉴定检材安全的前提下，将民警亲自送检取件模式改变为委托第三方送检取件，在跨部门涉案财物智能化管理平台上研发对应的功能模块，办案人员在平台发出鉴定指令，第三方根据指令指派物流人员接收、投递物证，鉴定机构接收物证、开展鉴定工作。鉴定完成后，再将物证和鉴定文书通过寄递的方式交由物流人员，物流人员根据最初的指令将物证、鉴定文书送达办案民警或涉案财物管理中心。自 2021 年 2 月运行以来，通过"一站式鉴定"委托送检案件 14659 起，送检检材物证 23574 件，出具鉴定文书 16531 份。通过信息化、规范化、集约化管理和专业、安全、高效的寄递服务，做到民警少跑腿、专业的人做专业的事，真正实现为民警减负增效。

2. "一站式"鉴定的流程

下面主要介绍通过物流体系开展"一站式"鉴定的流程。

（1）鉴定申请。办案人员在线上平台提交鉴定委托申请，提交相应材料，经审批成功后，系统将对应材料发送给鉴定机构。

（2）鉴定机构审核。鉴定机构对提请材料进行审核，如材料符合要求，确认接受，由办案人员通过物流流转检材及其他材料；如材料不符合要求，则返回办案民警补充；如鉴定事项无法满足，则鉴定机构提出拒收申请。

（3）运输流转。鉴定机构或物流公司接受物流订单，按时与提请申请办案人员对接，接收相应材料并填写订单信息到系统，最终确保材料移交到中标单位，鉴定机构需对应提供接收信息。

（4）检材审核及技术审核。审核检材/样本的送检状态，使用拍照、录像等方式记录其外观和标识，并确认委托方要求鉴定的检材，审核鉴定要求与检材/样本的技术关联性，从技术层面确认委托鉴定要求的有效性和可行性，确认接收后提报平台。

（5）开始鉴定实施工作。综合类检验鉴定应当由两名以上鉴定人员参加。如需指派或者聘请具有专门知识的人协助鉴定，应当事先告知采购方。综合类检验鉴定机构应在 7 日内完成鉴定，出具鉴定文书；法律法规另有规定或者情况特殊的，需适当延长时间，应当及时向鉴定委托单位说明原因。

（6）鉴定文书的发布。鉴定文书由授权签字人批准，同时加盖鉴定机构的鉴定专用章后按约定的方式发出。电子档以电子方式传输至系统，需使用电子签名，并采用加密方式传输。鉴定文书通常一式四份，三份经系统由中标人或提交物流申请物流服务公司负责移交与委托方，一份由文件管理员连同鉴定原始记录一起存档保管，上述资料永久保存。如果检材需退回委托方的，纸质鉴定文书可与检材一并退回。

（7）文书接收。委托民警收到鉴定文书后需填写对应回执信息以供鉴定机构留底存证。

3. "一站式"鉴定上门取件、送件或物流流转的要求

（1）办案人员在线上检验鉴定模块进行委托送检，鉴定机构派专人专车在规定的响应时限内上门接收鉴定检材，驾驶员和押运人员至少各 1 人。

对于经委托人同意，鉴定机构派员到现场提取接收鉴定检材应当由不少于两名鉴定机构的工作人员进行，其中一名应为该鉴定事项的司法鉴定人。现场提取接收鉴定材料时，应当有委托人指派或者委托的人员在场见证并在提取记录上签名。

（2）办案人员对鉴定机构的人员身份信息、取件码等信息进行现场核对，鉴定机构工作人员对送检物证的种类、数量等信息进行现场核对。

（3）为保证检材运输过程中的安全、不受污染和唯一性，双方在现场

清点数量、拍照、封装、交接签字，检材交接时，执法记录仪需全程同步录音录像。

（4）针对不同类型的鉴定检材和存储要求的，需要配备专用的存储设备。

①普通类物证：采用合适的包装方式和包材进行包装，如周转箱、气泡膜等。

②液体类：使用玻璃容器并密封保管，对于试管类的检物使用试管架等固定装置。

③低温保管类：使用专用冷藏箱保管存放。

④生物检材类：使用专用生物检材保管箱保管存放。

（5）专车运输鉴定检材，车辆需配置车载监控等硬件设备，以及相应的预警、报警系统，确保检材安全、不受污染和唯一性。

（6）检材转运途中，全程需严格按照交通法律法规行驶，严禁出现超速、抢道、酒驾等违法违规驾驶行为，保障行车安全。

（7）执法记录仪、车载监控等录音录像至少保存1年备查。

（六）实现案件暂扣款和保证金"去现金化"管理

厦门市跨部门涉案财物集中管理一期仅涉案物品纳入管理，并未将案件暂扣款和保证金作为管理对象。以厦门市公安局为例，全局的暂扣款和保证金存放在不同银行账户，局属单位和每个分局各拥有一个账户，分散管理，款项缴交和支付手段落后，业务和程序烦琐，信息化程度和工作效率低，无法满足当前执法办案需求，易导致缴交和处置不及时、对账困难、监管不到位、长期挂账等问题，制约办案效率，存在执法风险。在以往的执法司法实践中，办案人员在办理暂扣款缴交业务或当事人在办理缴纳保证金业务时，每一笔款项大概需要花费1~2个小时；遇到款项需要退还当事人或划拨的，办案人员需要逐级提交款项支出申请材料，再由财务部门通知银行支付款项，少则需要花费几天，多则一两个月，而且容易造成差错账，排查难度大。

1. 款项"去现金化"管理的方案

针对这些问题，厦门市公安局推动案件暂扣款、保证金"去现金化"管理，通过公开招标的方式选择资金存放银行，将全局分散管理的案件暂扣款、保证金账户统一成一个账户，在跨部门涉案财物智能化管理平台中研发暂扣款和保证金管理模块，打通了执法部门与财政部门、银行、微信、支付宝等平台的数据壁垒，运用"全渠道缴款和支付"手段，实现款项缴交、支付"去现金化"。同时，加强款项管理、处置在执法部门与相关部门之间的数据互通和业务协同，通过"一案一人一账户""智能记账对账""分息派息"等手段，实时、动态监控账户所有款项的存量、流量和流向，切实破解缴交支付烦琐、处置不及时、对账困难、监管不到位、长期挂账等问题，改变了传统线下收取、支付、划拨款项的单一渠道，新增网银、微信、支付宝等多渠道的缴交和支付方式，确保款项缴交和支付"一趟不用跑"。自 2023 年 1 月运行以来，累计通过信息化管理暂扣款和保证金计 3513 笔，总额为人民币 3222.79 万元。

2. 款项"去现金化"管理的特点

（1）支持开设二级以上的虚拟子账户。全市局统一使用一个银行账户作为案件涉案款和保证金的指定专户，在专户下面支持按照各分局和局属办案单位开设一级虚拟子账户，同时在一级虚拟子账户下面支持开设二级虚拟子账户，实现"一案一人一单一户"的功能。

（2）支持全渠道缴款方式。缴款方式支持全渠道缴款，包含线上缴款及线下柜台缴款。线上缴款包含银行 App 及第三方缴款渠道（微信、支付宝等），支持分批次缴款方式；缴款完成后，银行能及时向跨部门平台回传电子缴款凭证和加盖银行电子印章的公安法律文书；对于当事人通过第三方支付等其他方式发起的缴款，能够提供"T+0"垫资服务，确保当日缴交资金当日入账，实时收款、通知到账，确保执法办案行为的顺利进行。

（3）退费与划拨。通过网银或其他渠道，跨部门平台发起转账请求，包括收款人、金额等信息，同时，向银行推送退款或划拨的法律文书。银行接收到退款指令后，对退款或划拨账户进行校验，无误后根据指令进行转账，银行转账后返回转账结果；退款和划拨应能支持分批次退款；交易完成后，银行通过电子签章的方式对相应的法律文书加盖业务印章，完成签章后将法律文书和退款凭证回传到跨部门平台。

（4）自动对账。至少能实现"T+1"日的对账，银行应能向跨部门平台及时提供T日交易流水信息，包含缴费及退费、划拨流水明细，和跨部门平台已记录的交易流水进行对账；通过和银行协定相关对接方式或采用其他措施，实现交易流水的零差错账，杜绝重复缴款及漏缴问题。

（5）分息派息。银行应能实现分息派息功能，支持按每个虚拟子账户单独计息及派息，支持退款时将相应利息一并退还当事人，并将相关分息派息信息反馈到跨部门平台。

（6）法律文书加盖电子印章。当事人完成缴款、退款或划拨后，跨部门平台向银行提供相应的法律文书文本信息，银行应能在法律文书上加盖银行电子印章并及时回传至跨部门平台。

二 厦门市在涉案财物管理改革探索中存在的问题

跨部门机制运行以来，在规范厦门市涉案财物管理、降低执法风险和行政成本上取得了明显成效，但是机制运行过程中也存在经费不足、处置权移送不顺、涉案财物出口不畅、仓储不足等问题。

（一）涉案财物管理领域的立法缺失

目前，在法律体系中关于涉案财物管理处置的有关规定是比较少的，虽然中办、国办有作出意见指导，但是毕竟意见不能代替法律实施，缺少相应的"合法性"。如果没有统一、具体的规定或依据，在实际管理中难免因为主观因素导致偏差，进而产生执法瑕疵和过错。办案人员也会因为没有具体的规定而无所适从，法制部门的执法监督和执法考评也就无从谈起。所以，在立法层面完善涉案财物管理制度是当前急需解决的重点问题。目前而言，无论是《中华人民共和国刑法》（简称《刑法》）还是《刑事诉讼法》，都未对涉案财物的概念做明确的阐述，对于涉案财物的管理、处置、监督更是规定甚少，这就在立法层面存在缺失。中办、国办在 2015 年出台了《关于进一步规范刑事诉讼涉案财物处置工作的意见》，在一定程度上弥补了涉案财物处置相关规定的空白。

（二）涉案财物"快进慢出、进多出少"形势严峻

尽管厦门市已经实现涉案财物的依法高效规范管理，成立涉案财物管理中心，也有效提升了涉案财物管理的规范性和专业性，但刑事案件办案周期长，处置出口不畅，涉案财物"进多出少""快进慢出"等问题依然严峻，制约着涉案财物管理和处置的成效和可持续发展。以 2022 年全年为例，2022 年 1 月 1 日至 2022 年 12 月 31 日，厦门市跨部门涉案财物管理中心入库保管涉案财物 122351 件，出库涉案财物 61894 件，入库数量是出库数量的 1.98 倍。同时，"快进慢出"的形势必然增加仓储面积，保管、管理等服务费用增多，导致涉案财物管理的司法行政成本居高不下。其中，涉案车辆的存储矛盾最为突出，目前，中心保管的涉案车辆有 245 辆，接近中心存储峰值。这主要基于以下原因。

一是涉案财物管理中心的涉案财物"进得多、进得快"。近年来，除了传统的涉众型经济犯罪之外，电信网络诈骗等新型涉众型犯罪案件高发，这些案件扣押的涉案财物数量大、种类多，不断增加涉案财物管理中心内涉案财物的数量。

二是刑事案件办案周期长。个别案件持续一两年甚至几年无法结案，尤其是一些重大疑难复杂的案件，案件当事人众多、涉案财物种类数额巨大等，容易导致涉案财物长期滞留管理中心。

三是公、检、法、财之间涉案财物管理机制衔接不畅。第一个问题是涉案财物的处置权未及时移送。公安机关在移送审查起诉或检察院提起公诉时，个别办案人员未及时、同步将有关涉案财物处置权在网上流转，导致某些涉案财物的处置权积压在公安或检察机关，从而出现法院对涉案财物漏判的现象，影响后续处置。第二个问题是法院针对涉案财物漏判或判决不明。

涉案财物处置权虽然随案移送至法院，但是法院在审判时未对涉案财物作出决定，或者是案件办理过程中，未对相关涉案财物的权属和涉案情况进行充分的调查，影响对涉案财物的认定，导致法院无法对涉案财物作出相应的判决等。第三个问题是检察院作出不起诉决定时，有时不对涉案财物提出处置意见，导致因缺乏处置依据而无法对涉案财物进行处置。

四是管理中心业务模式无法完全满足处置需求。涉案财物管理面临的不仅是简单的运输、仓储、保管问题，还面临着涉案财物的集约处置问题，包括对于涉案财物拍卖、变卖涉及的现场看样、销毁处置、脱密处理、发还当事人等需求。目前，管理中心涉及涉案财物处置的相关需求仍未完善，这也影响了涉案财物高效、及时地处置。另外，办案单位由于缺少处置经验也会影响处置工作的进行，特别是一些处置过程中可能产生有毒、有害物质的涉案财物，比如假药、化学材料等涉案财物的处置，这样的处置都需要委托专业的社会机构协助。还有些处置涉及脱密处理、鉴定等工作，比如电子产品拍卖、变卖前需要进行脱密处理，贵金属、珠宝玉器、手表等物品需要进行真伪及成色鉴定，容易产生高昂的处置成本。

五是法院端涉案财物执行处置功能仍未完善。跨部门涉案财物智能化管理平台已基本涵盖各单位的业务场景，但是法院执行端的相关业务场景仍未实现，比如涉案财物判决没收需要移交财政公务仓的通道仍未畅通、涉案财物判决返还当事人的功能未能实现。主要原因是按照财政局资产中心的要求，执法单位开展罚没处置必须开具罚没票据，但是法院不愿通过平台开具罚没票据，导致法院端无法将罚没物资移交到财政公务仓；其次是对于涉案财物的发还，法院要求由管理中心直接进行发还，但是目前管理中心尚不具备相关条件支持该项服务。

六是执法办案单位未能及时开展涉案财物处置工作。首先，虽然目前对涉案财物的处置及处置期限有相应的规定，但是工作中，法院、检察院、公安机关在案件判决、作出不起诉或撤销案件的决定时，对涉案财物也作出发还、没收、收缴、追缴等决定，办案单位未按照有关规定对涉案财物及时处置。其次，对于一些罚没的涉案财物需要移交专管部门进行处置，但是相关职能部门会存在拒绝接收处置的情况，例如森林公安扣押的大量的野生动植物及制品，很多已经作出了罚没的决定，按照财政局的有关规定，此类物品需要移交专管部门进行处置，但是有的职能部门却拒绝接收。

七是涉案财物管理平台与公安、检察院、法院的办案系统仍然存在数据壁垒。因为涉案财物管理平台尚未能获取办案业务系统的相关数据，导致涉案财物管理平台上涉案财物处置权的流转与案件诉讼进度不一致，即检察院未接收公安机关移送的处置权，并不影响案件移送审查起诉或提起公诉，这也造成很多案件已经移诉、提起公诉甚至判决生效了，但是涉案财物处置权还未随案移送，影响对涉案财物的处置。平台和业务系统之间的数据壁垒也导致无法进一步完善涉案财物管理平台的预警提醒功能，对于有些案件已经作出生效判决、行政处罚并对涉案财物作出没收、收缴等决定后，涉案财物管理平台无法直观、实时查看涉案财物的状态，无法通过智能预警方式提醒有关办案部门对涉案财物及时处置，这也影响涉案财物处置工作效率。

八是缺乏监督和考评机制，未形成处置动力。当前涉案财物管理和处置缺乏横向、纵向的监督考评机制，上级部门或相关职能部门未能真正起到督导作用。以公安机关为例，虽然执法考评和督察审计过程中，均有对涉案财物开展相应的考评、监督和审计，但是重点不突出、针对性和实效性不强，缺乏常态化、长效化监督考评机制，且有关领导和办案民警对涉案财物管理重视不够，导致涉案财物管理和处置只停留在表面，未能充分发挥监督、考评、审计机制"发现问题，解决问题"的作用。

九是刑事涉案财物先行处置面临困境。虽然 2020 年在市委政法委的牵头下，五个部门联合出台《厦门市刑事涉案车辆先行处置暂行办法》，并于 2020 年 12 月 29 日先行拍卖处置 7 辆汽车，取得了一定的成效，但是目前在库车辆仍有 256 辆，在实践中先行处置仍面临着许多困境。一是对涉案财物先行处置的性质认识不清，二是对涉案财物经济属性和证据属性的认识不清，三是对"无罪推定"适用对象的认识不清，四是实践中过于谨慎。目前，刑事涉案财物先行处置仅限于对车辆的先行处置，就刑事涉案财物的先行处置仍只是其中的一部分。

（三）跨部门涉案财物管理中心监督管理机制不够健全

跨部门机制通过购买社会化服务的方式，委托第三方对涉案财物进行专业服务和规范管理，颠覆了传统的由办案单位自行管理的模式，切实提高了管理水平。但是仍是由公安机关作为业主单位，承担涉案财物管理中心的建设、监管等责任，实际上没有改变公安机关作为责任主体对涉案财物管理的传统状态，公安机关也不可能当"甩手掌柜"，只是将传统分散管理的模式集中起来管理，保管的责任主体从分散的多个变成集中的一个。虽然跨部门涉案财物管理中心通过充分的人防、物防、技防等手段确保涉案财物保管的安全，但是，目前对于第三方运营的涉案财物管理中心的监督管理机制仍不够健全，如果缺乏或监管不到位，导致涉案财物移交、转运、入库、保管、盘点等环节出现人为或非人为的毁损灭失隐患，公安机关需要承担作为业主单位所需要承担的监管责任。

（四）涉案财物专业化管理队伍配备不足

任何工作的开展都是"一分部署，九分落实"，虽然管理中心委托专业的第三方管理涉案财物，且跨部门机制对涉案财物的处置和监管机制也已作出规范，但是仅解决了涉案财物保管的问题，第三方对涉案财物的处置也仅起到协助处置或事实性的处置，涉及涉案财物监管、处置等工作仍需要由专业化的管理队伍牵头和具体负责抓好工作落实。以外地为例，北京市公安局从人员配备入手，成立了法制总队、法制支队、办案部门三层级涉案财物管理专业队伍：法制总队成立涉案财物管理支队，统筹牵动市局涉案财物各项工作；法制支队成立涉案财物管理中队，负责落实涉案财物各项工作要求；办案部门成立案管组，负责本单位涉案财物日常管理和处置工作。而我市涉案财物的处置执行工作仅仅是侦查办案的延伸职能，且长期以来受"重案件，轻财物"的观念影响，影响了涉案财物处置的专业性和效率。相关的监管机制没有专业化的管理队伍负责实施，监督机制也很难充分发挥对涉案财物处置的推动作用。

三 进一步完善涉案财物管理改革的对策和建议

（一）进一步完善立法体系

完善立法体系是推进涉案财物管理的必备前提。[①] 只有做好顶层设计，才能为涉案财物管理改革指明方向、明确重点、绘就蓝图。如果能够在《刑事诉讼法》内增加或完善对于涉案财物的管理方式，比如收集、提取、查封、扣押、集中保管、法律处置以及处置后的销毁、上缴等流程，可以在立法层面为涉案财物的管理、保管、处置提供法律上的支撑，让执法有依据，增强办案人员的执法底气，也更有利于增加涉案财物领域的法律属性，使之成为立法、司法、执法领域所公认的法律术语。当然，在配套的司法解释或《公安机关办理刑事案件程序规定》中能够对涉案财物相关的名词加以解释，并对涉案财物管理的具体流程进行规定，做好涉案财物管理与处置的相互衔接、紧密联系，也有助于涉案财物从收集、管理到处置环节实现衔接紧密、操作规范、公开透明。就地方而言，许多省、市公安机关出台了涉案财物管理的相关规定，如果能够在立法层面对涉案财物的立法整体铺展开来，并直面具体执法实践中产生的问题，充分吸收地方先前成功的管理经验，认真分析研究直至提出有效的解决对策，进而在地方探索的前提下以立法的形式确定下来，不仅让立法有了实际经验的支撑，也有了一定的前瞻性，有利于对公检法等机关整体的约束，统一共识、统一标准，明确各个机关在涉案财物管理中的职责和义务。同时，也要明确当事人在涉案财物收集、提取、查封、扣押、保管、处置等全过程中权利受到侵害的救济方法，减少因立法的缺失或空白而产生各个机关之间的冲突和歧义。通过科学、民主、依法立法的形式固化涉案财物管理现有的经验和优势，并配套相关的解

[①] 参见李玉华主编《中国刑事涉案财物制度改革发展报告 No.2（2021）》，社会科学文献出版社，2021。

释或规定对涉案财物管理的要求和具体流程，让办案人员做到有法可依、有章可循，通过公开法律法规、制度流程、执法过程、救济渠道，从而最大限度保障当事人、利害关系人的合法权利特别是财产利益，让他们可以通过法定形式对违法侦查行为进行申诉或救济，做到知法守法、知法用法。此外，这也有利于对办案人员进行监督，按照法律法规的要求，倒逼执法规范化建设，对涉案财物的管理从源头、流程、处置都严格按照法律法规的要求进行，进一步审查财物与案件的关联性，更加注重涉案财物查封、扣押等措施的合法性，更加关注涉案财物管理保管期限，由此也会产生对涉案财物处置的法律支撑。涉案财物的处置需要有上位法明确的支撑，才能推动公安机关、涉案财物管理中心、销毁处置单位、财政部门进行深度交流和协作配合。正是有了上位法赋予的权利和义务，才能对涉案财物做进一步的处置。譬如规定一些涉案财物要上缴国库，财政部门才敢于接收；规定涉案财物能够以何种形式进行销毁，比如公安机关对涉案财物进行收缴，存放在涉案财物管理中心，经过侦查办案，确定为罚没物资后，联系销毁处置单位，对涉案财物以物理破坏、焚烧等形式进行销毁，同时要公安机关派员监督，对涉案财物中的罚没物资进行全程监督，并拍摄照片、做好台账、形成销毁处置报告等，便于后续对资产中心进行申报。当然，以上阐述的是比较细节化的流程，立法中并不一定能够事无巨细，但完全可以在立法配套的司法解释或者规章中做进一步解释，让办案时的每一个步骤都有法可依，都有法律的支撑。换句话说，就是立法赋予办案人员在刑事诉讼的过程中有权限去管理涉案财物，权限法定、操作合规，实现涉案财物管理、保管、处置的科学化和制度化。

（二）进一步理顺涉案财物管理机制

一是追加经费保障，确保机制可持续运转。跨部门机制运行以来，解决了原来办案单位不敢扣、不愿扣和选择性扣押的问题，扣押涉案财物数量的激增及相关执法部门业务需求的增加，不仅增加了项目的运营成本，也增加了仓储面积和物流、管理等服务费用，导致产生的费用超过申请的财政预算。在严格履行合同约定的情况下，要加强对项目支付申请的审核，严格控制财政经费的支出，进一步对管理中心的财物存储方式、空间和布局进行审核，从源头上减少仓储面积。同时，在控制经费支出的前提下，还需要追加预算金额来支撑与日俱增的业务量，确保跨部门机制可持续运转，或者通过政府采购的方式来追加采购合同约定的超出部分。二是规范处置权移送，确保涉案财物随案移送。严格落实《刑事诉讼法》及司法解释、《关于进一步规范刑事诉讼涉案财物处置工作的意见》的有关规定，根据"物品集中管理、信息网上流转"的原则，进一步规范处置权移送，避免因为处置权未移送导致出现法院对涉案财物漏判的情况，损害当事人的合法权益。在移送案件的同时，相关办案部门应当同步、及时在跨部门涉案财物智能化管理平台移送涉案财物的处置权。对于处置权移送申请，接收部门应当及时处置（接收、退回或部分接收），符合规定应当及时接收，不得无故不接收或无故退回。接收处置权后，非正当事由不得将涉案财物处置权移送回原移送部门。

（三）落实主体责任，畅通涉案财物管理出口

要进一步落实公、检、法、财的主体责任，建立健全多部门协同处置和监督制约机制，畅通涉案财物管理出口。一是进一步规范处置权移送，根据"物品集中管理、信息网上流转"的原则，进一步规范处置权移送，确保"物随案走"，避免因处置权未移送导致法院对涉案财物漏判等情况出现，影响处置效益。二是进一步明确涉案财物处置权限和执行主体，建立健全涉案财物处置考评机制。通过推动政法委、财政局建立健全机制，明确公、检、法、财在不同阶段的处置职权，并积极发挥内部监督的作用，完善涉案财物处置监督考评机制，促进相关执行主体充分发挥处置的主观能动性，减少处置中的不作为、慢作为。对于未按照规定及时处置涉案财物的单位给予适当的"惩戒措施"，如限制大宗物品的入库、对超过一定期限存放的涉案财物收取仓储保管费用等。三是加强政法委、公、检、法、财之间的配合，建立定期联络沟通机制。针对涉案财物的处置工作，由各家抽调责任领导和责任人员成立联络小组，由政法委牵头建立联席会议机制，定期召开会议并

及时汇总各方的涉案财物相关信息和存在的问题，并及时协调解决，对于存在的问题及时通报、传达，对复杂疑难的问题及时沟通协调，保证涉案财物处置的及时性和有效性。四是完善涉案财物处置配套服务功能。充分调研和论证相关部门的业务需求，结合工作实际，完善线上平台监督预警和处置功能，推动法院端罚没处置功能的开发。同时，拓展管理中心参与处置的配套服务（包括配合现场看样、销毁、电子产品脱密处理、鉴定、拍卖、变卖等服务），实现公、检、法、财便捷、高效、集约处置的目标。五是巩固和完善刑事涉案财物先行处置机制，进一步引导办案人员树立"重财产权保护"的思想观念，在严格遵守程序规定的前提下，公安机关、检察院、法院应当积极开展刑事涉案车辆先行处置，并有序扩大先行处置范围，有效维护当事人合法权益。

（四）建立健全全方位监管机制，封堵管理漏洞

涉案财物管理处置工作涉及多部门、多环节，为保障涉案财物管理的安全，公安机关不仅要建立完善的内部监管制度，还要依托政法委、财政局健全涉案财物处置监督流程。一是建立涉案财物全流程监督预警体系。充分利用线上管理平台的功能，对接省厅执法办案系统、检察院和法院业务全类别数据，将监督预警全面覆盖涉案财物的扣押、移交、入库、移送处置等环节，严格涉案财物处置审批流程，对于未及时入库、处置、移交等环节进行预警考评。二是建立健全对第三方公司的考核评价机制。严格涉案财物管理中心内部管理制度，细化涉案财物移交、接收、入库、保管等制度，配套制订涉案财物管理流程、接收流程及出库流程，确保工作有章可循，同时要加强对第三方内部管理制度落实情况的考核评价，建立定期检查和抽查制度，对于未严格落实规范操作的，给予相应评价结果。三是加大对涉案财物管理中心工作人员的政审和培训，对于存在违法、劣迹前科或出现违法、劣迹行为的，坚决予以辞退。同时，督促第三方加强对工作人员操作规范培训。四是各相关职能部门联动，定期开展涉案财物盘点、专项检查等活动。针对涉案财物管理、处置环节中存在的突出问题，及时进行纠正整改。

（五）进一步加强涉案财物管理队伍的专业化建设

涉案财物管理处置是一项专业性较强的系统性工作，需要配备一支专业性强的专职管理队伍，统筹实施全市涉案财物管理，负责开展涉案财物日常管理、处置执行、监督考评等工作，抓严抓实抓细各项工作开展，确保涉案财物管理各项制度规定落到实处。同时，要建立健全涉案财物管理日常培训机制，依托工作例会、法制讲堂、微课程等形式，全面提高全市管理人员的思想认识和业务能力，努力打造一支既懂案件办理、又懂涉案财物管理的执法队伍。

（六）进一步优化对涉案财物的考核考评体系

一是优化监督考评。涉案财物的考评存在于执法质量考评方案之中，但分值偏低，较难反映涉案财物的重要程度。作为群众反映强烈的执法突出问题，应当对涉案财物组织开展专项治理、专项检查、专项考评工作，有针对性地健全完善考核考评体系，从源头上防止和减少执法问题发生。而且，涉案财物的考评具有其特殊性，应当采用以网上考评为主、实地考评为辅的考评方式进行。考评方式可以实行分级负责，即县级公安机关结合日常案件审核把关，对涉案财物进行日常考评、专项考评；设区市级公安机关对县级公安机关进行抽查，随机抽取涉案财物管理的基础台账、实地管理情况，重点检查应当进入执法办案系统或涉案财物管理平台而未关联的情况。笔者认为，公安机关可以将执法监督和执法质量考评里的涉案财物管理工作考评做进一步优化；定期或不定期组织有关部门对本机关及办案部门负责管理的涉案财物进行核查，防止涉案财物损毁、灭失或者被挪用、不按规定及时移交、返还、处理等；发现违法采取措施或者管理不当的，应当责令有关部门及时纠正。

二是加强监督管理。公安机关警务督察、审计、装备财务、警务保障、法制等部门在各自职权范围内对涉案财物管理工作进行监督。各级公安机关涉案财物管理、监督部门应分工负责、互相协调、加强配合，认真做好涉案财物的管理工作。警保部门负责本级公安机关涉案财物管理的组织、指导、经费保障等工作。纪检监察、警务督察部门要加大对涉案财物的监督与检查。对未依法移送或未按规定将涉案财物移交第三方公司集中保管等违规行为，督促相关单位依照规定追究办案单位及相关办案人员责任。法制部门严格履行案件审核和执法监督职责。对涉案财物采取措施或者处理情况进行执法监督，将涉案财物管理情况纳入执法质量考评。法制部门在审核案件时，发现对涉案财物采取措施或者处理不合法、不适当的，应当通知办案部门及时予以纠正。公安机关负责人在审批案件时，应当对涉案财物情况一并进行严格审查，发现对涉案财物采取措施或者处理不合法、不适当的，应当责令有关部门立即予以纠正。审计部门采取专项财物审计等方式，加强审计监督。

三是严肃责任追究。在传统的办案过程中，往往重人轻物。但若有涉案财物存在，特别是价值较大、数量较多、社会关注性较高的情况下，无论是人为因素还是非人为因素，都可能产生一定的办案风险、保管风险、廉政风险。特别是人为因素，如果办案人员没有秉持公心，在涉案财物管理上没有尽到应尽的责任、怠于履行自己的职责甚至违反自己的职责与工作的操守，致使涉案财物的保管、管理、处置出现了问题，必然要承担一定的渎职后果。如果没有对于渎职的后果进行严肃的追责，就很难体现制度的刚性与震慑性。在小事上如果没有及时关注、处理，听之任之，就可能引发大问题。所以必须建立制度的刚性，时常对涉案财物的保管人员、具体案件的经办人员开展廉政教育，从而筑牢思想底线，守住工作红线，算好"政治账""经济账""人情账"，不做不该做的事，不伸不该伸的手。一旦办案人员违反涉案财物管理有关规定或者涉案财物管理人员不严格履行管理职责的，应当根据其行为的情节和后果，依照有关规定追究责任；涉嫌犯罪的，移交司法机关依法处理。

B.4
湖州市公安机关涉案财物管理
与处置工作探索

郭楼儿 李易璇 姜 阀*

摘　要：　涉案财物管理与处置是行政执法和刑事司法的重要一环，关系到人民群众的切身利益。湖州市公安局作为浙江省涉案财物管理与处置改革试点，创新涉案财物保管机制，组建"刑事诉讼涉案财物管理中心"，建立第三方集中保管机制，优化"一站式"系统升级，建立了针对涉众型案件的涉案财产管理人制度。迭代涉案财物监管机制，建立"刑事诉讼涉案财物智能监管平台"，建立联动监督机制，压实各方责任体系。完善涉案财物处置机制，创新"一键式"网络法拍，建立健全权利保障机制。但是实践中，仍然存在新型涉案财物处置难、行政案件涉案财物以及非涉案财物（主要包括随身物品）监管存在盲点、多头协同移交不畅、所有人法定权利保障不到位等问题。为了解决上述问题，湖州市公安局通过拓宽涉案财物一体化保管范围、完善监督保管机制、打造涉案财物处置生态圈三大措施，按照"体制、机制、技术"三轮驱动理念，进一步推动涉案财物智慧监管处置工作迭代优化。

关键词：　涉案财产管理人　保管机制　监管机制　处置机制

---

*　郭楼儿，湖州市公安局警务监督中心执行主任、法制支队支队长，主要研究领域为公安法治建设、公安刑事涉案财物管理等；李易璇，湖州市公安局法制支队民警，主要研究领域为刑法学；姜阀，廊坊燕京职业技术学院教授、教务处副处长，主要研究领域为现代物流管理。

一 引言

近年来，随着社会的发展，犯罪形式不断变化，涉案财物也呈现出管理难、处置难、监督难"三大难题"。为有效破题，浙江省委政法委积极部署和推进涉案财物管理处置改革项目试点工作。湖州市公安局作为全省试点单位，于 2016 年启动了刑事诉讼涉案财物管理与处置改革。2021 年，成功打通了公安机关、检察院、法院、第三方物管等部门和单位之间的数据壁垒，搭建涉案财物管理信息系统，成立了涉案财物管理中心。2022 年 1 月《浙江省刑事诉讼涉案财物取证管理处置工作指引》下发后，湖州市公安局搭建了"涉案财物智能监管驾驶舱"和"浙江省涉案财物处置平台"，依托"体制、机制、技术"三轮驱动，实现涉案财物"全量智管、政企协同、社会化处置、全链闭环"。同时，以"六个一"为抓手，明确一个涉案财物监管处置工作目标、打造一个"三共六联"的涉案财物智慧监管处置"湖州模式"、创设一个政企协同监管处置中心、出台一个联合监管处置制度体系、建立一个智慧监管处置模型矩阵、布局一个全域涉案财物保管网链，进一步完善湖州市涉案财物监管处置体系，为涉案财物管理处置改革贡献公安力量。

二 涉案财物管理与处置实践的"湖州模式"

（一）创新涉案财物保管机制

1. 组建"刑事诉讼涉案财物管理中心"

涉案财物管理是公安执法工作的重要组成部分，与人民群众的财产权益密切相关。① 对涉案财物的不准确、不恰当处置会对执法和司法公信力产生

---

① 参见孙茂利《公安执法规范化建设的探索与实践》，《中国检察官》2018 年第 19 期。

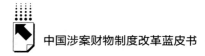

严重影响。目前，全国大部分地区的涉案财物管理机制，是在公检法三部门之间进行多头管理，分别保管①，这种管理机制运行效率低下，暴露出重复建设、司法资源浪费等诸多弊端。针对刑事诉讼涉案财物因公检法自建场所分散管理容易造成资源浪费、管理不善等诸多问题的实际，湖州市于2016年创设"社会化建设、专业化管理、规范化运维"的刑事诉讼涉案财物监管模式，通过政府购买服务形式，以换押式处理、一键式移交方式，率先引入第三方参与，2019年统筹成立全省首家"刑事诉讼涉案财物管理中心"，由市、县（区）共同使用，切实提升资源管理效率。

"刑事诉讼涉案财物管理中心"的建立对于维护和提升司法机关的公信力产生了重要的积极影响。公、检、法三机关是刑事诉讼程序的参与者，负责保管各自阶段的涉案财物，这可能会存在既办案件又管物品的情况，容易让人产生在这个过程中是否存在暗箱操作可能的怀疑。而跨部门涉案财物管理中心是一个独立于公、检、法三机关的涉案财物保管机构，其既不参与具体的刑事诉讼活动，也不隶属于公、检、法三家中的任何一家。这种独立运行机制一方面可以实现公检法之间有效制约，维护司法的公信力；另一方面可以提高司法效率，避免司法资源的浪费。

中心运维4年多来，未发生案（事）件物品的损坏和遗失，物件保管错误发生率为零，保持了各类案（事）物件的原始性、完整性。截至2023年底，湖州市级、县区级公检法单位移交入库11775起案件，入库物品共计841万件，其中在库物品689万件，出库物品152万件，借调物品289万件。中心以节省司法资源为目的，采取"流单不流物"与建立物证保管链相结合的原则进行建设，通过集约化、规范化管理，减少了传统管理模式在场地、人员、经费的重复投入。中心4年来为湖州市、县区两级政法部门节省运维支出3200余万元，首创的工作人员"上门取送件"服务也减轻了执法办案人员工作负担。②

---

① 参见陈卫东《涉案财产处置程序的完善——以审前程序为视角的分析》，《法学杂志》2020年第3期。

② 数据来源于湖州市公安局工作中一手资料整理。

2. 建立涉案财物第三方集中保管机制

正如看守所发挥看押犯人的功能一样，跨部门的涉案财物管理中心也可看作是"物的看守所"。犯罪嫌疑人被羁押在看守所后，羁押地点不会因诉讼阶段的变化而发生转移，而是在不同的阶段由不同机关适时地办理变更羁押手续，实现犯罪嫌疑人的"变更羁押"。跨部门的涉案财物管理中心在这一模式的影响下，采用"实物不动，单证流转，责任转移"的管理模式。公安机关对涉案财物进行扣押、冻结、查封后，立即对涉案财物进行储存登记，由跨部门涉案财物管理中心接收存储。在后续刑事诉讼活动中如需调取物证，则由办案部门向跨部门涉案财物管理中心提交调用手续，并在使用后及时归还。跨部门涉案财物管理中心分别与公、检、法三机关产生业务关系，仅承担涉案财物的保管责任，对实物的处理仍由办案部门负责，其对涉案财物的处理意见，涉案财物管理中心应当无条件地执行，当然，由此产生的法律后果也由办案部门负责。跨部门涉案财物管理中心依据不同财物的特性进行分类管理，在公、检、法三部门共同商定的管理标准的指导下，依据涉案财物不同特性配备专业设施，满足其防火、防盗、防蛀、防磁、防潮、防腐蚀等不同要求。除此之外，涉案财物管理中心还需配备一定量的赃物袋、计量工具等物品。同时，放置涉案财物的仓库内应安装合适的视频监控设备，并与公、检、法三部门建立同步链接，以满足实时监控、实时可取证的需要。在物联网、大数据技术盛行的背景下，跨部门涉案财物管理中心可以实现以一物一代码的形式管理涉案财物。在涉案财物入库登记之时，用扫描枪和条形码打印机对每一件入库的赃物进行编码登记，形成每一件赃物唯一对应的"身份码"。登记完成后，涉案财物管理中心的系统会自动生成一份汇总后的涉案财物清单，清单上印有与入库赃物上条形码相对应的条形码，条形码中包括赃物的入库日期、物品特征等，此条形码也可以作为打开赃物柜的验证密钥。保管场所运用高科技信息技术手段，实现高标准建设，确保涉案财物得到安全妥善的保管，以满足公、检、法机关对于涉案财物管理和监督的需要，实现对涉案财物专业化定义、智能化管理的目标。

湖州市局依照以上思路，推动涉案财物保管体制创新变革，创新提出

"第三方保管""换押式移交"的做法，具体有以下做法。

一是依托第三方公司打造一流硬件，确保管得好。2018年，市涉案财物管理中心建成启用当年，湖州市德清县、长兴县、安吉县三县分中心相继成立运作，总库房面积达9000余平方米（市本级5000余平方米、长兴县分中心1500余平方米，安吉县分中心1400余平方米，德清县分中心1100余平方米）。中心共有专业保管员15名和专业取送件车辆10余辆。中心利用物联网射频、视频移动侦测等前沿智能技术落实高标准的人防、物防和技防。针对涉案财物种类繁多、保管环境需求不一等特殊情况，各库房分设涉密物品、冷藏恒温、违禁涉毒物品、大宗物品、长期保存等十类保管库房以及鉴定室、示证室、接待室等十类功能用房。所有库房实行双门隔离、双人认证、全域监控。为确保涉案财物在途期间安全，中心一方面加强押运车技改，装备车载视频监控系统，开发专用的涉案物品转运箱，另一方面还同保险服务商定制实物险、停车险等专门险种，最大限度确保涉案财物万无一失。

二是依托第三方公司完善综合配套，开发专用系统，确保用得好。由第三方公司自主研发具备分级管理、云端存储、灾备可靠、对接顺畅的全省刑事诉讼涉案财物管理信息系统，实现了一套系统全省通用，在省委政法委支持和指导下实现了同政法单位一体化办案平台实时互联互通。聚焦人、物、库、车等基础要素建立数字化镜像，在保证数据安全和隐私保密基础上，实现了实时盘库、全程电子留痕、物随案转等全新功能。加大科技投入，所有保管物品实行一案一码、一物一签，通过车载系统、专用交接箱、交接仪、库区摄像、库区物联网感知设备等，实现全时空无盲区管理。依托自主研发的智能仓储管理软件具备智能盘库、出入库自动统计、开门开箱全程留痕、异常情况实时报警等功能，实现对涉案财物的精准定位，形成从移交、入库、保管、流转、调用到处置各环节全流程闭环式管理模式。建立规范体系。在省市政法单位指导下，建立集中委托式管理模式下的制度规范、工作流程，形成了《湖州市涉案财物管理中心日常管理工作实施细则》《湖州市涉案财物管理中心岗位设置管理暂行办法》等一套覆盖管理全过程、管理全要素的规范体系。

三是依托第三方公司提升效能，让数据"多跑路"，避免"事重复"，确保服务好。办案人员在操作执法办案平台时自动触发立案、移送起诉、判决生效等节点指令，数字平台实时进行管理主体、保管阶段等物随案转的数据变更，办案全程涉案财物始终在库房中，不仅避免了不必要的损耗和灭失，还大大精减了传统实物移交诸多中间和示证环节，减轻了工作人员负担，助力办案效率提升。实行专业代办。建立有保管员、守库员、管库员、系统管理员等相互协同又制约的专业队伍，从严落实全员政审和持证上岗。各中心配备专业押运团队，通过预约实行专车专人专用封装设备上门服务。同时，中心提供远程示证、大件转运、受托处置、集中评估等一站式便捷服务，发挥了集约管理优势。优化保管质量。按照"普通财物高于专业仓储保管标准、贵重财物适用银行金库保管标准、特殊财物适用行业保管标准、车辆适用4S店专业保养标准"的要求，依据涉案财物的物品特性对涉案财物进行专业保管。第三方公司的专业服务不仅做到了"财物零灭失、保管零事故"，而且还使包括汽车在内的涉案财物残值率提升了30%以上。

3. 优化"一站式"系统升级

2021年9月浙江省政法一体化专班通过前期筛选评审、调研论证、会商评估，将湖州市涉案财物处置改革项目列为2021年政法一体化多跨场景首批任务认领清单项目之一，同月浙江省公安厅亦确定了湖州市公安局涉案财物处置改革作为全省公安执法数字化改革的首批23个典型应用场景之一。湖州市涉案财物处置改革项目涉及公安、检察、法院、财政等多部门、多系统，属于多跨场景应用，项目建设目标包括：首先，完成公检法三家办案系统"涉案财物模块"的升级改造，推进公检法对涉案财物数字化、智能化管理能力；其次，通过搭建涉案财物网络法拍系统、公检法智能监管系统，进一步拓展政法一体化办案协同业务环节，实现公检法对涉案财物处置改革跨部门的多场景应用。

湖州市针对前期调研的一体化系统问题以及智能监管场景应用所需要新增的系统流程，围绕《浙江省刑事诉讼涉案财物取证管理处置工作指引》，有针对性地迭代升级公检法各自涉案财物管理系统以及一体化系统，全面梳理公检法需求，将刑事诉讼涉案财物按照"属性、保管、流转、处置"这四大类逐一拆分成"统一财物编号、新增物品持有人、新增当前处置单位、调用延期、新增单独入库、新增拍卖审批、待补充推送"等74小项。通过逐一破解这74小项，着重解决当前一体化涉案财物系统移交、流转、拆分、借调等流程功能单一、系统 BUG 多等难题。全面完成系统联调升级，实现法院涉案财物执行回传至一体化系统，将智能监管系统最后一块监管短板补上。同时，对涉案财物实行公检法统一的财物编号管理，使每件涉案财物入库即有了独立的"身份证"，通过编号显示具体信息、参访位置等相关信息，实现涉案财物精准定位、智能盘库、自动统计等功能，便于实时了解财物存放位置、库存情况，方便查询财物出入库情况。重点对公安机关、检察院、法院及一体化系统全量涉案财物数据字段进行了协调统一，保证了全量涉案财物数据的流转。

4. 创新涉众型刑事案件涉案财产管理人制度

湖州市创新探索建立涉众型刑事案件涉案财产管理人制度，有效提升了涉案财产处置的专业性、系统性和实效性，最大限度地追赃挽损，有力保护公司、法人和其他组织合法财产权益，加强公检法三方对涉案财物的联动监督力度。自2022年12月5日实施该项制度以来至2023年底，共有4件涉众型刑事案件引入财产管理人，目前已审结案件1件，高效处置涉案财产892.98万元，在办案件3件，已查扣资产约5300万元，冻结资金6225.5万元。[①]

（1）强化领导，精心组织推进。一是健全体制机制。湖州市委政法委、法院、检察、公安、财政、金融等部门联合出台《涉众型刑事案件涉案财产管理人工作办法（试行）》，成立涉案财产处置联席小组。联席小组组长由湖州市委政法委主要负责人担任，其他联席单位分管负责人为联席小组成员。联席小组负责研究解决涉众型刑事案件涉案财产管理和处置过程中的问

---

① 数据来源于湖州市公安局工作中一手资料整理。

题；建立联席会议制度，定期召开例会；实行信息通报制度，印发会议纪要，明确议定内容。二是强化资金保障。提出有别于普通破产案件管理人收费约为最终清偿财产价值总额5%的实施办法，明确规定管理人报酬由市财政每年拨付专项预留资金，对管理人在履职过程中发生的人工成本、核算成本、调查成本、审计成本等必要开支予以专项保障，推动解决管理人报酬无从支出或从涉案财产中提取的问题，实现专款专用，弥补专项资金缺口，切实保障涉案财产管理人规范履职、积极履职、稳定履职。

（2）细化职责，规范履职程序。一是明确引入条件。限定管理人引入由联席小组会商决定，一般在公安机关立案侦查后引入，也可根据实际需要在审查起诉、审判阶段引入。联席小组决定引入管理人的，应通过政府采购的方式，制作并送达决定书，且管理人一般由审计公司、会计师事务所、律师事务所等社会中介机构担任。自文件实施以来至2023年底，湖州市涉案财产处置联席小组已召开联席会议3次，讨论决定在4起非法吸收公众存款案中引入管理人。二是明确工作职责。管理人自确定之日起，接管公司财务账册和印章等，核查公司财务状况、涉案资金流向、财产权属性质，审核确认投资人损失申报等，并设立专用资金管理账户，将涉案公司的日常开支、孳息收取、应收应付账款统一至该账户进行结算。管理人向联席小组报告工作，针对债权和资产提出处置方案、谈判方案，并协助办案机关进行债务催收。管理人在履职过程中，应妥善保管所接管的所有资料，并建立相关案件的管理人业务档案，同时履行保密义务，严守在履职过程中获悉的各项秘密。

（3）改革创新，试点案件先行。一是健全管理人长效机制，依托涉众型刑事案件管理人制度整合侦、诉、审资源，建立"一案一册一管理人"制度，有效实现公检法跨部门联动，管理人跨流程履职，促使涉案财产全流程、一体化有效流转。选取一起受害人达2686人、涉案标的金额达55.19亿元的非法吸收公众存款案作为试点案件，在审判阶段即引入管理人，参与涉案财产审计和动态管理，协助债务催收，并提出资产处置专项报告，有效提升财产处置专业性。共监管涉案公司银行账户、股权证券116个，房产

11 处，及时发布到期预警提醒，协助拍卖车辆 6 辆，审核投资人损失申报210 余次，为后续审执衔接和类案处理积累实践经验。二是开发涉众型刑事案件"智管平台"，平台下设政法机关、管理人、投资人 3 个端口，政法机关负责录入涉案财物基本信息、在线研究解决涉案财物处置中的重大问题，对管理人进行动态管理；管理人在线审核、确认投资人的损失申报，制作审计报告，提供专业法律意见和处置方案等；投资人在线申报债权，咨询关注问题，投资款发放身份核实等，通过各方主体的一体化参与，实现刑事诉讼涉案财物处置信息互通与高效协同。此外，为统筹协调推进"智管平台"建设，市公安局、市检察院、市法院联合成立工作专班，定期召开工作例会，深化各部门同力推进、公检法同向发力，切实解决"智管平台"研发及模块建设阻力。2023 年以来，已召开公检法讨论会议、各部门会议计 8次，协调解决平台建设中遇到的技术、适用、程序等问题 9 个，目前该平台即将进行试运行，湖州市将继续推动涉案财物管理人制度在涉众型刑事案件办理中发挥作用，加快涉众型案件"智管平台"的研发和运行，积极探索涉案财物取证管理处置工作的新路径、新模式，以进一步加强公、检、法各部门间的协作配合，从源头严格规范侦查、审查起诉及审判阶段对涉案财物的处置，做到涉案财物全流程监管、全过程把控，最大限度追赃挽损，切实维护当事人合法财产权益。[①]

（二）迭代涉案财物监管机制

1. 建立"刑事诉讼涉案财物智能监管平台"

涉案财物智能监管系统属于浙江省一体化办案系统进行二次升级开发的主要内容之一，着重解决刑事诉讼涉案财物数据在一体化系统内流转不畅、缺乏监管等难题。湖州市公安局紧紧围绕数字化改革的主题，利用数字化技术实现数据融通共享，通过在政法一体化系统开发集实时统计、预警提醒、问题监督、处置管理于一体的涉案财物智能监管系统，对在一体化执法办案

---

① 数据来源于湖州市公安局工作中一手资料整理。

平台中流转的涉案财物数据进行专题分析，生成每个涉案财物的全生命周期数据，形成相应的实时数据分析表、趋势分析图，该图表展示管理和处置节点，形成监管闭环。全面实现涉案财物"一体化"管理，打通涉案财物智能化监督管理的"最后一公里"。

目前平台主要功能如下：（1）按省市县三级，按权限展示刑事涉案财物的分布图、财物总量、在库数、处置数；（2）对在库财物进行精细化管理，以图文的形式展示公检法各单位在库财物数量，在库财物种类以及在库财物来源统计；（3）对公检法机关"应移未移"、有判决超 15 天无处置意见、临时出库超期未归还、有处置意见超 3 个月无处置结果等问题进行点对点预警，发送到办案干警钉钉端和 pc 端展现，并将数据以图表的形式展现在公检法各家业务系统；（4）对一体化涉案财物的协同率排名、涉案财物处置方式、各单位涉案财物处置率进行实时展示；（5）生成各单位涉案财物实时数据分析表、趋势分析图，该图表展示管理和处置节点。

2. 建立联动监督机制

（1）在案件办理过程中开展刑事涉案财物联动监督，构建事实查明机制。依托侦查监督与协作配合办公室、"三长"联席会议等交流机制，定期开展交流会商，公安机关与检察院、法院交流涉案财物管理处置进展，就涉案财物权属性质等存疑的案件开展会商，主动接受检、法对于涉案财物处置进程等方面的监督与指导，并确定了以下处置刑事涉案财物的原则。

一是查明案件事实与物归原主相结合的原则。刑事案件从侦查机关移送法院审理往往需要一段时间。在此期间，公安机关往往以静态方式处理涉案财物，如对涉案财物进行查封、扣押、冻结等。在案件移送法院审理后即在案件审理期间，任何人也不得以与案件审理无关的原因处置涉案财物。实际上，法院在开庭前就已经对案件进行了初步的审查工作，筛查出重点审理事项，进而可对涉案财物的归属作出初步的判断。尽管在法院审判阶段可能会有人对相关财物提出权利要求，但这种情形不会对涉案财物的静态化处理产生影响。不论案外人是否拥有相应的财产权利，一旦刑事案件事实明了，一半的审判就已经完成了，案件承办人初步判断涉案财物的分配情况也有了足够的事实证据。如果发现或明确有关财物可以不受法院及检察机关管理控制时，法院应该主动采取行动，快速对相关财物解除管理，尽快物归原主。在处置刑事涉案财物的原则中，查明案件事实与物归原主相结合的原则应当居于首位，这也是保护财物权益的价值取向。

二是保护善意第三人利益原则。善意第三人与刑事案件没有直接关系，但他们通过善意的方式获得了部分涉案财物利益，他们对涉案财物的利益是合法的。在经济交易频繁的社会中，善意第三人在刑事案件中出现的频率逐渐增高。保护善意第三人利益原则应与上文物归原主原则相区分，物归原主是因为该财物所有权隶属原主，因此该财物理应归还原主，与案件事实或后期的执行程序无关。而善意第三人的利益则与刑事案件的最终处理有关。但办案机关在实践中往往忽视第三人利益，直接对涉案财物进行处置，此种做法在理论界和实务界颇受争议。保护善意第三人利益原则的确定意味着办案机关在处置涉案财物过程中承担更多的审查任务，例如，如何让第三人提出对涉案财物的权利要求，如何确定第三人财产权是否合法（是否具有"善意"）等。这一原则在当今经济发展活跃的社会背景下应得到更多的重视，打击犯罪与保护善意权利并存是刑事审判的职责，这一原则应当贯穿刑事诉讼全过程。

三是判后财与物的有效管理原则。这一原则针对的是刑事案件中不能变卖且必须在审判机关的控制下的实物财产，也包括部分可能需要以变卖、拍卖等方式进行转化，但尚未确定是否转化的实体财产，如汽车、有经济价值的生产生活工具等，因为这些财物一旦进入审判程序，原则上应由法院进行控制和管理。这就要求法院直接管理这部分财物，然而现实情况下，绝大多数物品没有妥善的管理措施，更不用说保值的方法。对于作为案件证据的实物，且不说保管工作的严谨与科学，大多数法院已有妥善保管的意识。在技术上，法律工作者们一直在探索更持久、更保真的智能化、科学化的管理方法。因此，对那些可能需要转化为金钱的物品需要形成一套完整系统的管理方法，避免造成涉案财物灭失、价值减损的情况发生。

（2）在涉案财物管理处置工作中联动监督。涉案财物涉及返还当事人，或者依法变卖、拍卖、销毁或者上缴国库的，依法及时作出决定或者裁判，并按照有关程序处理，确保涉案财物保值，保障公民、法人和其他组织的合法权益。公安机关、人民检察院、人民法院在涉案财物管理处置工作中相互监督，主动接受党委政法委和财政部门的监督，并依照各自职责加强对涉案财物管理中心保管工作的监督。

（3）在涉案财物智能监管平台上联动监督。浙江省涉案财物智能监管平台于2022年12月上线运行后，湖州市本级已对66424件刑事诉讼涉案财物完成全生命周期监管，发出预警603条，发现问题5493条，对在库涉案财物单位的分布、财物来源、仓库容量、财物协同率、处置意见作出率均进行了统计，统计结果同步报送至同级政法委、公安机关、检察院、法院。同时公安机关移交检察院、法院的涉案财物权属人查明率从80%升至99%，公安机关、检察院对涉案财物的处置意见作出率达到100%，有力地保障了司法单位对涉案财物监督处置的效率。①

（4）构建公安内部联动监督机制。首先是明确监管主体，当前的涉案财物管理模式是在各种特殊背景下形成的，近年来，随着六大执法要素、法制员、案管室、案管中心、执法管理委员会等执法管理体系建设的逐渐成熟和完善，各级公安机关在涉案财务管理工作中面临着机构重叠、职责不清、权责不配等管理问题的困扰。因此，我们应当将涉案财务管理工作的重点由软硬件建设转变为常态化执法管理，涉案财物管理工作领导小组的职能应纳入制度化的执法管理委员会；办案单位的三级执法监督机制也由"办案民警—内勤—教导员"调整为"办案民警—法制员—所领导"，以发挥各部门在职能和岗位上的最大优势，最大限度提高工作效率，实现权责对等、清晰、最优，在涉案财物管理监督方面创建更加规范高效的新机制。

其次是理顺监管流程，法制部门将涉案财物管理纳入执法规范化建设考核和执法质量评估，将执法监督与执法活动融为一体，在涉案财物管理方面添加法制员考核模块并落实相关业务培训，把传统的事后抽样监督转变为智

---

① 数据来源于湖州市公安局工作中一手资料整理。

能全程监督。法制员把涉案财物管理质量纳入执法办案积分制管理，将办案民警每月绩效考核与涉案财物管理质量挂钩，完善民警办案质量考评档案，执法考评结果将成为民警综合考核的重要依据。所领导负责本单位涉案财物的日常管理、指导、协调和长效机制建设。

3. 压实各方责任体系

（1）组建市级试点专班。湖州市委政法委联合市公安局、市检察院、市法院、市财政局、市司法局等部门组建市级涉案财物处置工作专班，专班由湖州市委政法委主要负责人担任，其他联席单位分管负责人为专班成员。专班负责统筹推进湖州市的涉案财物处置工作。

（2）将涉案财物工作纳入八个多跨制度重点工作。市八个跨部门跨领域制度阶段性成果发布会暨刑事诉讼涉案财物集中清理专项行动启动仪式在湖州市局召开，会议通过了《关于刑事诉讼涉案特殊财物预先处置管理办法》。市委政法委对此项目高度重视，将项目内容列入2023年市县政法委八个多跨制度重点工作任务清单，由政法委牵头统筹推进。

（3）主动对接市财政部门达成共识。因上缴国库的涉案财物处置工作需要得到市财政局的支持和指导，迭代升级的涉案财物社会化处置平台的拍卖工作也需要财政局进行审批。2023年试点布建工作会议后，湖州市局先后多次至市财政局进行对接会商，讲解《浙江省刑事诉讼涉案财物取证管理处置工作指引》相关规定，市财政局也充分支持，主动联系省财政厅、温州市财政局，借鉴温州涉案财物处置的财政审批办法，并在具体操作上提出了工作建议。

（4）联合下发相关文件。为落实相关部门责任，保障推进全市涉案财物处置工作，湖州市公安局草拟《湖州市刑事诉讼涉案财物社会化处置操作办法》《湖州市刑事诉讼涉案财物销毁处置工作规定》《湖州市刑事诉讼涉案财物网络拍卖工作指引》三个文件，并由市委政法委牵头，召集法院、检察院、财政等部门负责人会商，听取意见并联合下文实施。

（5）制订监督管理考核办法。为规范湖州市刑事诉讼涉案财物跨部门统一管理工作，有效化解刑事涉案财物在实践办案中"进多出少"的困境，根据《中华人民共和国刑事诉讼法》《最高人民法院关于刑事裁判涉财产部分执行的若干规定》《公安机关涉案财物管理若干规定》《人民检察院刑事诉讼涉案财物管理规定》《浙江省刑事诉讼涉案财物跨部门管理和处置工作机制建设的指导意见》及《浙江省刑事诉讼涉案财物取证管理处置工作指引》等有关规定，结合湖州市工作实际，制订《湖州市刑事诉讼涉案财物监督管理考核办法》。办法的考核内容有以下五个方面。①涉案财物网上管理协同率不低于100%。公安机关涉案财物网上管理协同率的分母为全年公安移诉案件中移送物品清单的涉案财物件数（剔除现金、不动产等不宜在跨部门涉案财物保管中心保管的物品），分子为公安通过跨部门涉案财物中心流转至检察院的涉案财物件数。检察院涉案财物网上管理协同率的分母为全年检察院提起公诉案件中保管在跨部门涉案财物管理中心的涉案财物件数（剔除作出不起诉决定案件的财物），分子为检察院通过跨部门涉案财物管理中心移送法院的涉案财物件数。②涉案财物处置意见作出协同率本年度不低于60%。公安涉案财物处置意见作出协同率的分母为全年侦查阶段决定撤销案件或者终止侦查的以及应当及时对查封、扣押、冻结的财物件数，分子为全年侦查阶段决定撤销案件或者终止侦查的，应当及时对查封、扣押、冻结的财物作出处置意见的件数。检察院涉案财物处置意见作出协同率的分母为全年检察院作出不起诉决定案件中涉案财物件数，分子为作出不起诉决定10日内通过一体化开展处置意见协同的涉案财物件数。法院涉案财物处置意见作出协同率的分母为全年法院生效判决中涉案财物的件数（剔除检察院未通过一体化平台移送的涉案财物件数），分子为判决生效后10日内通过一体化作出处置意见协同的涉案财物件数。③涉案财物处置意见执行协同率本年度不低于60%。公安涉案财物处置意见执行协同率的分母为全年侦查阶段决定撤销案件或者终止侦查的，应当及时对查封、扣押、冻结的财物作出处置意见件数，分子为全年侦查阶段决定撤销案件或者终止侦查的，应当及时对查封、扣押、冻结的财物作出执行处置件数。检察院涉案财物处置意见执行协同率的分母为全年检察院作出不起诉决定10日内通过一体化开展处置意见协同的涉案财物件数，分子为检察院通过跨部门涉案财物中心流转至检察院的随案作出处置意见出库涉案财物件数。法院涉案财物处置意见执行协同率的分母为判决生效后 10 日内通过一体化开展处置执行协同的涉案财物，分子为判决生效后 10 日内通过一体化作出处置意见协同的涉案财物件数。④公、检、法在涉案财物共管中心调用物品超期未归还的予以扣分。⑤公、检、法针对涉案财物智能监管大屏推送的监督问题整改率本年度不得低于 50%。考核结果的运用为：政法委考核小组于每年 12 月中下旬开展考核评价，统计各政法部门考核得分，对刑事涉案财物监督管理考核分进行折算纳入平安考核应用。

（5）细化压实各方责任。考核办法制订后，湖州市进一步规范各方责任明细。一是确定公安机关责任明细。首先，开展涉案财物的调查取证工作。查封、扣押、冻结、提取、调取或接收涉案财物后，在规定时间内及时移交涉案财物管理中心。其次，在案件移送审查起诉时，随案对涉案财物逐件（类/批）提出处理建议并移送。决定撤销案件或者终止侦查的，依法及时对查封、扣押、冻结的财物作出处理。对符合条件的涉案财物按照规定先行进行销毁或者拍卖变卖。对人民检察院不予接收或退回的随案移送财物，需要补充证据的，在补充证据后再移送。理由不明确或者有争议的，待案件作出不起诉决定或生效判决后再行处理。配合检察院做好不起诉案件中随案移送的涉案财物的处置工作。人民检察院起诉时未随案移送、作出不起诉决定时未明确处置意见的涉案财物，及时向人民检察院征求意见。再次，对判决时遗漏的涉案财物，及时向人民法院提出建议。及法律规定的其他职责。二是确定检察机关责任明细。案件移送审查起诉后，人民检察院应当客观全面地审查随案移送的全部涉案财物及相关证据情况，并在起诉至人民法院时，随案对涉案财物逐件（类/批）提出处理建议。对不能认定为与犯罪有关的涉案财物，应当在提起公诉后三十日内作出处置决定。对移交物品清单中的财物全部或部分不予接收或退回的，书面说明不予接收或退回的理由。决定不起诉的案件，应当对随案移送的涉案财物作出明确的处置意见并负责处置工作。人民检察院起诉时未随案移送、作出不起诉决定时未明确处置意见的涉案财物，公安机关征求意见的，应在十日内作出处置决定并书面回复公安机关。依照有关规定对人民法院、公安机关的涉案财物管理处置工作进行法律监督。发现违法行为的，应当依法提出纠正意见、发出纠正违法通知书。及法律规定的其他职责。三是确定人民法院责任明细。人民法院受理人民检察院提起公诉的案件时，应当对涉案财物的有关情况进行审查。经审查发现侦查、审查起诉阶段存在查封、扣押、冻结涉案财物情形，但人民检察院在起诉时没有移送有关涉案财物权属、性质、来源等方面证据的，应发函要求人民检察院补充移送证据并对涉案财物提出相应的处理建议。人民法院对于随案移送的涉案财物，应当作出明确具体的裁判。公安机关、人民检察院在侦查和起诉阶段，依法对涉案财物先期作出处置的，人民法院应当在裁判文书中予以说明。对于部分涉案财物来源、性质、用途、权属及价值经法庭调查无法查清的，人民法院可根据已查明的情况作出判决。对于仍无法查清的部分，人民法院认为有必要的，也可以建议人民检察院补充侦查，经补充侦查后仍无法查清的，人民法院应当根据已查明的情况依法作出判决，由查封、扣押、冻结机关根据人民法院判决依法处理。人民法院对移交物品清单中的财物全部或部分不予接收或退回的，承办法官应当书面说明不予接收或退回的理由，交由移送机关附卷备查。对判决时遗漏的涉案财物，人民法院应当根据公安机关、人民检察院的建议视情况作出补充裁定。判决、裁定生效后，及时将裁判文书及处置意见通过涉案财物管理信息平台送达相关部门和涉案财物管理中心。四是确定财政部门责任明细。牵头制订刑事诉讼罚没财物处理和上缴国库的制度规范，省财政厅指导全省财政系统涉案财物管理、处置和信息化应用工作。财政部门根据生效的裁判文书或者决定，负责审核由政法部门保管需上缴国库的涉案财物变（拍）卖等处理意见。对应缴入国库的罚没资金及涉案财物变价款进行监缴入库。

（三）完善涉案财物处置机制

1. 创新"一键式"网络法拍

2021年9月，湖州公安法制支队经过前期充分的调研评估，对涉案财物网拍可以参照的法律依据以及涉案财物网拍处置的范围进行研究，并根据

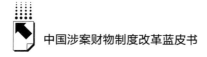
《浙江省高级人民法院等四部门关于印发〈浙江省刑事诉讼涉案财物跨部门管理和处置工作机制建设的指导意见〉的通知》和《公安机关涉案财物管理若干规定》（公通字〔2015〕21号）等文件的要求，确立长兴县作为试点单位开展网络拍卖试点工作。长兴县公安局制订关于涉案财物先行处置、判后处置、罚没处置的《长兴县公安局涉案财物处置工作方案》，从处置原则、处置范围、处置程序启动、处置流程、辅拍服务、资金结算六个方面对涉案财物处置工作作出了具体要求，保障有序推进涉案财物处置。湖州市公安局创新打破内外网交互壁垒，由第三方拍卖平台入驻，在执法办案平台"一键"发起第三方评估后再进行拍卖，通过公安网络法拍系统的建设，将原本需要耗费财政资金进行销毁的涉案财物以及因存放多年导致价值大幅缩水的涉案财物通过网络拍卖的方式转成了一笔笔的现金流存入财政专户中，有力保障了当事人合法权益。截至2023年底，湖州市公安局已进行数十次上拍，处置物品550余件，成交率95%，成交价值600余万元，溢价率140%，取得了良好的社会效果。①

跨部门涉案财物管理处置应用由"一端一屏一中台"三大子场景组成，"一端"，即涉案财物处置平台前端，采用灵活的轻量化部署，为非常态化参与处置的单位，提供了注册账号即可登录使用预制功能，各单位可个性化处理相关处置业务，有效破解了系统对接难、建设成本高、安全性能低的问题。"一屏"，即涉案财物智能监管大屏。通过对海量财物数据的全域化归集，建成监管驾驶舱，全量呈现实时在库数据，动态展示分阶段处置流程，智能实现监测分析预警。行政区域热力图和涉案财物分布图清晰展示在库财物情况；财物协同和监管模块显示公检法各阶段管理协同、预警执行、问题整改等情况；财物处置模块显示公检法对涉案财物处置意见的作出及处置意见的执行情况。"一中台"，即涉案财物处置能力中台，具备任务分发、业务流处、业务处理、系统接驳、数据归集、结果反馈六大能力，实现财物入库、处置发起、财物评估、处置审核、处置邀约、处置反馈等工作全流程数

---

① 数据来源于湖州市公安局工作中一手资料整理。

字化。一键发起处置任务，一网流转处置指令，专业机构一站式服务，实现足不出户即可完成财物处置工作。同时，中台引入商用密码体系，对数据安全筑起双层保护，同步实现解耦封装，可将处置服务拓展至行政执法领域。

2023年3月2日，浙江省公安厅法制总队在长兴召开涉案财物社会化处置试点布建工作会议。2023年5月，长兴县成功建立涉案财物处置平台（一端一屏一中台的端和中台）。该平台由浙江省公安厅、湖州市公安局、温州市公安局联合杭州威灿科技有限公司共同研发，搭建在政务外网，和执法办案二期平台联通（下步将和浙江省政法一体化平台联通），平台下设检察院、法院、拍卖辅助机构、变卖机构、参与处置行政机关、审核机关6个端口，有效解决了处置流程不明晰、处置平台不完善、处置主体不明确等问题。一是简化网络法拍处置程序。原网络法拍平台中公安角色系统进行法拍需要操作的程序为：通过执法办案系统对涉案财物进行估价申请，得到估价信息后再进行拍卖申请。此次迭代简化处置程序，只需通过执法办案系统对涉案财物进行拍卖发起推送即可。二是调整优化涉案财物拍卖模块内外网交互功能。原网络法拍平台存在估价信息在执法办案系统里查询不完善，估价信息存在无法展示，系统推送估价、拍卖信息给第三方估价、拍卖公司存在延迟或无法推送等情况，此次迭代进行了完善。三是完善涉案财物多跨协同处置场景应用。参与处置行政机关（公安局及其他行政机关）、检察院、法院负责对待拍卖、变卖涉案财物、处置机构进行动态监管；拍卖辅助机构、变卖机构负责联系有资质的机构对待拍卖、变卖的涉案财物制订处置参考价并拟定拍卖方案上传平台；审核机关（财政局）负责对处置参考价和拍卖方案进行审核，审核通过即上拍阿里拍卖平台。通过各方主体的一体化参与，实现刑事诉讼涉案财物处置信息互通与高效协同。

2.建立权利保障机制

在刑事涉案财物处置中增加听证会，为涉案财物处置争议提供法律救济渠道。听证会起源于英国自然法中的自然正义原则，包含排除偏私规则和公平听证规则两个方面内容，分别为"任何人都不得作为自己案件中的法官（nemo judex in parte sua）"；"任何人在行使权力时应听取对方意见，未被

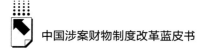
听取之词不得对其裁判（audi alteram partem）"①。案件审查的时候进行公开听证是促进司法公正的公开途径之一。例如检察机关在司法审查的时候就会引入公开听证程序，包括对批捕的审查、不起诉决定的作出、申诉案件的作出等工作中都有听证的运用，相当于在检察阶段建立一种类似于"控诉、辩护、审判"相结合的法院审判结构。而在刑事案件中，如果案外人对被执行没收的涉案赃物所有权归属有异议的时候，也可以类推适用听证，召开执行异议公开听证。

公开是实现公正的重要形式。最高人民法院在《关于司法公开的六项规定》的"听证公开"部分中规定："听证公开的范围、方式、程序等参照庭审公开的有关规定。"根据具体案件的社会影响、案件的复杂程度或者涉案人员的多少在举行涉案财物执行公开听证时确定听证参与人。听证委员会的成员一般由审理人员组成，除此之外，旁听监督人员还可以邀请人大代表、政协委员、纪检监察人员、社区代表到场，从而实现听证程序的公开，达到社会监督的效果。此外，依照有关规定举行公开听证的，还应当向社会发布听证公告。例如，规定案件原因、当事人姓名、听证时间、地点应当在听证前三天通过媒体、公告等形式向社会公布。②

（1）明确听证适用范围

明确涉案财物执行公开听证适用的范围，应遵循以下标准：一是在听证程序结束后作出的处分案件所涉财物的决定应该是这一阶段诉讼的结束，案件当事人一般无法再继续其诉讼活动。二是有必要启动对某类涉案财物的听证程序，通过听证程序实现司法公正。三是对涉案财物的处理决定，对当事人有不利影响，可能有潜在的不公平，从而通过听证会来提高决定的公正性。

（2）明确听证适用程序

首先是听证启动，建立涉案财物处置听证权利告知制度，并提供听证救

---

① 〔英〕沃克：《牛津法律大辞典》，李双元等译，法律出版社，2003，第787页。
② 参见倪寿明《司法公开问题研究》，博士学位论文，中国政法大学，2011，第95页。

济渠道，建议在当事人的听证申请被驳回后，给予当事人复议复核的权利，从而加强当事人申请听证的法律效力。其次是建立听证会前会议制度，对案件的了解、对证据的审查、对主要争议点的把握都属于听证员的听证准备工作。为了给听证员提供充足的时间和客观的准备环境，建议在听证开始前建立基于法院听证模式的听证会前会议制度。然后是合理确定主持人人选，关键是要确保主持人的独立性和专业性，保证其不受其他人的意志影响。最后是改造听证辩论程序，使之朝着诉讼化方向发展，参照法庭审理的有关规定，完善听证参与人之间的沟通程序，赋予双方当事人陈述案情和向听证员提供证据的权利。听证员还可以向当事人提出问题，然后双方可以就重点问题进行自由辩论。

（3）明确听证旁听制度

可以参考庭审制度，引入审查刑事案件涉案财物听证会旁听制度，从而让普通公民也可以参与公开听证，普通群众只要持有有效身份证件，经允许后可以参加旁听。此外，还有必要明确公开听证公告的方式。将听证案件的名称、时间和地点通过微博官方号、抖音官方号、微信官方号以及官方网站进行听证公告，以便公民及时了解公开听证信息，安排时间参加旁听。

三　湖州涉案财物管理和处置面临的困境

当前刑事涉案财物监管处置在观念和制度上相对滞后，导致司法实践中产生诸多问题，其中最为突出主要是四个方面。

（一）新型涉案财物处置存在痛点

以涉案虚拟货币为例，世界范围内虚拟货币犯罪的预防面临着严峻的挑战。随着信息网络技术的飞速发展，比特币等虚拟货币越来越为人们所知，其隐蔽性和去中心化的特点使虚拟货币成为洗钱、恐怖融资和非法集资的有力工具之一。

比如在国内首例"Plus Token"平台特大传销案中，江苏警方抓获的犯罪嫌疑人利用比特币等虚拟货币交易平台组织领导传销，涉案金额逾 400 亿元。同时，虚拟货币的盗窃案件也经常发生。例如，2018 年日本虚拟货币交易所 Coincheck 虚拟货币案件共被盗 5.3 亿美元，韩国虚拟货币平台 Bithumb 比特币案件共被盗 350 亿韩元，美国虚拟货币交易所被盗 119000 枚比特币，造成 36 亿美元损失。①

涉案虚拟货币具有巨大的经济价值，如何处理虚拟货币关系到各方切实利益。虚拟货币具有一定的经济价值，可以以对价的形式通过货币进行转移和交易，产生可量化的货币经济效益。同时，它也代表了持有人在现实生活中实际享有的相应财产。因此，既有使用价值又有交换价值的虚拟货币具有财产的经济性或价值性，必须合理合法处置。各种虚拟货币交易活动在海外交易所仍然很流行，比如我们所熟知的比特币，在海外交易网站上，一枚比特币的价格可能高达 2 万美元，价格走势与股票一样波动起伏和动态变化。

1. 刑事涉案新型虚拟货币处置的依据不足

对涉案虚拟货币的处置问题，我国现行法律还没有作出专门规定，且在涉案虚拟货币管理实践中，全国各地也缺乏具有代表性的实践经验可供借鉴，从而导致在办理程序上经常存在冲突和矛盾，这既不利于办案机关办案效率的提高，也不利于被害人的权利保护和救济。

在涉案虚拟货币处置程序方面，主要存在以下问题：一是缺乏详细的规定和系统的司法处置体系。纵观我国几部有关虚拟货币的法律文件，都从宏观层面回答了虚拟货币的现实问题，并形成了逐步加强监管直至关闭虚拟货币交易的趋势。然而，案件涉及的虚拟货币的处理态度和方式并没有明确界定，有关部门也没有随后发布文件明确虚拟货币涉及的司法问题，未能给基层部门提供准确有效的处置方法。如果办案机关在未经法律明确授权的情况下处理涉案物品，它可能形成一种双重标准，即官方处理交易是合理和合法的，而其他组织机构处理交易就违法甚至犯罪了。二是缺乏关于刑事诉讼程序的规定。我国《刑事诉讼法》对扣押和查封作了一般规定。《公安机关办

① 参见兰立宏《论虚拟货币的犯罪风险及其防控策略》，《南方金融》2018 年第 10 期。

理刑事案件程序规定》从程序上完善了侦查活动的扣押措施，确保了扣押的公正性和公平性。但是，现有的标准化程序更符合传统的实物财物扣押工作，而对涉及虚拟货币的扣押工作没有具体的法律规定。因此，确有必要对这种特殊财物作出特别解释。在实践中，由于管理不善和责任心薄弱，出现了财产损失和暗箱操作等现象，还有媒体报道警方扣押了贵重物品之后丢失的情况不计其数。由于虚拟货币的特殊性，对虚拟货币扣押可能会继续扩大这一问题，更难事后追查。通过建立合法、合理的扣押程序指导侦查人员在法律规范的框架内行事，避免不当扣押引起的各种问题。

以湖州市蓟某侵犯公民个人信息案为例，犯罪嫌疑人蓟某于 2022 年 6 月至 2022 年 7 月在百度贴吧了解到快递面单信息买卖并加入其中，后蓟某在上家指使下，前往本市吴兴区织里镇寻找电商厂家，并以应聘入职为由加入工作，后蓟某趁公司内无人发现的时机，在公司电脑上打开上家发送给其的链接，下载安装"拼多多打印驱动 .exe"程序，帮助上家获取快递订单上的公民个人信息用于非法买卖。该起案件看似一起简单的传统案件，但是犯罪嫌疑人蓟某的违法所得系与上家通过虚拟币结算，至蓟某被抓获归案时，查获其虚拟币交易平台账号内尚有违法所得 269.87 美元，折合人民币约 1175 元。虽然仅一千余元人民币，但涉及新型虚拟货币的处置，没有相应的处置依据参照，给办案单位带来了一定的困难。①

2. 刑事涉案虚拟货币处置的监管不力

此外，公权力机关在处置此类涉案虚拟货币时有相对较大的自由裁量权，且涉案虚拟货币的处置也往往不如现实世界财产的处置具有可追溯性，相应的监督制约机制也比较薄弱，容易出现公民财产权保护不足的局面。目前，针对涉案虚拟货币的主要做法是说服犯罪嫌疑人认罪认罚，配合警方，委托第三方出售涉案虚拟货币，售出的款项退赔或上缴国库。目前，如何监督第三方的处置是一个关键问题，对所涉虚拟货币处置缺乏监督可能会导致一系列不良连锁反应。一是货币交易去向不明。第三方机构处置虚拟货币的

---

① 案件来源于湖州市公安局工作中一手资料整理。

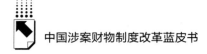

做法是先从侦查机关处购买虚拟货币然后转移到自己的账户，之后再重新处理。然而，在对涉案货币进行二次处置时，第三方机构是保密进行的，在这个过程中，涉案货币的最终流向就不为人知了。值得关注的是，第三方机构是否会因监管不力而进行炒币等非法金融活动。二是交易款项来源不明。因为第三方机构处置过程非透明，其对涉案货币变现所得的资金不能保证与其他犯罪活动的赃款无关。一旦上述所得资金与犯罪相关，其他侦查机关就有可能会冻结该账户，从而引起很多额外的纠纷。三是可能诱使权力滥用或权力腐败。比如，第三方机构贿赂个人让其能够成功当选主要处置单位，以及个人与第三方机构联合炒币牟取不当利润，等等。

（二）日常流转监管存在盲点

除刑事案件涉案财物外，行政案件涉案财物以及非涉案财物（主要包括随身物品）日常流转监管存在盲点。此前我市公检法机关对刑事诉讼涉案财物采取实物移送、分别管理的模式，保管主体分散，流转不畅导致积压严重。而在刑事诉讼涉案财物流转环节中，由于流转过程都要经历登记、造册、录入等程序，但该过程可能会因为登记不清、核对不严、监管缺失等原因，导致财物存在损坏、灭失等风险。

1. 涉案财物"拥挤"

涉案财物以及非涉案财物严重积压，呈现一种"拥挤"的状态。在日常流转中，涉案财物主要是难以转移和归还的"肠梗阻"问题导致严重积压。《刑事诉讼法》第 245 条规定的涉案财物随案移送的规定在实践中的具体操作并不如理想中那样尽如人意，"案结物清"只是理论中的状态，实践中还远远做不到。比如机动车，由于不完善的储存空间和设施，停车容量接近饱和，在较长的审判期下，尚未作出最终判决，出案难导致积压。

2. 涉案财物"亚健康"

涉案财产难以保值增值，造成"亚健康"状态。涉案物品登记不全、账目不全、腐败滋生等问题日益突出，究其原因主要是由于行政机关和公安司法机关、第三方保管机构之间的保管等标准不尽相同、保管地点标准也不统一、重复转移等原因。此外，由于刑事侦查的保密性和对涉案财物的重视程度较低，法律监督发现违法问题时往往情况已经十分突出。

涉案财物的转移至少应保持涉案财产的原状或价值，但在实践中，涉案财物更多地被侦查机关作为证据用来追究犯罪嫌疑人的刑事责任，没有得到足够的关注。作为案件涉案财物处置方式的保管和移交行为，往往会导致财产贬损、毁坏灭失等不适当的保管问题，从而导致涉案财物的管理效率低下。

（三）多头协同移交存在堵点

公检法三部门间选择性移送、接受和拒绝移送以及拒绝接收涉案物品等问题并存，主要是由于未能就刑事案件涉案财物处理形成统一的规范性文件，涉案财物是否需要移送的标准也不统一。《刑事诉讼法》虽然规定了涉案财物要随案移送，但未具体规定随案移送的程序和不应当移送的财物范围，导致实践操作无法可依。同时，由于"谁决定、谁处置"的原则在实践中执行不严，针对部分涉案财物，个别检察、司法部门没有在结案法律文书中给出具体处理意见，导致有些财物得不到有效处置而积压严重。

1. 立法粗疏

由于相关法律制度供给存在不足，在涉案物品的处置过程中，有关财物的范围、标准和处置措施的规定仍不能满足司法实践的需要。在《刑法》《刑事诉讼法》《反有组织犯罪法》及相关司法解释中都有零散的关于涉案财物处置的法律规定，但系统性差，立法存在模糊地带，涉案财物概念不明确，认定标准也不清晰。

其一，法律渊源繁杂。根据统计，在《刑法》和《刑事诉讼法》的基础上，我国现行的400多部有关刑事涉案财物的法律法规、司法解释、部门规章、地方性法规和规范性文件中一半以上是有效的，但是也存在法律来源多、条文零散笼统、效果层次混乱等问题，致使实务部门在处置涉案财物时不知道选择适用何种法律。与此同时，民事立法和刑事立法之间的衔接并不

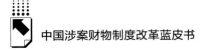

顺畅。近年来，刑法与民法在涉案财物处理中的交叉问题日益突出。然而，由于民事立法与刑事立法间缺乏协调，在实践中处理同一性质的问题却出现了完全不同的混乱现象。比如根据《刑事诉讼法》和司法解释相关规定，经过追缴或者责令退赔后，被害人的损失仍然不能完全得到赔偿的，可以另行提起民事诉讼。但是，法律没有具体规定，如何理解和适用这一条件，哪些类型的案件允许另行起诉，以及刑事判决对民事判决的约束力和影响力有多大。最终在司法实践中，拒绝起诉、拒绝受理、作出判决等司法裁判结果均存在。

其二，法律概念未厘定。厘清刑事涉案财物的相关概念至关重要。"概念乃是解决法律问题所必需的和必不可少的工具。没有限定严格的专门概念，我们便不能清楚和理性地思考法律问题。"[1]但是，目前刑事涉案物品没有明确的法律定义，理论界和实务界对涉案物品是否包括犯罪工具、证据物品和保全物品也没有统一的认识。由于一些办案机关对涉案财物的概念及其种类的不一致理解，只关注犯罪所用的物和证明犯罪的证据物，没有及时扣押、冻结、查封用于保证财产刑执行的保全物品。由于《刑法》第64条的规定过于笼统和原则，学术界关于没收、追缴和责令退赔的法律性质一直争议不断，司法实践中对于追缴和责令退赔的正确适用存在困难。

其三，认定标准不明。由于缺乏对涉案财物的认定标准，侦查机关难以判断扣押的合理范围，实践中存在不加区分地全部扣押、"一扣到底"的现象。针对个别法院通过增加罚款和没收的数额以达到惩罚犯罪目的的做法，学者们都对法院这种做法进行了批评，他们认为此举扩大了剥夺涉案财产的范围。在对作案工具的认定上，存在着"综合性标准""关联性标准""直接特殊性标准"和"对等性标准"等裁判规则，很难保证判决的一致性和个别案件的公正性。

---

[1] 〔美〕E. 博登海默：《法理学——法律哲学与法律方法》，邓正来译，中国政法大学出版社，2017，第503页。

2. 处置意见不明确

实践中，经常出现在裁判文书中，法院未对涉案财物进行处置或案件判决不清，或者在不起诉决定书中，检察机关未对涉案财物的处置作出明确意见的情况。例如，在"湖州市操某某开设赌场案"中，湖州市某区人民法院的判决书中便遗漏处理公安机关在侦查过程中查获的涉案手机一部。[①] 如果公安机关和检察机关对涉案财物的处理未提出意见，也是处置意见不明确。对于任何犯罪的涉案财物的处理，根据审判集中主义和涉案财物程序公正的要求，公安机关在提出起诉意见时都应当提出相应的处理意见，检察机关在起诉时也应当提出相应的处理意见。在司法实践中，存在着公安机关和检察机关对某些犯罪案件的涉案物品没有提出处理意见，以致审判机关在判决文书中，以增加没收罚款或没收财产的处罚，取代追缴或责令退赔的做法。《刑事财产执行规定》第 6 条规定，对刑事判决中与财产有关的部分判决内容，应当具体明确，既可以直接说明，也可以概述、附列详细清单。然而，在司法实践中，关于财产部分在裁判文书中的表述并不规范，对执行财产刑和追缴非法所得产生了一定影响。具体表现为以下几个方面。（1）判项不明确。由于无法确定非法获得的赃款赃物的数额，或每个受害者所遭受的损失的数额，或者由于法律适用的争议无法确定每个被告人应承担的退赔责任，为避免在处理涉案财物时出现错误，在不影响犯罪事实认定和量刑的情况下，法官只能无奈选择"违法所得一律追缴""继续追缴被告人违法所得""责令被告人退赔被害人经济损失"等笼统表述，以致在执行的时候依据不足。在判决、裁定中对归还被害人合法财产上，法院的表述也不严谨。在实践中，判决书对于返还涉案财物上通常只说明返还受害者的财物，而没有提及返还的金额、物品的名称和类型以及受害者的姓名等，更加不会提及应该怎么发还。例如，湖州市南浔区人民法院（2023）浙 0503 刑初 449 号田某盗窃案刑事判决书，判决主文第二项"责令被告人田某退赔违法所得给各被害人"。此外，如果涉案财物没有记录在案或难以归还，法院在审判

---

① 参见（2021）浙 0502 刑初 291 号。

阶段的判决也就不提及归还涉案财物的相关内容了。即使后来发现了财物，因为处理没有依据，也没办法采取相应的强制措施了。在实践中，执行返还程序时无法依据上述这些不规范的判决文书，不可避免地会对有关财物合法所有人的权益产生影响。（2）判项表述混乱。部分裁决文书被批评未能区分非法所得的原物是否还存在，并混乱使用用语，如责令退赔和追缴等。（3）遗漏裁判、错误表述。司法机关没有处理部分被扣押的财物，没有表示要继续追缴或者责令被告退款，处理的财物或者犯罪数额不正确，致使上诉、抗诉、再审或者被害人另行提起民事诉讼。其中，是否支持受害人另行起诉法院的态度也是模棱两可。（4）关于共同犯罪中各被告人违法所得数额的退赔、追缴责任，理论界和实务部门存在"独立说""连带说"和"两分说"等不同意见，导致裁判文书中采用了一般性、共同性和独立性的表述，有些案件在二审改判因为采用了"独立说"。（5）对涉案财物的裁判不说理。处置涉案财物的理由问题没有得到足够的重视，而且很少有裁判文书解释确定和处置涉案财物的理由。

（四）法定权利保障存在难点

1. 无主物无人认领

虽然法律规定涉案财物在作出收缴、没收等法律处理意见后可通过发还、销毁、拍卖、变卖等手段进行实物处置，但实际执法办案中，部分在库涉案财物因价值显著轻微或为无主财物导致无人认领未能发还。

与"有主物"相对应，无主物具体是指没有所有人或所有人不明的物，不属于任何民事主体所有。[1] 大多数学者研究后认为，无主物的法律概念的起源可以追溯到古罗马，内拉蒂最早对无主物的归属理念进行了阐释"最先在海滩盖房者，该建筑物归其所有"。[2]

---

[1] 参见张诗彧《无主物的权利归属与限度思考》，硕士学位论文，北京外国语大学，2023，第9页。

[2] 参见徐国栋《罗马法中的无主物制度与中国民法典中无主物概念的丢失寻回》，《社会科学辑刊》2020年第6期。

在无主不动产和无主动产的划分上，我国不动产采用登记设立主义，所有权比较明确，而对于不动产，则根据先占主义原则归属于国家所有。国家作为特殊权利人，有其积极的意义。为了维护国家的整体权益，国家控制和利用不动产等特定资源，保护公共资源不受私人行为的损害。例如，土地这种高价值的不动产类型的经济供应是稀缺的。采取先占自由主义可能会在实践中引发土地所有权纠纷，从而阻碍生产力的发展。土地作为国家主权的象征和重要载体，其归属权是不容置疑的。

在现行法律体系中，没有适用于无主动产的具体规定。理论界对于无主动产的基本概念、属性特征和具体分类的认定也尚未形成统一的认识。此外，在目前的司法实践中，个案标准也是不一致的。针对司法机关涉及的无主物，主要为动产无主物，因没有相应法律依据，在无人认领的情况下，长期堆积在司法机关保管场所。以湖州市公安局某基层派出所为例，该派出所2023年10月盘库共有涉案物品65件，其中无主物就有20件，占比近1/3，且最早的无主物甚至是2017年的黄金项链，因价值较高无法处置。[1]

2. 危废物品处置难

与一般固体废物相比，危险废物作为国家重点监管的污染对象，具有易燃性、腐蚀性、感染性、反应性、忽视性和有毒性等危险特性，不恰当的处置会对环境和人类健康造成威胁。工业危险废物、医疗废物和其他社会来源的危险废物等都属于危险废物，危险废物的重要来源包括在能源提取、运输和生产过程中产生的废酸、碱和油等物质。

部分危废物品需要具有专业资质的单位才能处置，但该类公司处置量已经饱和，无法满足办案单位及时处置需求，造成该类涉案财物长期积压。比如湖州市李某某、张某某等二十余人销售有毒有害食品案，法院判决扣押在案的含有西地那非的片剂予以没收销毁，扣押在案的作案工具，予以没收，由扣押机关处理；其余物品，由公安机关依法处理。[2] 由于含有西地那非的

---

[1] 数据来源于湖州市公安局工作中一手资料整理。
[2] 参见湖州市吴兴区人民法院刑事判决书，（2021）浙0502刑初35号。

片剂属于危废，需要由专业资质的公司处置，湖州市内该类公司不多，经办案单位多方联系，危废处置公司本就处置量已饱和，且处置费用高昂，以致上述物品积压至今无法合理处置。

3. 高价值物品流拍多

部分价值较高的涉案财物流拍概率高，既不能拍卖、变卖，又无法销毁处理，导致无法及时处置。部分财物因长期积压导致价值大量贬损，如车辆、电子设备等，损害了当事人的合法权益，也影响了司法部门的公信力。比如湖州郑某诈骗案，法院判决公安机关扣押在案的作案工具华为手机五部、白色电脑主机一台等予以没收（由扣押机关处理）。[①] 对于上述电子设备，公安机关将其保管于第三方保管机构，由于精力和经费有限，平时没有对上述物品的维修保养，如果案件时间跨度久，在处置涉案电子设备时，流拍概率增高，往往只能按照废品价格进行出售。

四 湖州涉案财物管理与处置机制的完善建议

（一）拓宽涉案财物一体化保管范围

1. 建立行政案件涉案财物保管机制

行政案件涉案财物往往在流转环节容易发生挪用、毁损、违法使用等问题，作为证据使用的行政案件涉案财物如作案工具，一旦被毁损、挪用将直接影响案件的处理。根据《公安机关办理行政案件程序规定》的规定，公安机关按照法定职责应当妥善保存和管理涉案财物。在前期湖州刑事涉案财物集中保管制度的基础上，根据行政涉案财物的特点，建立行政案件涉案财物的保管和流转工作机制。办案民警在涉及扣押、鉴定等必需的办案程序以外，均不直接接触行政涉案物品。

行政案件的办案周期相较于刑事案件要短很多，故行政案件涉案财物保

---

① 参见湖州市吴兴区人民法院刑事判决书，（2021）浙 0502 刑初 716 号。

管周期一般都比较短，流动性较大，但整体数量远远大于刑事案件涉案财物。考虑到这些因素，后期湖州将在涉案财物保管中心专门开辟行政案件涉案财物区域，并增设行政案件涉案财物有关事项办理窗口。扣押后，如果不是需要当场发还的财物，办案民警要严格按照规定的时限和要求，将涉案财物移送至本单位物管室，由专门管理人员进行登记保存，记录案件编号、物品编号，并赋予专门的识别条码。涉案财物管理中心工作人员每日统一到各所队收取涉案财物，并运送至各地分中心统一进行管理。如果期间民警需要鉴定，则需要由民警和鉴定部门携带聘请鉴定有关文书，至保管中心专门窗口领取涉案财物。如果案件办结，涉案财物需要发还，则由办案部门开具发还清单，财物所有人凭清单至保管中心专门窗口领取，确认无误后在清单上签字，再由保管中心工作人员上门收取财物时将发还清单带回。

此外，打通一体化智能监管平台数据端口，将行政案件涉案财物数据引入智能监管平台，实现两个平台之间数据互通。通过系统对行政涉案财物的存储、流转等进行实时追踪，生成行政案件涉案财物的全生命周期数据，实现闭环。

2. 建立非涉案财物保管机制

非涉案财物（嫌疑人随身物品）按照"权责清晰、物随人走、管理规范、全程留痕"的要求，围绕存放、寄递、调用、流转、取件等重要环节科学设定并规范工作流程。

首先，在非涉案财物的存放方面，建立分类分级保管仓，根据办案过程中当事人留置、羁押场所变化，在基层所队、县级公安机关集中办案中心、看守所以及第三方托管单位等分别建立前置保管柜（仓）、集中保管仓、调配保管仓等分类分级保管体系。一是在基层所队或办案中心设置前置保管柜（仓），用于移送看守所羁押前，临时存放当事人非涉案物品。硬件选型尽量利用公安机关现有的保管柜，或视基层所队需求，视情由第三方公司后续投放具体保管柜。二是在市、县看守所或县级公安机关办案中心设置保管仓，根据看守所关押量并考虑一定的余量设置保管仓大小。三是在第三方托管单位设置调配保管仓，对部分移送监狱服刑的当事人的随身物品，统一送

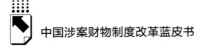

调配保管仓进行保管，如果家属需要领取物品，则凭办案单位凭证，至调配保管仓领取。

其次，在非涉案财物保管方面，建立分工明确、服务有力的全链条财物保管团队，包括窗口驻场工作人员、热线话务服务人员、调配运输人员和项目管理人员。窗口驻场工作人员在设置集中保管仓的看守所或办案中心派驻驻场工作人员，承担日常窗口服务、物品调取等工作任务。热线话务服务人员利用第三方现有监控调度中心设置24小时话务服务席。调配运输人员团队可以同第三方涉案财物服务团队合并，共同提供物品流转服务，减轻办案人员工作负担。项目管理人员为加强内控管理和全市项目协调，处理调用、设备检修等异常工作任务，设置项目管理人员。

最后，在非涉案财物配套服务方面，建立"人工+智能"服务管理体系。一是由第三方保管公司设置统一的24小时服务热线，满足办案单位、当事人及亲友咨询、预约等需求。二是建设一个智能保管箱管理系统，满足存放、寄递、调用、流转、取件等重要环节的功能配套，后期实物平台的库房管理软件可提供数据共享。三是根据实际需要建立非涉案物品查询手机小程序并在公安微信公众号等端口提供接口，进一步优化服务并为公安微信号引流，实现线上预约取件、财物保管信息查询等。

3. 建立涉案财物全量智控平台

在刑事涉案财物智能监管平台的基础上，研发财物全量智控平台。平台主要包括：一个中心，即涉案财物全量智控中心驾驶舱；两端应用，即PC端、设备端（设备端主要针对非涉案财物）；三大平台，即刑事、行政、非涉案财物监管处置平台；四维监管，一维是指基础数据在平台进行汇聚，二维是指基础数据经系统自动分析后会以统计图表展示，三维是指数字孪生智仓，四维是指在后台数据基础上建立涉案财物生态评估体系，并由系统自动进行评估。

从平台数据上看，目前刑事涉案财物基础数据已经全面接入系统，行政涉案财物数据也主要来源于执法办案系统，包括行政案件基本信息，《行政处罚决定书》作出的裁决信息，行政案件移送信息，行政涉案财物基本信息，行政涉案财物入库、出库、借调、归还、处置信息。非涉案财物来源于办案区暂存嫌疑人随身财物、非办案区嫌疑人暂存的随身财物。其中，办案区暂存财物已在执法办案系统录入，需要获取嫌疑人进入、离开办案区的信息，以及财物暂存和领回的信息。

在监管系统中，通过赋分管理、赋色管理、考核排名智慧赋能全量财物监管处置。计分规则如下，各基层派出所队执法生态指数总分10分，其中根据三类财物的数量、案件数等情况进行配比，湖州地区的配比按照刑事涉案财物占比50%、行政涉案财物占比30%、非涉案财物占比10%，上级对涉案财物督察督办情况占比10%，来进行配置。根据各基层派出所队对三类涉案财物的管理处置规范程度分别进行赋分（10分×三类涉案财物相对应的配比+上级督察督办情况得分），市局/区县/所队三大维度，一键生成研判分析报告。月度/季度/年度报告一键生成，周期比对分析发现问题。

其中，刑事涉案财物的赋分指标包括涉案财物及时入库率、及时处置率等数据，湖州特色考核数据比率（如涉案财物协同率、监管闭环率、保证金返还率等）。行政涉案财物的赋分指标包括重点指标（涉案财物及时入库率、及时处置率、扣押及时延长率等）、自定义指标（如无主涉案财物及时处置率等）。非涉案财物的赋分指标包括随身财物入库准确率、随身财物返还率。

（二）进一步完善涉案财物监管机制

1.改进涉案财物监督管理格局

进一步明确涉案财物处置分工，创新构建监督、管理、保管三责分离的新格局，由第三方机构做好保管的主责主业，政法委牵头、公检法以及保管机构派员共建的专班负责管理，由涉案财物监管系统进行监督。

一是要加强政企协作，实现管理与保管无缝衔接，实现办案单位"零财物"，将公检法从保管涉案财物的工作中解脱出来。创新开拓涉案财物管理政企合作格局、推动保管体制创新变革，实现办案单位"零财物"。一是刑事涉案财物清零。以换押式处理、一键式移交方式，引入第三方安邦公司参与，采取"流单不流物"与建立物证保管链相结合的原则进行建设，实现集约化、规范化管理。二是行政涉案财物清零。规范公安机关在办理行政案件过程中与案件有关涉案财物交由第三方协助管理与处置工作，对涉案财物信息进行实时、全程录入和管理，并与执法办案信息系统、涉案财物管理中心（安邦）系统关联。三是非涉案财物清零。对办案过程中羁押人员随身物品引入第三方规范管理机制，通过规范一套工作流程，配置一套仓储系统，申请一门服务热线，组建一个专业团队的方式，有效解决非涉案财物面临的移动不顺畅、管理不规范、服务不到位、监督不覆盖的难题。

二是要迭代对涉案财物监管系统，真正实现由机器管人，提高监督的精准性，实现涉案财物的监督闭环。在刑事涉案财物管理的基础上，将行政涉案财物、随身物品等全量纳入监管以外，对涉案物品处置监管的闭环要进行迭代升级。一旦对财物的处置作出，系统会立即做出反应，向处置主体单位和案件主办人推送处置信息，要求在一定时限内将物品处置完毕。如果未在要求的时间内处置完毕，则由系统推送进行预警。对长期未处置的财物，则由系统向处置单位、处置单位的上级部门和处置单位同级政法部门进行预警。

2. 实现部门合力

实现涉案财物管理处置合力，需要政法委、公安机关、检察院、法院等多部门共同参与，及时转变管理理念，贯彻执行对涉案财物统一管理的制度规范，还需要创新领导和协调机制，保证该项工作的顺利开展。首先，要明确公安机关、检察机关和法院之间权力分工、互相配合、互相制约的观念。推行涉案财物共管制度要避免"三个和尚没水喝"的"三不管"问题，也要避免出现"三家共管变成一家独管"的局面，这就需要明权确责，明确各阶段公检法三机关具体职责和权力。建立对违法查封、扣押、冻结的责任追究配套制度，完善监督检查机制。综合利用相互监督、检察监督、上下级监督三道"防火墙"，形成立体化、分层次的涉案财物监督管理机制。[1] 如

---

[1] 参见尤莉、刘洪桥《常熟涉案财物共管推动执法规范化》，《江苏法治报》2023年4月12日，第1版。

依托公检法内部监督体系，以加强办案部门与保管部门的相互监督制约、纪检和审计部门的联合检查、细化落实内控监管措施等方式进行监督，有效防止确有错误的涉案财物处置进入下一个司法环节。

其次，在实践操作中建立联席会商机制。公检法三机关应当建立联席例会制度，组织各单位警务保障、行装、案管、监察、督察、法制、公诉、刑事审判庭等部门对涉案财物管理过程中面临的困难进行会商，提出解决办法，以会议纪要方式不断改进涉案财物共管机制。

再次，探索完善社会力量辅助或者委托社会保管涉案财物管理的机制。涉案财物管理中心的主要职能是保管财物服务诉讼，因此一方面需要考虑确保管的科学性和专业性，另一方面也需要考虑确保财物的保值、增值，提高产权保护的质量水平。因此，公检法三机关应当会同财政、物价、银行等部门，探索建立引入社会第三方对涉案财物进行管理的机制，在不涉及证据保管的安全性和涉密性的基础上，对大型器械、房产、批量货物等涉案财物进行价值评估，交给社会第三方管理，并加强监督。

最后，加强信息化建设，改进衔接机制。涉案财物的安全和效率是管理创新的底线和目标，公检法涉案财物共管制度要实现安全高效的作用，需要加强信息化建设，完善衔接机制。一是实现公检法三方系统和监督平台的互通。涉案财物管理信息系统平台要尽力对接现有办案管理系统，各单位按照统一操作规程跨部门进行涉案财物信息采集录入，实现一次进口、共享管理。同时，充分利用二维码、物联网、环境调节、数字成像及存储等现代科技，对保管中心进行数字化、智能化改造，实现涉案财物管理在新旧系统中的数字对接，实现监督信息流转。二是实现财物管理和信息公示的顺利衔接。新时期人民群众对于司法正义的需求不仅要求实体的正义，更加关注程序的正义，更加强调以看得见的方式感受公平正义。建立跨部门的涉案财物统一管理信息平台，应注重以规范促水平、以公开促公正、以透明保廉洁，促进涉案财物管理规范化建设。例如，从涉案财物共管信息平台中导出的涉案财物处置情况信息，可以通过对接公检法三机关各自的互联网公开平台，对辖区内涉案财物处置情况定期进行公示，建立信息公开机制，提升司法程序透明度。

（三）打造涉案财物处置"生态圈"

1. 明确检法涉案财物处置分工

一是加强对检察院不起诉决定和法院裁判生效后涉案财物的处置。首先，司法程序终结并已明确了涉案财物处置。人民检察院最终作出不起诉决定或者人民法院作出生效判决、裁定后，未随案移交的涉案财物由办案单位按照人民检察院的不起诉决定书或者人民法院的判决书、裁定书进行相关处置，并在处置后及时向人民检察院、人民法院送交执行回单。其次，司法程序终结但未明确涉案财物处置。人民检察院、人民法院在结案时未对暂存公安机关的涉案财物作出决定、判决或者裁定的，根据公安部在"涉案财物管理有关法律适用问题解答"中的答复，"公安机关应当提请有关部门依法作出处置意见或者报请党委政法委协调予以妥善解决"。但对容易腐烂变质以及其他不易保管的涉案财物，公安机关可按照 2020 年《公安机关办理刑事案件程序规定》第 236 条有关规定，根据具体情况，"经县级以上公安机关负责人批准，在拍照或者录像后，委托有关部门变卖、拍卖"。在实践中，对于这种情况，办案单位可以在经过法制部门审批并且取得公安机关负责人的批准之后，以公安机关的名义书面函商人民检察院、人民法院，要求相关部门出具书面的处理意见。若检察院、法院对于公安机关的函不予答复或者予以推脱的，办案单位也可以按照以上程序出具书面的请示汇报意见，以公安机关的名义报同级党委政法委予以协调解决。①

二是加大人民法院涉案财物处置力度。法律规定由公安机关处置的特殊物品以外的其他物品应该由法院来处置，当前，还是存在积压的刑事涉案财物未得到处置，与法院的不执行和委托执行有很大的关系。对此，各级法院应该积极承担处置主体责任，严格按照法律法规履行涉案财物处置职责。要求人民法院对所有到诉案件所涉财物进行法律上的处置。在对涉案财物集中

---

① 江佳佳：《刑事诉讼涉案财物管理的改革模式与路径选择》，《地方立法研究》2023 年第 3 期。

管理的前提下，审判阶段涉案财物的占有权以及处置权已由检察机关转移至审判机关，在此过程中，人民法院成为涉案财物的处置主体，涉案财物的处置执行应当且只能由人民法院进行。同时，因人民法院本身就自有一套成熟的财物处置机构及办法，因此，加大人民法院对涉案财物的处置力度，不仅能够提高涉案财物处置的效率，而且能够确保处置工作的合法性和科学性。

2. 创新涉案财物处置方式

充分考虑执法、托管、辅拍、销毁等财物处置全产业单位的协同需求，在全量智控系统中建设涉案财物集中处置平台，通过数据的监测分析来加强处置过程监管，通过线上协同简化处置过程，从而在安全前提下，实现财物处置整体上的降本增效。

针对实际操作中涉案财物处置的不同情形，扩大合作单位范围，对每一种涉案财物的处置都形成相应的流程，明确各自在涉案财物管理处置全链工作中的职责。

一是无主物的公示方面。一方面是拓宽无主物公示渠道，增加同本地有影响力的媒体签订合作备忘录。虽然前期和一些全国性媒体和省级媒体签订了合作合同，但就本地影响力来说，一些当地媒体更加具有天然优势。因此，在当地选择一批具有影响力的本地媒体合作，能够保证信息更加精准投送。如湖州长兴试点时就同长兴的官媒进行合作，建立无主物公示渠道并先期公布一批无主物信息，取得了良好的效果。另一方面是增加无主物公示方式。随着智能手机的普及，目前的公示渠道主要还是通过微信公众号发布等方式。但是在考虑到无主物公示处理的受众群体是全社会，部分老年人对微信、网页等使用并不多，还是更多倾向于使用电视、报纸等传统媒体。因此，在目前的公示方式上，登报、电视广播、张贴公告等传统方式也不能完全抛弃，确保公示信息投放的广度。

二是无主物的处置方面。如果是能够寻找到所有人的无主物，但所有人由于路途遥远等原因不便于上门认领的，可以与邮政等物流公司合作，由涉案财物管理中心代为寄出，财物返还时间为邮戳寄出时间。如果是确实无人认领的物品，且具有一定使用价值的，如服装、文具、玩具等，还可以与红十字会等慈善机构形成合作，将物品进行捐赠，最大程度发挥物品的作用，避免浪费。

三是危废物品处理方面。一方面可以考虑在同第三方保管机构的委托合作时，增加受托承担协助销毁、变卖、返还等处置辅助性工作任务事项，另一方面可以寻求一些新的危废处理单位，增加有资质的合作单位等。此外，还需要与公证机构合作，对捐赠、销毁等程序进行公证，保障程序的合法性。

3. 探索新型涉案财物处置方式

当前法律法规对容易毁损、价值易于贬损的特定刑事涉案财物明确规定可以于判决前通过拍卖、变卖等方式予以提前处置。但"六部委"联合发布的《关于实施刑事诉讼法若干问题的规定》将适用先行处置的涉案财物的范围限定于"债券、股票、基金份额"和"汇票、本票、支票"，并未对虚拟货币等虚拟财产的处分等进行规定。随着社会的不断发展，类似比特币等虚拟财物作为涉案财物是大势所趋，甚至游戏角色、游戏装备等也有可能被作为涉案财物。未来，应当明确认定虚拟货币等虚拟财产可作为不宜长期保存的物品予以先行处置，从法律层面给予其先行处置的可能性。[①]

该类涉案财物处置可以分类来看，一类是比特币等虚拟货币，虽然这类虚拟财物市价变化大、价格不可预见性强、存在较大贬值可能性，且在国内对该类虚拟货币均出台政策，限制虚拟货币的交易，禁止经营虚拟货币，虚拟货币的涨跌均由持有者自担风险。在这样的背景下，比特币等虚拟财产原则上不宜由办案机关先行处置。但是如果该虚拟财产的权利人提出主张，提出主张的理由充分，经外部司法授权或紧急情况下内部审查决定后，可以由办案机关先行将虚拟货币进行变现处理。不然应当以该类物的原存在形态，返还被害人或其他权利人。该类财产的变现，目前有三种方式。第一种是由执法机关处理变现，但执法机关对虚拟货币市场了解有限，交易流程也并不

---

① 参见韩红兴、王然《论刑事涉案虚拟货币处置程序的构建》，《犯罪研究》2023 年第 3 期。

熟悉，并不一定能妥善处理。且由于政策限制等原因，执法机关"知法犯法"并不合适。第二种是寻求"专业中间商代理"，但是国内并没有专业的虚拟货币处理中间商，需要到境外进行委托，变现后可能受制于结汇审核等问题，目前来看也是不太适合。第三种则是在境内寻求委托代理人，由该委托代理人委托境外专业机构进行处置。未来如果国内政策有所调整，则可由有资质的专业机构对虚拟货币市价趋势预估后出具报告，以为办案机关的先行处置决策提供参考。[①]

另一类则是游戏角色、游戏装备等虚拟物品，该类物品是否可以作为虚拟涉案财物予以扣押还有待商榷。但本文认为，该类物品在特定市场内具有价值，能够通过货币对其价值进行衡量，应当可以作为涉案财物予以扣押。且该类物品与虚拟货币相比，价值相对稳定，处置流程相对简单。因此，在处置过程中可以聘请专业价格评估单位，在官方给出的价格建议的基础上，结合虚拟财产的市场价值和玩家在购买相关网络道具时消耗的金钱，确定合理的物品价格区间。同时，联系服务商，通过官方平台对该虚拟物品进行变现处置。

---

① 参见田力男《刑事涉案虚拟财产强制处分论》，《中国法学》2023 年第 5 期。

B.5
温州市刑事诉讼涉案财物处置
改革的探索与完善

陈情富　金　竖　王子翔　厉以倩　李华晨*

摘　要： 温州市作为浙江省刑事诉讼涉案财物处置改革试点地区，积极探索刑事诉讼涉案财物处置工作现代化建设。在建立跨部门涉案财物管理中心的基础上，创新刑事诉讼涉案财物社会化处置模式，打造刑事诉讼涉案财物数字化处置平台，通过重塑机制再造刑事诉讼涉案财物处置流程，取得一系列显著成效。但在改革进程中，仍存在事权单位对处置未完全形成合力、处置范围渠道需进一步拓展、数字化处置手段需迭代、监督救济途径不健全等堵点。对此，要进一步完善制度体系建设、迭代数字化处置平台、拓宽处置路径、强化监管力度，实现涉案财物处置规范化、智能化、高效化、透明化。

关键词： 涉案财物　涉案财物处置改革　社会化处置　数字化处置平台

一　引言

规范、及时、准确地处置刑事诉讼涉案财物，对于有效惩治违法犯罪，

---

* 陈情富，温州市公安局法制支队副支队长，主要研究领域为公安法治建设；金竖，温州市公安局法制支队三大队副大队长，主要研究领域为数字法治建设；王子翔，温州市公安局法制支队民警，主要研究领域为刑法学、刑事诉讼法学；厉以倩，温州市公安局法制支队一大队副大队长，主要研究领域为涉案财物管理；李华晨，中国人民公安大学法学院博士研究生，主要研究领域为刑事诉讼法学。

保证刑事诉讼顺利进行，保护被害人、第三人合法权益和国家利益，维护司法公正具有重要意义。但在司法实践中，刑事诉讼涉案财物长期存在着"进得多、进得快""待得久""出得少、出得慢"等现状，处置难、处置不及时成为司法领域难以解决的顽瘴痼疾。近年来，随着执法司法体制改革的不断推进，全国各地司法机关高度重视刑事诉讼涉案财物的有效处置工作，进行了卓有成效的探索和实践，形成了一批可借鉴的经验和做法。在"数字浙江"建设指引下，浙江省始终把刑事诉讼涉案财物处置工作放在政法工作现代化建设的重要位置，早在2018年，浙江省高级人民法院、浙江省人民检察院、浙江省公安厅、浙江省财政厅等四部门就联合印发《浙江省刑事诉讼涉案财物跨部门管理和处置工作机制建设的指导意见》，明确提出"2019年底前，全面实现刑事诉讼涉案财物'一体化'管理、'换押式'移交、'规范化'处置的新型管理和处置工作机制"，首次为涉案财物移送和处置建立了规范机制。2021年，浙江省进一步总结提升政法队伍教育整顿活动成果，将涉案财物处置工作作为全省迫切需要解决的八个跨领域跨部门的顽瘴痼疾之一，由省委政法委、省高级人民法院、省人民检察院、省公安厅、省财政厅等五部门联合出台《浙江省刑事诉讼涉案财物取证管理处置工作指引》，对刑事诉讼涉案财物的取证、保管、流转、处置等各环节作出了详尽的规定，并要求各地公安机关、人民检察院、人民法院可以会同财政部门，通过向社会购买服务并以公开竞争方式选择确定涉案财物专门处置机构，推进涉案财物集约化、专业化处置。同年，上述五部门专门下发了通知，将刑事诉讼涉案财物保管基础较好、信息化水平较高的温州列为全省刑事诉讼涉案财物处置改革的试点地区。

根据部署，温州市聚焦刑事诉讼涉案财物管理处置中的堵点、难点、痛点，由市委政法委牵头，市公安局主抓，创新"重大改革+重大应用"举措，以数字化改革牵引，引入社会化处置模式，全面规范处置流程，初步形成了涉案财物"一地"保管、"一体"流转、"一键"处置、"一站"监督的涉案财物处置新模式，极大地减轻了基层干警工作负担。自改革以来，涉案财物处置及时率提升71%，平均处置时长缩短50%，财物保管空间节省 60% 以上，有价值财物处置溢价率达 87%。本文将从温州市刑事诉讼涉案财物处置改革实践探索出发，介绍具体的实践创新方式，并提出相应的完善建议，旨在为其他地区解决刑事诉讼涉案财物处置难题提供借鉴参考。

二 温州市刑事诉讼涉案财物处置改革的实践创新

（一）专业参与：创新刑事诉讼涉案财物社会化处置模式

刑事诉讼涉案财物根据不同的诉讼阶段、财物的种类、特征及价值属性，存在不同的处置方式，法律层面上并无明确的规定，学术界对此也有不同的观点，有学者将涉案财物的处置流程分为"法律处置"和"事实处置"，前者指由司法机关作出的关于涉案财物具体处置方式的法律裁定，后者为执行法律裁定，将法律裁定结果落到实处的具体操作活动。[①] 笔者认为，这种处置方式的分类较为合理，也容易理解。具体司法实践，虽然在刑事诉讼过程中，存在有权机关对涉案财物未逐一依法作出终局处置决定的问题，但根本原因是事实处置路径未打通，造成财物处置的"肠梗阻"，导致法律处置未能得到有效落实。温州市正是从这一问题切入，着力破解事实处置中的困境。

1. 社会化处置模式的提出

对刑事诉讼涉案财物的有效处置，特别是涉案财物的保值增值，是一项复杂、繁重的工作，需要懂得方方面面的职业知识和技能，这是司法机关及其工作人员无法胜任的。事实上，从笔者实地调研情况来看，公安、检察、法院的办案人员对涉案财物普遍存在不敢处置、不愿处置、不会处置的现

---

① 参见高源《刑事涉案财物先行返还程序论析》，《湖南科技大学学报（社会科学版）》2020年第3期。

象。目前从全国范围来看，对涉案财物的事实处置主要有公安机关自行组织处置①、公安机关与其他部门协作处置②、多部门联合集中处置③、委托社会机构协助处置④等模式。基于此，温州在充分吸收借鉴各地做法的基础上，结合前期已开展成熟的涉案财物委托第三方保管的保管模式，创设性地提出了社会化处置模式，即公安机关、人民检察院、人民法院通过向社会购买服务的方式，委托社会机构开展涉案财物的拍卖、销毁等处置。该模式的核心要义主要有三个方面：一是由政府出资统一向社会购买处置服务，改变处置费用落实难的问题；二是由专门的社会机构负责处置，专门的社会机构根据公安机关、检察院、法院的法律处置决定及具体指令开展处置，公安机关、检察院、法院不参与具体的处置事务；三是社会机构对涉案财物的处置处于委托单位的全程监督之下，任何不合法、不合规及违反公平公正的处置行为将被及时发现和制止。同时，为避免处置范围过大、处置方式混乱、操作失控等问题，根据涉案财物价值属性和具体处置方式，明确了社会化处置的具体情形："（一）无价值的涉案财物，委托社会机构代为销毁。（二）有价值的涉案财物，委托社会机构代为拍卖、变卖。（三）决定返还当事人的涉案财物，由公安机关、人民检察院、人民法院分别出具文书或材料，各自负责返还或是委托工作。（四）需移交行政执法机关或专管机关处置的涉案财物，由公安机关、人民检察院、人民法院自行联系开展处置。（五）难以处置的特殊涉案财物，由工作专班牵头，开展处置工作。"⑤ 该模式系公安、

① 参见《江西省公安机关集中销毁非法枪爆物品》，中国新闻网，https：//bai jiahao.baidu.com/s？id=1777735058041139422&wfr=spider&for=pc，最后访问时间：2023年9月22日。
② 参见李玉华、焦娜《中国刑事涉案财物处置改革报告》，载李玉华主编《中国刑事涉案财物制度改革发展报告 No.2（2021）》，社会科学文献出版社，2021，第13~15页。
③ 参见李玉华、焦娜《中国刑事涉案财物处置改革报告》，载李玉华主编《中国刑事涉案财物制度改革发展报告 No.2（2021）》，社会科学文献出版社，2021，第13~15页。
④ 参见许国辉、陈仲怡、曾盼《厦门市刑事涉案财物先行处置的探索与研究》，载李玉华主编《中国刑事涉案财物制度改革发展报告 No.2（2021）》，社会科学文献出版社，2021，第168页。
⑤ 温州市委政法委、温州市中级人民法院、温州市人民检察院、温州市公安局、温州市财政局《温州市刑事诉讼涉案财物社会化处置操作办案（试行）》（温公通〔2022〕54号）第6条。

检察、法院、财政系统及政法委达成的共识，从实践运行情况来看，目前暂未发现问题。

2. 社会化处置模式的比较优势

相比各地不同的处置模式，社会化处置主要存在以下特点。

（1）处置专业化，最大限度实现财物保值增值。涉案财物的价值属性是司法裁判的一项重要指标，如何最大化地实现财物保值增值，是处置过程中需要解决的重要课题。温州市对涉案财物的管理和处置均紧紧围绕这一课题，分环节予以实现。首先，全市的刑事涉案财物均统一委托给浙江温州安邦护卫有限公司进行保管，该公司是一家具有武装安全服务资质的大型企业，具有金融武装押运、金融外包服务、贵重物品押运保管等经验，在市公安局的指导下，具有专业的场所、专业的设施、专业的管理人员、专业的管理制度等对保全刑事诉讼涉案财物价值有着客观优势，对涉案财物实行"普通财物高于专业仓储，贵重财物适用银行金库，特殊财物适用行业规范"保管标准，确保财物入库出库一个样，交还权利人不变样，大大降低了刑事诉讼涉案财物贬损、毁坏的风险。如对涉案车辆适用4S店保养标准，采用"五看"保管法，为实现处置价值最大化打下坚实基础。其次，引入社会化处置后，由专门的处置机构负责处置，可以对涉案财物的价值作出专业的判断，降低了随意处置、降价处置等风险，例如针对无价值财物的销毁，传统的处置方式往往采用最直接、最粗暴的焚烧方式进行，既不利于环保，又增加了处置成本，而交由专门处置机构处置，其可以根据财物的属性及处置成本，灵活地采取资源回收、掩埋等方式，节约了处置费用；再如，在财物拍卖时，专门的社会化机构采用市场询价的方式，可以使财物不至于贱卖。截至2023年底，温州全市已拍卖涉案财物15249件，涉及资金275万元，拍卖溢价率达87%，通过资源回收获取资金38万元。

（2）处置中立化，最大限度确保司法公正。在我国当前司法体制下，刑事诉讼中对物采取强制性措施尚未建立司法审查制度，侦查机关自我决定、自我执行，这种对物处分的决定权和执行权可能产生侵犯当事人财产权的情况。在刑事诉讼过程中，司法机关既对涉案财物作出法律处置，又承担后续的事实处置工作，本质上既是裁判员又是运动员，存在着廉洁风险及司法不公的可能，容易使刑事诉讼当事人质疑。而引入社会化处置模式之后，将涉案财物交给专业的社会化处置机构，由第三方根据市场规则进行处置，能够有效避免上述问题的发生，特别是对有价值财物的处置，绝大部分均是通过网络拍卖的方式开展，社会化处置机构通过评估或网络比价确定的起拍价及拍卖规则，均需要委托方审核通过后才能开展，并由委托方进行全程监督。为了保障监督的专业性，确保拍卖行为的公平公正，温州又创设性地增加了财政部门的监督，由财政部门专门人员对拍卖的每件财物，在委托方审核的基础上，再次进行审核，起拍价及拍卖规则经审核确认无误后方能上拍，财物拍卖建立的双重审核机制，能够起到相互制约、相互监督的作用，充分发挥 1+1>2 的效应。截至 2023 年底，全市拍卖的 15249 件涉案财物，当事人无一质疑，司法部门的社会公信力得到保障。

（3）处置及时化，最大限度减少保管压力。社会化处置模式下，促使受委托的社会处置机构为提高工作效率，更加迅速便捷地开展处置工作，派员入驻涉案财物保管场所是最佳选择，特别是对涉案财物的网络拍卖中，网络拍卖服务方需完成对标的物的拍摄、勘验、鉴定、检验、评估等程序，并做好接受咨询、引领看样、封存样品、手续交割等工作，人员入驻涉案财物保管场所后，可以在接到委托方的处置指令后，与涉案财物保管场所实现信息的无缝对接，就近开展相关准备工作，可以随时上拍，无须等到财物累积到一定数量才匆忙进行，涉案财物得到及时有效消化。比如在销毁处置中，受委托方原则上每半个月要组织一次销毁处置活动，但对不立即销毁可能会对公共安全造成影响或损害公共利益的、委托方明确要求立即销毁的或具有其他应当立即销毁情形的涉案财物应该立即组织销毁。涉案财物及时处置，能够最大限度减少涉案财物积压爆仓的可能，极大地减轻了保管压力。从温州实际来看，自 2019 年涉案财物实施集中统一委托第三方保管来，保管财物的场所面积平均每年增加 1200 平方米，在 2022 年引入社会化处置模式后，保管面积减少约 800 平方米，涉案财物在库保管率下降46%。

3. 社会化处置的实施路径

社会化处置需要解决由谁处置、怎样处置、如何委托等根本性问题。据了解，目前有权处置机关，除法院外，公安、检察并无专门部门及人员负责处置工作，法院虽然有执行庭（局）作为专门处置部门，但因大部分刑事诉讼涉案财物数量多、价值小，且执行庭（局）处置时均需经过立案，再走流程，程序烦琐，再加上执行庭（局）一般还负责民事诉讼等涉案财物的处置，案多人少，实际上对刑事诉讼涉案财物并未做到"能处均处、应处尽处"。因此导致多数情况下，公安机关仍是涉案财物处置的"主力军。"基于此现状，温州为精准找出最佳处置模式，组织了全市政法机关对2019年以来仍在库保管的923万余件历史遗留刑事涉案财物，先后开展了两次专项清理处置活动，紧紧围绕"哪些是应处置未处置""应由谁处置""应如何处置"等三个主要内容，有针对性地进行"把脉问诊"，逐件逐项摸清底数、落实清理。在总结清理活动经验的基础上，最终选择了符合实际的社会化处置模式。

（1）确定分阶段处置职责。公安部《公安机关涉案财物管理若干规定》第21条规定，"对于因自身材质原因易损毁、灭失、腐烂、变质而不宜长期保存的食品、药品及其原材料等物品，长期不使用容易导致机械性能下降、价值贬损的车辆、船舶等物品，市场价格波动大的债券、股票、基金份额等财产和有效期即将届满的汇票、本票、支票等，权利人明确的，经其本人书面同意或者申请，并经县级以上公安机关主要负责人批准，可以依法变卖、拍卖，所得款项存入本单位唯一合规账户；其中，对于冻结的债券、股票、基金份额等财产，有对应的银行账户的，应当将变现后的款项继续冻结在对应账户中"。《人民检察院刑事诉讼规则》第375条规定，"人民检察院决定不起诉的案件，需要没收违法所得的，经检察长批准，应当提出检察意见，移送有关主管机关处理"。《关于适用〈中华人民共和国刑事诉讼法〉的解释》第367条规定，"随案移送的或者人民法院查封、扣押的财物及其孳息，由第一审人民法院在判决生效后负责处理"。由此可见，在刑事诉讼过程中，侦查、起诉、审判机关，对涉案财物均有处置权，而且应当在对各自作出的法律处置的同时，作出事实上的处置行为。为此，温州坚持"财物随案走、责任随物走""谁裁决、谁处置"的这一基本处置原则，并对侦查、起诉、审判阶段的涉案财物处置职责予以进一步明确，"公检法应当在撤销案件决定书、终止侦查决定书、不起诉决定书、裁定书、判决书等结案法律文书逐项列明涉案财物的具体处置意见，开展社会化处置""在侦查阶段决定撤销或者终止侦查的案件，由公安机关作出具体处置意见并负责处置工作""检察院决定不起诉的案件，对不起诉人需要给予行政处罚、处分或者需要没收违法所得的，应提出检察建议，移送并督促有关主管机关处置""法院对接收后未退回的涉案财物，应当作出具体意见并负责处置工作"。①职责的明确，能够有效避免相互推诿、扯皮，为社会化处置模式的确立打下坚实的基础。

（2）确定社会化处置机构。"让专业的人干专业的事"是确定社会化处置模式的应有之义，也是首要选项。我们从常见的拍卖、销毁、变卖、返还、转为公用、移交行政机关处置等处置方式中，筛选出高频次的拍卖、销毁、返还等，有针对性地选择社会化机构开展委托处置。一是确定网络服务者。经过比选，对于需要拍卖的涉案财物，全市统一签约在全国具有较高知名度和社会参与度的"阿里拍卖"作为拍卖网络服务商，市、县两级公检法机关分别以各自单位的名义入驻"阿里拍卖"平台，目前，全市公检法机关均已在"阿里拍卖"开了店铺。二是确定网络拍卖辅助机构。涉案财物在进入网络拍卖环节前，需由相关人员开展对拍卖财物的鉴定、检验、评估，制作拍卖财物的文字说明及视频或者照片等资料，发布拍卖公告、竞买须知等相关准备工作，我们将这些烦琐的工作全部委托给具有专业资质的网络拍卖辅助机构，由其提供线下辅助服务，公安、检察、法院部门的办案人员只须作出具体处置决定，后续处置工作将由网络拍卖辅助机构及网络服务

---

① 温州市委政法委、温州市中级人民法院、温州市人民检察院、温州市公安局、温州市财政局《温州市刑事诉讼涉案财物社会化处置操作办案（试行）》（温公通〔2022〕54号）第4条、第16条、第21条、第26条。

商完成。通过公开竞标等方式，目前全市共有 12 家网络拍卖辅助机构。三是确定代销服务方。全市统一引入"代销服务方"，将涉案财物销毁业务全部委托浙江温州安邦护卫有限公司进行处置。浙江温州安邦护卫有限公司作为受托方，根据涉案财物的不同选择不同的销毁方式，并选择不同的专业机构从事销毁活动，其选择的专业机构经委托方审核同意并备案。目前，全市已有 4 家企业作为销毁受托方。此外，还将涉案财物的邮寄返还工作直接委托给涉案财物保管场所，由其直接与从事寄递的相关企业开展合作，实现当事人"一次都不用跑"。

（3）建立组织保障体系。涉案财物社会化处置是一个系统、复杂工程，需要各参与方的积极配合、相互协助。为确保社会化处置模式能够落地见效，一是专班统筹，温州市、县两级均由政法委牵头，成立各政法单位和财政等部门参与的领导小组和工作专班，由工作专班负责日常事务的推进，并按照工作内容组建了多个小组，形成专班统筹、分工负责、合力攻坚的格局；二是清单推进，梳理形成"任务清单、机制清单、责任清单"等 3 张清单，分解出 11 项工作任务，细化 33 项工作内容，分析点评突出问题，明确时间节点和任务安排，分阶段、有步骤地清单式、项目化推进工作开展。三是抓督导考核。搭建全市涉案财物专项考评体系，每月对各地工作推进情况进行排名赋分，并将成绩纳入"平安建设"考核。对工作进展情况进行定期通报，指问题、点后进、提措施，截至目前，以专班名义先后发布工作通报 20 余期，下发督办单 11 份，指出问题 98 个，同时，针对重点问题抽调全市公检法人员组建 12 个联合督导组定期开展实地督导，先后评查 960 余起案件中的涉案财物。

（二）数字赋能：打造刑事诉讼涉案财物数字化处置平台

浙江省于 2018 年搭建了政法一体化办案系统，全面实现了政法一体化单轨制办案模式，即通过跨部门互联互通和数据共享交换，最终以数字卷宗取代纸质实行单轨制办案，实现执法办案提质减负。在试点过程中，温州市立足于刑事诉讼全环节实现公安、检察、法院、司法全面衔接应用，刑事案件全程网上办理，打破了政法各部门信息独立、封闭壁垒，通过数据协同促使政法智能化融合产生质的提升。基于政法一体化单轨制的数字化理念我们探索打造一个集"管理、流转、处置、监督"于一体的涉案财物处置平台，推进数字化改革与涉案财物处置核心业务深度融合。

1. 平台建设思路

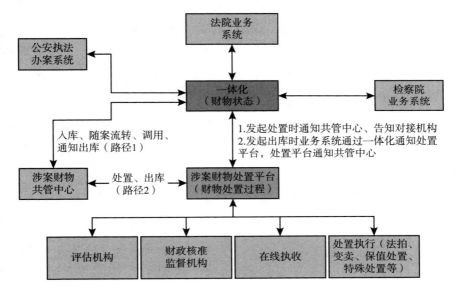

图 1　业务流程图

涉案财物处置平台部署在政务外网，平行于政法一体化办案系统，横向协同公安、检察、法院、财政、涉案财物共管中心、辅拍机构等 10 余部门，纵向贯通省、市、县、基层单位四级。公安机关、检察院、法院在刑事案件诉讼各阶段按照职责分工在本单位业务系统发起涉案财物处置指令，指令通过政法一体化协同系统推送至涉案财物处置平台，平台智能生成处置任务，分发至社会化处置机构、审核机关，由社会化处置机构完成拍卖、变卖、销毁等处置后，将处置结果返回公检法各业务系统，并由处置平台指令涉案财物保管场所完成出库操作，实现财物处置全数字化流转。

2.平台建设原则

（1）先进性。平台符合"数字法治"的建设理念、突出数字赋能。一是实现数据共享，提升数据资源的价值和分析利用效率。二是采用国内外先进的计算机技术，保证平台高效运行。

（2）可靠性。平台建有安全可靠运行的设备和数据备份机制，支持全年无间断服务，具有超负荷控制能力，能满足所需的业务量，并根据可能出现的各种异常情况和突发事件，设计了周到的应急恢复手段。

（3）实用性。平台能够最大限度地满足工作的需要，一方面实现基础数据共享，为相关的应用系统调用，另一方面各个功能键的定义合理、规范，方便各个层次计算机知识水平的人员及其管理人员使用。

（4）开放性。平台实现共治共享、数据循环利用，构建了灵活、开放的体系结构，支撑其他改革应用，同时保证软件与硬件不绑定，可自由选择供应商提供软件或硬件。

（5）可扩展性。平台适应数字化改革整体规划，规模应具有可调性，能满足未来三至五年用户数量及接入手段种类增长的需求，同时采用模块化设计，具有网络灵活扩充和调整的特性，软硬件设备具有可扩展性。

（6）安全性。平台具有抗干扰能力和抗破坏能力，从技术和管理上需要采用多种手段，确保网络安全和数据安全，保证信息传递的及时、准确。

（7）可管理性。平台提供友好的应用操作维护界面，维护操作简单，对网络连接、硬件设备、软件进程、日志记录等提供实时监控管理，对中心的服务工作进行数据化的管理。

3.平台建设内容

平台主要由以下几个部分构成。

（1）前端。前端根据处置流程预制各项常规功能，供非常态化参与处置单位、使用频次较低的单位及没有自身业务系统的单位进行处置业务处理和留痕管理。前端首页对平台涉案财物相关管理处置数据进行统计展示，以及设置多个角色登录窗口。参与处置的单位注册账号即可登录平台开展各环节任务处理。辅拍评估模块，主要是供辅拍机构接收委托方发起的估价任务，填写拍卖方案、估价结果等，处理审核完毕后的待上架的物品任务。仓储管理模块，供特殊物品仓管机构、变卖机构、行政机关单位等单位，处理移交处置任务，也具备仓管全部功能，实现对特殊财物入库、储存、出库的管理；审核模块，供财政审核机构，对发起处置的物品进行快捷的审核。全功能处置前端的建成既解决了烦琐的系统对接的成本，又可通过参与处置注册联系人消息推送，处置机构无须随时关注，仅在有任务时适时介入，进一步提升了工作效率。

（2）中台。中台由13个功能模块组成，分别为先期处置财物管理、法务代办、拍卖处置、变卖处置、销毁处置、处置评估、移交外单位处置、处置交割、处置协同、处置跟踪、特殊存放仓储管理和处置、辅拍（变）机构服务管理和处置核准管理等。其中，先期处置财物管理模块用于对刑事诉讼过程中发现的对易腐烂、易价值贬损等不能长期保管的物品，开展先期处置；法务代办模块用于被羁押在监管场所的涉案财物权利人申请或同意对涉案财物进行处置的相关手续办理；财物销毁、财物拍卖、财物变卖3大模块由刑事诉讼各阶段的办案人员用于对涉案财物作出具体的事实处置意见；处置评估模块由网络拍卖辅助机构开展涉案财物价值评估；移交外单位处置、财物处置协同、处置交割、处置跟踪等4大模块负责处理公检法业务系统涉案财物处置任务交互协同，政务外网处置平台与政法网一体化系统数据交互，指令涉案财物保管场所完成财物交付和状态变更等任务；特殊存放仓储管理和处置、辅拍（变）机构服务管理等两大模块由供特殊物品保管场所和网络拍卖辅助机构登录注册及对相关财物的流程管理；财物核准模块用于财政部门及政法单位对财物情况进行审核审批。

（3）监管驾驶舱。通过对海量财物数据的全域化归集，全量呈现实时在库数据，动态展示分阶段处置流程，智能实现监测分析预警。驾驶舱由热力分布图、在库财物统计、财物协同统计、财物监管统计、财物处置统计等模块构成，对涉案财物形成了多维度的量化评估体系。其中，热力分布图能展示各地区涉案财物管理中心数量、分布情况，实时了解各地涉案财物存量及处理情况；在库财物统计模块展示在库财物单位分布、财物分类、来源统计情况；财物协同统计模块显示各地区涉案财物管理协同情况；财物监管统计模块显示公检法各单位预警执行及问题整改情况；财物处置统计模块显示公检法各单位对案件涉案财物处置意见的作出及处置意见的执行情况。

4. 平台特点

（1）轻量化部署。涉案财物事实处置由财政部门、仓管单位、社会化处置机构、行政执法部门或专门机关等共同参与并具体实施，涉及的单位多、范围广，各单位参与频次也不一，在平台建设中如采用传统的"一对一"对接业务系统的方式，存在建设成本高、安全性能低等问题，并且不利于平台的最优化使用。为此，平台建设时采用灵活的轻量化设计，部署处置前端供相关单位注册账号便能登录平台开展各环节任务处理，有效满足不同处置参与单位个性化的任务需求。

（2）高标化集成。涉案财物处置平台依托政法一体化办案系统，贯通了公安、检察、法院的业务系统及处置机构、审核机构、服务机构、仓管机构、网拍机构等多机构多领域多平台，覆盖了常见的拍卖、变卖、移送移交、发还、销毁、长期保存等处置方式，在线完成从财物价格评估、价值审核、财物上架上拍、咨询议价、处置实施、结果反馈、到财物出库的全部处置任务，实现管理处置服务能力集成。同时，涉案财物处置平台集成至跨部门大数据办案平台，对扣押、存证、登记、保管、移送、处置、交付、监督等全量业务数字化贯通和协同，实现对涉案财物的全生命周期管理。

（3）全流程监管。处置平台展示涉案财物处置各个流程，公安、检察、法院的办案人员可在各自的业务系统内对处置工作全程跟踪，实时查看，有效监管处置动态。在刑事诉讼全过程中形成真正意义上的数字化闭环，让每一件涉案物品处置都全程留痕、有迹可循。

（4）一键式处置。通过集成业务办案端与平台服务端，形成"一键发起、一网流转、掌上联办"的处置场景，在刑事诉讼各阶段，公安、检察、法院的办案人员对涉案财物作出具体处置意见后，只需在各自业务系统内下达处置指令，后续处置工作随即交由专业机构开展，"足不出户"即可完成处置任务，真正实现减负增效。

5. 主要成效

涉案财物处置平台项目被浙江省委政法委评为 2022 年度第 5 批"数字法治好应用"，2023 年 7 月，该项目在北京全国政法智能化建设技术装备及成果展中亮相，相关工作经验被国内多家新闻媒体报道，中央政法委、省委政法委赴温进行专题调研。2023 年 8 月，数字化处置平台在全省公安推广应用，全省公安应用数字化处置平台在线处置涉案财物 7 万余件，涉案财物处置及时率提升 71%，平均处置时长缩短 50%，财物保管空间节省 60% 以上，有值财物处置溢价率达 87%。

（三）机制重塑：再造刑事诉讼涉案财物处置流程

目前，我国《刑法》《刑事诉讼法》及相关司法解释和规范性文件均对涉案财物的处置作了一些规定，但较为分散，系统性和可操作性不强，缺乏有效的监督和制约，导致司法实践中涉案财物处置工作随意性过大。[①] 现行法律法规不仅缺乏涉案财物处置的实操性规定，各级司法部门陆续出台了相关规定，却也基本上照搬照抄上级文件，无突破性或可参考借鉴的做法，一些规定甚至存在着冲突。为此，温州按照"一地创新，全省共享"的理念，坚持边试边建，边用边完善的原则，在现有法律框架内，配套建立了一套制度体系，为涉案财物处置提供根本遵循，制订的相关机制还被公安部法制局评为 2022 年度地方公安机关优秀执法制度。

1. 创设涉案财物先行处置程序

涉案财物先行处置是涉案财物处置的重要组成部分，对实现涉案财物保值增值，维护当事人的合法权益和国家利益，推进刑事诉讼的顺利进行具有重要意义。中共中央办公厅、国务院办公厅《关于进一步规范刑事诉讼涉案财物处置工作的意见》明确指出："完善涉案财物先行处置程序。对易损毁、灭失、变质等不宜长期保存的物品，易贬值的汽车、船艇等物品，或者市场价格波动大的债券、股票、基金份额等财产，有效期即将届满的汇票、

---

① 熊秋红：《刑事诉讼涉案财物处置程序检视》，《人民检察》2015 年第 13 期。

本票、支票等，经权利人同意或者申请，并经县级以上公安机关、国家安全机关、人民检察院或者人民法院主要负责人批准，可以依法出售、变现或者先行变卖、拍卖。所得款项统一存入各单位唯一合规账户。涉案财物先行处置应当做到公开、公平。"国务院《关于进一步做好防范和处置非法集资工作的意见》要求"建立健全非法集资刑事诉讼涉案财物保管移送、审前返还、先行处置、违法所得追缴、执行等制度程序"。《最高人民法院关于适用〈中华人民共和国刑事诉讼法〉的解释》第439条规定："审判期间，对不宜长期保存、易贬值或者市场价格波动大的财产，或者有效期即将届满的票据等，经权利人申请或者同意，并经院长批准，可以依法先行处置，所得款项由人民法院保管。"上述规定无一例外地突出了对涉案财物先行处置的重视，但缺乏可实操的操作流程。据此，经温州市公检法三家反复商讨，制订《温州市刑事诉讼涉案财物先期处置工作规定（试行）》，从先期处置的内涵、条件、程序及救济等方面进行了规定，为基层执法司法提供切实可行的操作办法。

（1）明确先期处置的基本条件和范围。文件规定了在先期处置要同时符合涉案财物权属明确、不影响诉讼正常进行或者案件公正处理、经权利人书面同意或申请这三个基本条件，缺一不可，否则视为违规处置。同时避免随意处置、无限扩大先期处置范围的情形，对纳入先期处置的财物范围进行了限制，仅包括六种涉案财物：因自身材质原因易损毁、灭失、腐烂、变质而不宜长期保存的；长期不使用容易导致机械性能下降、价值贬损的；保管场地占用大、保管费用高的；市场价格波动大或是有效期即将届满的；不及时处理可能造成重大安全隐患的；其他无保管条件或场所，需要立即进行处置的。

（2）规范先期处置程序。文件规定了公安、检察、法院在先期处置时的必经程序：①固定证据；②鉴定评估；③收集权利人书面同意或者申请的材料；④本单位审批；⑤制作先期处置决定书和处置物品清单；⑥指令社会机构开展处置；⑦收取款项；⑧制作能够反映处置方式和处置结果的材料移送下一诉讼阶段。并按照次序，对每一环节和步骤均再详细地予以规定。如在本单位审批环节，规定先期处置一般应由办案人员提出具体处置意见，连同涉案财物权利人的书面申请等材料，经办案单位负责人或是法制部门审核后，报本级机关负责人审批。

（3）建立容错免责机制。对虽因取证瑕疵或处置不当造成一定负面影响、损失，但办案单位、办案民警已依法依规开展先期处置工作，且没有为本人或他人谋取私利情形的，应当予以容错免责。当然，对明确违法违规行为，将追究相关人员的责任。

制度实施后，刑事诉讼各阶段对先期处置的积极性和主动性明显增强，如 2022 年 7 月，平阳县公安局在办理一起非法经营案件中，现场查获船舶一艘，违禁货物 92 箱。经清点，92 箱物品中有化妆品，电子设备、酒类、食品、手机及其他货物。因扣押的物品化妆品、酒类、食品类保质期限短，不宜长期保存，而该案件涉及人员较多且在逃，诉讼周期较长，为避免涉案财物贬值，平阳县公安局主动对该批走私的涉案财物进行先期处置，通过阿里拍卖平台进行网络拍卖，共成交物品 38 万余件，拍卖总价高达 1042.4 万元，溢价 348.8 万元。截至 2023 年底，全市已先期处置涉案财物 38.4 万件，总金额达 1051 万元。①

2. 再造处置流程

在温州特有的社会化处置模式及数字化处置平台双重改革的加持下，传统的涉案财物处置流程已无法适应改革后带来的巨大变化，迫切需要建立起完善的处置流程。因此，我们从涉案财物处置的核心业务入手，对涉案财物的拍卖、变卖、销毁、返还等主要处置流程进行再造，先后制订了《温州市刑事诉讼涉案财物网络拍卖指引（试行）》《温州市刑事诉讼涉案财物销毁处置工作指引（试行）》《温州市刑事诉讼涉案财物返还工作规定（试行）》等文件。

（1）规范涉案财物网络拍卖规则。刑事诉讼涉案财物网络拍卖，是指公安机关、人民检察院、人民法院对刑事诉讼涉案财物依法作出拍卖的处置

---

① 数据来源于温州市公安局工作中一手资料整理。

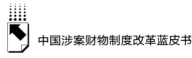

意见后，以各自名义委托网络服务者通过互联网拍卖平台，以网络电子竞价方式公开处置财产的行为。从现状来看，人民法院开展的网络拍卖方式已较为成熟，其他司法机关开展的网络拍卖也基本上参照法院的做法。特别是浙江省高级人民法院创新的"一元拍"方式得到了法院系统的认可，也在实操中被广泛适用。在试点之初，全市也打算直接借鉴法院的成熟做法，但在具体实施中，发现法院的相关拍卖规则与其他机关的规定存在明显冲突，最高人民法院《关于人民法院网络司法拍卖若干问题的规定》第 10 条规定："网络司法拍卖应当确定保留价，拍卖保留价即为起拍价。起拍价由人民法院参照评估价确定；未作评估的，参照市价确定，并征询当事人意见。起拍价不得低于评估价或者市价的百分之七十。"第 26 条规定："网络司法拍卖竞价期间无人出价的，本次拍卖流拍。流拍后应当在三十日内在同一网络司法拍卖平台再次拍卖，拍卖动产的应当在拍卖七日前公告；拍卖不动产或者其他财产权的应当在拍卖十五日前公告。再次拍卖的起拍价降价幅度不得超过前次起拍价的百分之二十。再次拍卖流拍的，可以依法在同一网络司法拍卖平台变卖。"浙江省高级人民法院《浙江省法院刑事案件涉案财物网络司法拍卖工作规程》第 8 条规定："刑事涉案财物网络拍卖不限制竞买人数量，以拍定为原则，实行一元起拍、价高者得的竞价规则。"而财政部《罚没财物管理办法》第 16 条规定："采用公开拍卖方式处置的，一般应当确定拍卖标的保留价。保留价一般参照价格认定机构或者符合资格条件的资产评估机构作出的评估价确定，也可以参照市场价或者通过互联网询价确定。公开拍卖发生流拍情形的，再次拍卖的保留价不得低于前次拍卖保留价的80%。发生 3 次（含）以上流拍情形的，经执法机关商同级财政部门确定后，可以通过互联网平台采取无底价拍卖或者转为其他处置方式。"对上述规定中，可以作出以下理解：最高人民法院确定的拍卖规则是网络司法拍卖要设定起拍价，起拍价不得低于评估价或市价百分之七十，拍卖流拍后可以降价再次拍卖，再次拍卖流拍的，可进行变卖等无底价拍卖。浙江省高级人民法院则是直接规定了网络司法拍卖的起拍价就是一元，对流拍后如何处置未明确；财政部的要求是拍卖要设定起拍价，起拍价为评估价，发生 3 次

（含）以上流拍情形的，经执法机关商同级财政部门确定后，可进行变卖等无底价拍卖。上述规定明显反映出法院之间、法院与财政部门之间对拍卖的起拍价及流拍之后的处置设定的标准不一致，存在分歧。因此，为避免出现标准不一、执行混乱等问题，经多次商讨，采用了折中的办法，专门制订了《温州市刑事诉讼涉案财物网络拍卖指引（试行）》，对拍卖规则进行了统一：网络司法拍卖设定起拍价，起拍价不得低于评估价或市价百分之七十；拍卖竞价期间无人出价的，本次拍卖流拍。流拍后应当于三十日内在同一网拍平台再次拍卖。再次拍卖实行无底价起拍，即一元起拍，成交价应当在处置参考价的百分之三十五以上，否则，视为流拍。再次拍卖仍流拍的，由网拍辅助机构书面通知拍卖委托方另行作出处置意见。

（2）规范涉案财物销毁流程。由于涉案财物销毁系委托第三方予以处置，销毁又存在资源回收、焚烧、掩埋、拆解或其他无害化处理等多种方式，为避免在销毁过程中出现私下占有、泄漏、遗失、损毁或污染环境等问题，因此制订了严格的流程，对其中的出库、运输、毁灭等关键环节均予以详细规定。一是明确代销服务方的告知义务。代销服务方应当在开展销毁的三日前将销毁的具体日期、地点等告知销毁委托方，委托方可以自行决定是否派员参加销毁。二是明确财物交割流程。销毁当日，代销服务方组织两名以上人员，与涉案财物保管场所当面进行复核清点、检查交割财物，交割完成后，在交割清单上予以签字确认。三是明确运输方式。销毁财物的运输采取点对点的方式，中途不得无故停留，不得搭载与销毁活动无关的人员或物品。运输车辆一般安装有车辆运行监控、车载视频、GPS 定位等设备。四是明确销毁程序。代销服务方运用录音录像、执法记录仪等设备，对销毁的整个过程进行全程不间断视音频记录，自与涉案财物宝感场所清点复核财物开始，至销毁活动结束时停止；销毁活动结束后的二十四小时内，代销服务方将处置回执交由销毁委托方确认，并将视、音频上传至指定系统或刻录成光盘交销毁委托方；代销服务方应当将相关销毁信息材料备份保存，保存期限不得少于五年。

（3）规范涉案财物寄递返还方式。针对涉案财物无法返还当事人、当

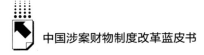

事人不愿领取返还的财物等碰到的现实问题，及出于为当事人提供便利的角度考虑，制订了《温州市刑事诉讼涉案财物返还工作规定（试行）》，将返还工作委托给涉案财物保管场所开展，并就常见的寄递返还方式的适用范围、寄递过程、安全保障等方面进行了规制。如要求"采用寄递返还的，托返服务方应当与寄递公司工作人员应当全程在监控下面对面进行复核清点、检查寄递财物，并使用专用封装粘贴纸现场封装；对具有贵重、易碎等特殊属性的涉案财物封装前，应在监控下展示细节。监控视频的保存时间一般不少于两个月，必要时，应当刻录保存。寄递公司完成寄递工作后，托返服务方应该及时收集寄递公司提供的签收凭证，确认寄递无误后，将凭证反馈给办案部门或是按照办案部门的要求上传至相关平台"等，有效避免寄递返还工作发生侵吞当事人财物的行为。

3. 重塑诉讼各阶段内部处置机制

涉案财物处置模式的改革，意味着对公安、检察、法院已经固化的处置方式的颠覆，倒逼其要重新审视原先的办案模式，理顺内部各部门处置职责分工，明确内部的处置流程。温州在推进社会化处置的同时，市级公安、检察、法院也积极联动，同步重塑侦查、起诉、审判各阶段内部处置机制。首先，严格落实涉案财物法律处置责任。由公安、检察、法院联合发文规定，公安、检察对进入刑事诉讼下一阶段的涉案财物，均应当制作随案移送清单，并对涉案财物逐件（类/批）提出处理建议，同时简要说明涉案财物与案件的关系。人民法院对接收后未退回的涉案财物，应当作出具体处置意见。其次，再造内部的处置流程及处置职责。如市公安局制订的《关于进一步加强涉案财物监督管理处置的通知》，规定了警务保障、法制、审计、督察及办案部门等的处置职责分工，并对办案民警、涉案财物保管员等执法主体处置操作流程进行了明确，同时从涉案财物信息登记、保管场所建设运行、调查取证情况、涉案财物处置、涉案款项专户管理等方面，提出了详细的日常监管要求。市检察院制订了《关于规范推进我市检察机关刑事涉案财物管理处置工作的通知》，市人民法院制订了《刑事裁判涉财产部分执行工作规程》《关于涉刑事财产处置担保工作规程》等制度。

三　温州市刑事诉讼涉案财物处置改革的主要堵点

旧的问题解决了，新的问题又会产生，制度总是需要不断完善，因而改革既不可能一蹴而就，也不可能一劳永逸。目前，温州涉案财物处置改革仍处于"深水区"，面临不少的问题难点，需要进一步突破、修正、完善。主要有：

（一）各事权单位对处置尚未完全形成合力

第一，"重案轻物"的不良办案理念仍未得到根本性的扭转，增加了对财物处置的难度。长期以来，侦查、起诉、审判阶段对涉案财物均不同程度地存在"重扣押轻取证、重监督轻管理、重人员处理轻处置"的办案导向，未将涉案财物处置作为案件办理的重要内容，未重点予以监督管理。如个别公安机关存在超职权、超范围、超数额、超时限查封、扣押冻结涉案财物的问题；部分办案民警对财物的扣押精准度不够，对财物是否"涉案"这一根本属性判断不准，扣押财物时要么是"广撒网"，能扣的全扣，要么是"捂口袋"，能不扣的都不扣。扣押后，不重视财物权属、涉案证据等方面的调查取证，在移送审查起诉时一股脑儿地推给检察机关审查，给后续的处置工作增加了难度。再如，起诉、审判阶段"先人后物"的办案方式，客观上也会造成对涉案财物的漏处理、不及时处置，再加上检察、法院未将涉案财物作为评价办案质量的重要内容，也纳入对办案人员绩效考核，造成办案人员对财物处置未引起足够的重视。

第二，财物处置意见不够精准。处置模式改革后，对公检法的办案人员提出了更高的要求，办案人员不仅要对涉案财物作出法律处置，而且还要对涉案财物提出事实处置意见并下达处置指令。相比法律处置中的返还、没收上缴国库等决定，事实处置意见更为复杂，需要办案人员对财物的权属、价值等方面作出准确的判断后，才能给出具体的拍卖、变卖或是销毁等指令。由于办案人员业务能力的参差不齐，导致一些案件中事实处置意见不够准确。

第三，部分财物处置职责仍难以落实，存在相互推诿现象。例如对权属不清的涉案财物，检察、法院往往以补充调查取证为由，退回公安机关处理，而相当一部分财物确实无法查清权利人，致使财物未及时有效处置。再如，虽然明确了对决定不起诉的案件，由检察机关作出处置，但检察机关认为对事实不清、证据不足的不起诉案件中的涉案财物不应处置，应当退回侦查机关保管或处置，而侦查机关不敢也不愿作出处置，致使部分财物长期保管在相关场所。另外，对于网络拍卖的涉案财物，其拍卖方案要经财政部门审核同意的做法，个别地方的财政部门由于人员、业务能力的制约未得到全面落实。

（二）处置范围渠道尚需拓展

刑事诉讼涉案财物数量大、种类繁多，由于受处置能力、财政状况等主客观因素的影响，目前，仅仅针对常见的涉案财物作出常规的处置，未将全量的涉案财物纳入处置范围，仍需进一步探讨和研究。

1. 对特殊财物的处置缺乏处置经验和条件

例如对股票等有价证券，在现实中仍不敢轻易作出处置。股票作为可以在证券市场交易的有价证券，具有流动性强、易于变现处置的特点，但由于股票的价格在每个交易日随市场波动，变现价值波动较大，并且股票交易和处置也受证券市场法规、监管要求和交易所规则的约束。办案人员在处置这类财物时缺乏必要的经验，处置时间不当或处置方式不当均有可能影响股票的变现数额。再如对于虚拟货币等新型虚拟类涉案财物的处置也处于空白阶段。当前，使用比特币、泰达币、以太币等虚拟货币进行违法犯罪活动的案件越来越多，但我国对该类货币的处置缺乏法律依据和指引。因此，上述涉案财物未纳入处置的范围。

2. 未将社会化处置渠道延伸

根据法律规定，对一些涉案财物的事实处置权并不在公安、检察、法院，而是要移交给相关行政机关或是专门机构作出处置，如珍贵动物、珍稀植物应移交农业农村部门，石油化工产品应移交中石化、中石油等国有企业。相关行政机关或专门机构在接收财物后，其进行处置的方式基本上也是拍卖、变卖或销毁等，与改革的社会化处置模式基本一致，但由于种种因素，目前社会化处置渠道未向行政机关或是专门机构开通，相关行政机关或是专门机构仍需自行开展处置。

（三）数字化处置手段尚需迭代

如前所述，浙江全省已实现了政法一体化单轨制办案，温州也依托政法一体化办案系统创新打造了涉案财物处置平台，将涉案财物线下处置搬到线上，基本上实现涉案财物一键式处置。但在应用过程中，也发现一些功能需要进一步完善、提升和迭代。

1.对涉案财物未形成专门的电子卷宗

目前，个案中涉案财物的相关文书、证据材料与案件的其他证据材料仍然混在一起，未形成专门的物品电子卷宗，给后续检察、法院在起诉、审判中阅卷带来了不便，容易与案件的其他材料混淆。

2.涉案财物线上流转环节需要完善

侦查、起诉、审判阶段对前一诉讼阶段移送的涉案财物只能全量接收，还无法实现选择性接收。同时在诉讼过程中，如对案件进行分案、拆案、改变管辖等操作，涉案财物保管场所的仓管系统还无法自动关联对应的物品编号，进行财物状态变更，导致后续诉讼阶段财物流转停滞。

3.各关联业务系统功能改造仍需提升

涉案财物处置平台贯通了公安、检察、法院的业务系统及处置机构、审核机构、服务机构、仓管机构、网拍机构等多机构多领域多平台，各业务系统、平台尚未完成依据浙江省委政法委、浙江省高院、浙江省检察院、浙江省公安厅联合制发的《刑事诉讼涉案财物管理处置政法协同改造升级方案》进行全面的改造，操作的便捷性、高效性仍需提升。

（四）监督救济途径尚不健全

1.对社会化处置机构未建立完善的责任追究体系

由于涉案财物已基本上全量委托社会化处置机构事实处置，如其不当或

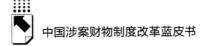

错误处置，不仅会侵犯当事人权利，也会阻碍诉讼的顺利进行，影响司法公信，虽然在具体制度制订中，规定了社会化处置机构对不当处置行为要承担民事责任，直接责任人员对侵占、损毁等个人行为要承担刑事责任，但对其中可能存在的过失等行为，无法使用行政处分等手段予以追究，责任追究体系未闭环。

2.权利人对物的救济权利未有效保障

现行法律没有专门规定刑事诉讼涉案财物权利人对被处置的涉案财物如何救济。因此，对应处置未处置、不及时处置的涉案财物，当事人能否通过专门的法律途径进行救济，在涉案财物处置中如何保障当事人的知情权都需要从法律规范上予以明确。

四 温州市刑事诉讼涉案财物处置改革的完善举措

行百里者半九十。温州市涉案财物处置数字生态虽初步形成，但仍然面临着诸多实践困境，温州市公安局将着重从以下四个方面切入，进一步规范刑事诉讼涉案财物处置工作，着力实现涉案财物处置规范化、智能化、高效化、透明化。

（一）完善制度体系建设，实现涉案财物规范化处置

制度是规制行为的基础。我们将认真总结现行制度的运行成果，不断根据实际操作中出现的问题予以完善，确保涉案财物处置始终在合法化、规范化的轨道中运行，并为全省乃至全国提供可复制、可推广的处置经验。

1.建立统一的财物计量标准

涉案财物的种类繁多，据不完全统计，在刑事诉讼中出现的涉案财物达1000余种，其名称五花八门，甚至同一件物品有多个名称，如手机，既可称为移动通信设备，也可称为智能电话；其计量更是复杂，一些种类物，既可以以箱、捆、扎等作为计量单位，也可以以个数来计量，涉案财物无法实现统一标准的规范登记，给后续的保管、处置环节带来了极大的障碍。因

此，下一步将着手制订全量物品清单，从大、中、小分三类对涉案财物的名称进行规范，并建立相对科学的计量标准，实现涉案财物"度量衡"的统一。

2. 建立完备的操作流程

涉案财物从"进口"到"出口"，历经查扣冻、保管、流转、决定、处置等环节，需要完成的法律程序与人员处理基本相当，是一项复杂的法律事项。任一环节出现问题，势必造成严重的法律后果和社会影响。为此，下一步将进一步细化各个环节的操作规范，特别是要建立侦查、起诉、审判各阶段涉案财物的流转规范，促进涉案财物及时移送、接收、及时审查、及时处置。

（二）迭代数字化处置平台，实现涉案财物智能化处置

1. 实现平台解耦封装

现正在运行的涉案财物处置平台是依托浙江省政法一体化办案系统建设的子平台，尚不具备独立化运行的能力。下一步我们坚持以能力透出为目标，在平台运行成熟后，将平台逐步从政法一体化办案系统中剥离出来，实现从跨部门刑事涉案财物处置业务的解耦，并重新进行标准化封装，使其具备功能完备、独立化运行以及安全可靠的能力。

2. 提升智能化预警能力

利用业务上下游数据、时段均值数据以及公知标尺，建立涉案财物分类价值水平线体系，对处置结果进行实时偏离值审查，并设立偏离异常预警，有效纠正社会化处置机构的不当处置行为。同时，还将与全国物价信息系统数据同步，实现物价情况分析判别，在财物处置时智能推荐最佳处置时机建议，以实现财物处置的最大化。

3. 探索多模态大模型

长期以来，由于涉案财物涉及的物品繁多，且分类、鉴定、估值等工作高度依赖于人员的认知水平，导致财物的相关信息难以准确记录，从而给管理、鉴定、估值工作带来了很大的困难。随着人工智能大模型的蓬勃发展，

众多以往难以量化和数字化的需求得以逐步实现。下一步将积极探索多模态AI大模型技术在涉案财物处置平台中的应用，通过智能识图、智能判断分析、自动填报等功能，实现对财物的规范化记录，包括名称、分类、颜色、属性、材质、成色、损坏程度等关键信息，为后续的鉴定、估值提供更加准确的数据依据，提高处置工作效率。

（三）拓宽处置路径，实现涉案财物高效化处置

拓宽涉案财物处置路径，有助于提高处置工作的全面性和完整性。

1.扩展涉案财物处置范围

目前，只是仅限于对群众反映强烈的、保管压力大的刑事诉讼财物开展了处置，实际上在行政执法领域、民事诉讼领域对涉案财物处置存在同样的需求，且最终处置的方式和手段本质上同刑事诉讼涉案财物并无太大的区别。下一步我们将按照"分步实施、有序推广"的原则，将社会化处置模式适用于所有涉案财物。第一步，扩展至公安机关行政执法中的涉案财物，相比刑事诉讼涉案财物，公安机关的行政涉案财物呈现数量庞大、价值小、保管分散、处置周期短等特点，追求法律效果和社会效果的统一，将其纳入社会化处置的范围，及时、快速地予以处置，对减轻公安机关的负担、规范执法具有重要的现实意义。第二步，扩展至其他行政机关的涉案财物，包括刑事诉讼中法定由行政机关或专门机构处置的涉案财物及行政机关在各自行政执法中需要处置的涉案财物。目前，行政机关对涉案仍是各行处置，处置流程及处置标准并不统一，一些涉案物品还存在随意处置等现象，运用社会化处置模式，有利于其规范处置及提高处置效率。第三步，扩展至民事诉讼领域的涉案财物。根据人民法院的具体需求，有条件的予以推广应用。

2.完善特殊涉案财物处置方式

实践中，一些涉案财物的处置有特殊的要求，采用普通的方式无法完成处置工作。例如在走私案件办理中经常查获的冻品，在处置时，不能简单地予以变卖或直接销毁了事，而是要经过检疫、检验的前置程序，判断其是否来自疫区、是否符合食品的标准，然后才能决定采取相应的处置方式。因

此，需要检验机构、检疫机构、社会化处置机构等多方联动，畅通路径，才能及时、快速、稳妥地处置。再如虚拟货币，其本身具有价值属性，一些虚拟货币甚至价值较大，但在我国限制流通、交易的前提下，要探索建立合法可靠的渠道来解决处置问题，达到既能有效避免虚拟货币不透明化和不易追踪的特性，又能实现虚拟货币价值的最大转化率。

（四）强化监管力度，实现涉案财物透明化处置

1. 强化对社会化处置机构的监管

社会化处置机构是处置工作开展的关键主体，在处置工作中发挥着重要作用，但同时也存在一定的风险。要遵循公平竞争的原则，建立健全处置机构准入、退出机制，要进行严格的资质审查，确保其具备必要的运营能力和条件；设置社会化处置机构"黑名单"，防止不良机构进入。同时要加大监管力度，定期对社会化处置机构的处置业务进行检查和评估，以确保合法性和规范性，对发现存在不当的处置行为，要及时采取措施进行纠正和处理。

2. 强化当事人的权益保障

针对涉案财物处置工作，设立专门的申诉机构，当事人认为自身权益受到侵害时，可以有畅通的途径进行申诉和维权；进一步简化财物处置救济程序，保障当事人对财物处置的知情权和参与权；建立完善的针对社会化处置机构的投诉渠道，当事人可以向委托单位及时反映社会化处置机构在处置中的问题。

3. 强化委托处置单位的内部监管

公安、检察、法院均要由专门部门和专门人员负责涉案财物处置工作，进一步压实责任，对社会化处置机构的处置行为监督检查；同时要完善办案质量评价体系和监管体系，将涉案财物处置情况纳入办案质量的评价范围，并作为办案人员绩效评估的重要组成部分。

B.6
湘潭市公安机关涉案财物
管理模式改革探索

谢衡湘　谭锦绣　陈严远　曲艺奇*

摘　要： 涉案财物的管理属于执法规范化的重要环节，因其同时具备证据属性与价值属性的特征，导致涉案财物的管理处置必须在保证案件顺利办理与维护当事人合法财产权益中取得平衡。湘潭市公安局在历年的改革探索中，不断针对涉案财物中频发的收缴、保管、处置难题因地制宜地提出解决方案。在人、财、物资源配备相对不充足的情况下，利用制度规范、移动智能与政法协同等手段形成涉案财物管理工作的"湘潭模式"。

关键词： 涉案财物管理　市县所三级联动　移动智能升级　政法协同

在公安机关刑事侦查过程中，因为多种原因会取得各种类财物，这些财物被公安机关以查封、扣押以及冻结等形式取得占有，这些由公安机关临时保管的财物被统称为涉案财物。涉案财物一般具有双重性质，其一是因涉案财物与案件关联，能够对案件事实起到一定的证明作用的证据属性；其二是其本身作为财产所具有的价值属性。然而，在侦破打击犯罪第一线的公安机关对于涉案财物的态度更多得是强调其证据属性而忽视其价值属性。公安机关的认识偏差导致了涉案财物在被公安机关采取强制措施后的保管过程中屡

---

* 谢衡湘，湘潭市公安局党委委员、政治部主任，主要研究领域为公安侦查实践与执法规范化理论；谭锦绣，湘潭市公安局法制支队支队长，主要研究领域为刑事司法实务与公安法制理论；陈严远，湘潭市公安局法制支队民警，主要研究领域刑事诉讼理论与执法监督理论；曲艺奇，中国人民公安大学硕士研究生，主要研究领域为刑事诉讼法学。

屡出现损坏、遗失以及价值贬损等问题。近年来，随着公安机关对于嫌疑人合法权益保护的重视程度不断加大，执法规范化实践不断深入，涉案财物的管理也在不断地完善。

一　湘潭市涉案财物管理体制改革简要历程

我市涉案财物管理工作的改革历程主要可以分为三个节点，分别是2011年的管理制度建立、2015年智能化改造探索以及2023年的提质增效改革。

自公安部制订《公安机关涉案财物管理若干规定》（公通字〔2010〕57号）以及省公安厅制订《湖南省公安机关涉案财物管理办法》（湘公通〔2011〕139号）之后，我市公安机关开始全面建设涉案财物保管场所，并根据具体各职能部门工作职责分配工作任务，划清工作责任，同时建立运行了包括涉案财物的分级分类管理制度、"管办分离"原则、定期巡查监督等制度机制，使我市的涉案财物管理体系实现了从散乱无序到有制度、有责任的突破。

2015年后，公安部、省公安厅分别对《公安机关涉案财物管理若干规定》以及《湖南省公安机关涉案财物管理办法》进行了修订，我市于2017年深入细化了涉案财物管理，成立了涉案财物管理工作领导小组，由后装部门（即警务保障部）牵头负责涉案财物管理的具体工作，与此同时，借助我市执法办案系统智能化改造之机，对涉案财物集中保管中心进行了智能化改造，并引入了涉案财物管理系统对全市的涉案财物进行管理。

我市前两次的涉案财物管理体制改革均是在上级单位的政策规定作出修改的情形下，以贯彻上级文件精神、落实文件规定的方式做出的"被动式"改革。但随着我市对于执法规范化实践的逐步加深，一些涉案财物管理中的问题开始逐步显露。由此，我市组织法制、警保、督察以及审计部门专门进行了一次全市层面的涉案财物专项巡查审计行动，针对巡查审计中发现的问题拿出整改意见或审计报告要求责任单位即刻进行整改。同时，重新组建涉案财物管理领导小组，由各级公安机关"一把手"牵头负责，重新指定法制部门为涉案财物管理的牵头负责部门，将全市涉案财物管理体制改革作为全年重点工作项目之一。法制部门接到任务后，依托当下执法办案管理中心提质增效项目与政法协同中心建设项目，针对涉案财物管理中出现的具体突出问题，提出了"集约、高效、规范"的改革方案，该方案于2023年底完成。

二 湘潭市涉案财物管理中发现的问题

（一）多头管理与权责不清

公安部《公安机关涉案财物管理若干规定》（公通字〔2015〕21号）以及省公安厅《湖南省公安机关涉案财物管理办法》（湘公发〔2017〕17号）等相关文件并未明确涉案财物管理的主要牵头负责部门，而是将涉案财物管理责任根据部门职能进行了拆分，即警保、法制、督察、审计、纪检五个部门对涉案财物均负有不同程度保管、监督、检查、处理职责。其中，法制部门在涉案财物的保管流程中与警保部门存在职权交叉，在执法监督与物品检查职责上又与督察、审计、纪检存在职权交叉。多头管理、政出多门导致的直接结果就是形成一种"九龙治水"的工作格局，这种工作格局意味着工作秩序的混乱以及工作效率的低下。举例而言，依照上述文件规定，涉案物品的保管由警务保障部门负责，涉案财物系统和执法办案系统由法制部门维护，法制部门不参与涉案财物的实际保管工作则对涉案财物系统中出现的各类问题无法及时更新补漏，而警务保障部门对于涉案财物关联案件的进程并不了解，导致涉案物品不能得到及时处置从而不断积压。督察、审计、纪检部门更是无法直接参与到涉案财物的直接管理当中来，实际操作中纪检督察部门的监督基本上都是被动监督，即在已经出现问题之后才启动监督追责程序。上述这种"被动式"管理在涉案财物管理中特别是流程衔接上存在很大的漏洞，因此造成司法资源浪费、工作效率低下。

由于当时我局涉案财物管理工作的重心放在涉案物品的保管储存上，所以在我市 2017 年的涉案财物管理体制改革中，专门指定由警务保障部门担任涉案财物管理的牵头单位。实践证明，由警务保障部门牵头负责的涉案财物管理工作确实在场所建设、物品保管等方面取得了突出成绩，但是警务保障部门在涉案财物的管理流程中仅负责涉案财物的保管阶段，在涉案财物的强制措施或处置都是处于被动状态。在涉案财物的强制措施中，警务保障部门只能等待办案单位录入移交。但在实践中，只有被办理了扣押决定的财物才能被执法办案系统自动推送到涉案财物系统。办案单位往往只对可能需要作为证物移交的物品或者现场收缴的钱款予以办理扣押手续，对于属性不明的随身物品、退缴赔偿等钱款未积极履行法律手续，而警务保障部门无法做到有效监督管理。实践中，我市也曾发生过因办案单位未能及时办理扣押手续、未履行移送保管义务致使嫌疑人钱财物品损失贬值而招致信访投诉的情况。与此同时，由于警务保障部门日常工作不接触执法办案，因此对涉案财物所关联的案件办理进展特别是在法院判决阶段的情况不能及时了解并做出反馈，致使涉案物品在司法程序流转过程中出现遗漏，这一问题最为典型的体现就是法院在判决时对于公安机关移送的涉案财物未及时进行判决。正是警务保障部门无法及时了解涉案财物的处置情况，致使大量的涉案财物未得到及时处置，造成了大量涉案财物的积压。

（二）部门流转不畅

按照刑事司法相关流程规定，涉案财物的流转分为公安机关内部办案单位及保管单位的横向流转，以及由公安机关向检察院、法院的纵向流转。目前涉案财物的两条流转线路均存在流转不畅的情形。

首先是公安机关的横向流转问题，这一问题主要体现于各办案单位的办案人员与物品保管员之间的衔接流程中。按照《湖南省涉案财物管理办法》和《湘潭市公安局涉案财物管理实施细则》的要求，办案单位应在对涉案财物执行强制措施后的 24 小时内向保管员移交物品并在涉案财物管理系统中执行入库操作，但实际上超过 50% 的涉案财物其办案单位均未在采取措施后的 24 小时内移送物品保管员执行入库操作。

其次，在公安机关向检察院、法院的纵向流转线路上也存在流转不畅的情形，特别是在当前区县一级人民检察院、人民法院未能设置足够的涉案物品保管场所，难以对大量的涉案物品进行保存的情形下，检法机关只能选择借助公安机关的保管场所对相关物品进行保管。现行的处理方式是对需要随案移交检察院的涉案物品，由检察院在随案物品移交清单上签收，但注明保管场所还是公安机关的保管场所，这种方式实质上还是由公安机关保管，也占用公安机关大量的警力及场地设备。此外，涉案财物的实物移交同时也兼具司法监督的作用，当涉案财物的司法流程变成了纸面移送，那么下一级的司法机关对实物状态则无法进行清点进而实现监督，甚至在移送审查起诉、起诉或者判决时遗漏了对涉案财物的移送或处置，出现"纸面遗失"或"应判未判"的情况，进而导致部分涉案财物的处置成为一桩"无头悬案"，涉案财物积压在仓库内。对于此类没有法律处置意见的涉案财物，我市区县一级公安机关分别向法院提交了相关问询函，希望法院能够对判决中遗漏的涉案财物出具处置意见，但无一得到回应。

综上所述，刑事案件的办理程序流转于多个部门，同时其流转也是非线性式的流转，即其既有分流处理（如同一案件的多个涉案当事人分别可能存在释放、不起诉、有罪等情形，各个情形下涉案财物的法律处置责任部门及程序都不尽相同），也存在程序回转（如退回补充侦查）的情形。然而面对上述复杂的程序，涉案财物在各个部门之间的流转显得非常机械。在这种流转不畅的现象背后，其深层原因便是机制不健全导致的权责不明，比如因场地限制检察机关不接受涉案财物的，理论上公安机关仅实行代管职责，检察机关负有直接管理和监督管理职责。但在实践中，检察机关基本上就是放手不管的状态。

（三）财政紧张带来的人财物紧张问题

湘潭位于中部地区，下辖雨湖、岳塘两个区并代管湘潭县和湘乡、韶山两个县级市，全市人口 270 余万人，受制于人口、地区经济等因素，湘潭市的财政收入在全省范围内排名并不靠前，所以公安经费相对而言也并不宽裕。要实现涉案财物的有效管理，专业的管理团队、充足的场地以及良好的设备都是非常重要的条件。然而在经费的限制下，要实现上述条件颇有"巧妇难为无米之炊"之感。

从场地上来看，2022年前，我局市级层面仅有涉案物品保管中心1个，位于我局业务技术用房内，面积107平方米。涉案车辆停车场设有4个，业务技术用房内设有1个，另有3个为公开招标购买的保管服务场所，面积共计70000余平方米。另外，禁毒支队设毒品保管室1个，刑侦、治安、禁毒、网技、经侦等业务支队各设保管室1个。全市各个分县局虽设有基本的涉案财物保管室和毒品保管室，但缺乏专门物品保管场所，特别是危爆物品及涉案枪支的专门保管场所。到了所一级，能够将普通仓库与涉案财物保管仓库分开管理已是管理比较到位的情况。如涉案枪支的管理，当下全市暂时没有一个专门用于存放涉案枪支的专门保管场所，目前包括市局在内的市县两级公安局都是在公务用枪保管场所内划出固定位置存放涉案枪支。至于部分派出所特别是离城区较远的乡镇派出所，其收缴来的涉案枪支就存放在其涉案财物保管室内，有的派出所涉案财物保管室既无人值守，又没有做到枪弹分离，甚至连基本的双人双锁的一般物品保管要求都没有做到，存在重大风险隐患。与此同时，囿于涉案财物的大量积压，导致原本就有限的公安机关保管场地被占用从而显得愈发"紧凑"。

从人员配置上来看，涉案物品保管中心由警务保障处指派民警1人专人管理，毒品保管室以及各业务警种保管室由对应警种的综合科室负责管理。目前，我市各个办案单位基本没有配备专职的涉案财物保管员，实践中基本上由各个办案单位的内勤或综合科人员兼任。而兼职就意味着涉案财物管理工作优先度就置于管理人员本职工作，管理人员只会被动从事涉案财物保管、录入工作，而对于保管过程中定期保养维护等防止涉案财物价值发生贬损的工作、发现未及时录入系统或移送保管的涉案财物并予以主动提醒或监督等需要主动作为的工作均未得到有效落实。

从硬件设备上来看，各个保管室均按照要求设置了双人双锁、保管柜等

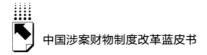
基本储存物品，软件上各个涉案物品保管室也接入了作为执法办案平台下属子系统的涉案财物管理平台系统。尽管涉案财物的信息化管理平台系统已经投入使用，但是其部分数据录入依赖于硬件设备的支撑，如物品拍照、称重等等，由于没有及时、足量地为各个单位配置配套的硬件输入设备，导致涉案财物信息无法按照要求被全面详细地录入。

综合来看，2022年以前，我市涉案财物管理的场地、设备以及人员队伍等管理要素处于有基本架构但功能不全、专业不精的状态，致使全市的涉案财物管理整体运行上处于被动、低效的状态。然而，人员、场地以及设备等管理要素的提升都离不开经费保障，我市目前没有针对涉案财物管理方面的专门预算项目，所有因涉案财物管理工作所产生的经费开支均在公用经费中列支。正因为需要从公用经费中列支涉案财物管理所需经费，所以一般此类经费开支数额不大，最多只能维持当下涉案财物管理机制的基本运行。所以如何在有限的经费保障下保证涉案财物管理制度得到有效的落实，是湘潭公安需要研究和突破的课题。

（四）智能化手段不够丰富有效

涉案财物管理的信息化管理早已有之，我市早在2015年随着执法办案系统平台的建设一并将涉案财物管理系统也建立起来。然而，智能化平台的背后实质上是信息的管理，平台能否全面、高效对涉案财物进行管理，其关键在于输入平台的信息是否完整、平台本身设计的数据处理逻辑是否高效以及平台输出结果能否得到实际运用。通过我们的前期调查研究，我市的智能化平台在上述三个关键点上均存在不同程度的问题。

首先是平台数据输入不完整的问题。我市的涉案财物管理系统与执法办案系统相互联通，理论上所有进入执法程序后的涉案财物均会被录入涉案财物管理系统中。但是我们发现平台数据远少于实际办案的数据，且已经载入平台内的涉案财物信息也不完整。经研究，我们发现导致这一现象的问题主要是平台信息录入工作"人为"因素影响较大。具体而言，当下的信息化平台数据的录入底层逻辑是办案人员在执法办案平台上录入涉案物品，再由执法办案平台将录入的涉案物品信息推送到涉案财物管理系统，同时由办案人员或保管人员在执法办案过程中对于涉案物品的处置信息进行录入再反馈到涉案财物管理系统。也就是说，当下的信息化平台信息录入的核心仍是办案人员的手动录入工作。换言之，办案单位及时、完整地录入信息是信息化管理平台获取数据的基础，而没有数据就不存在管理，数据不全则会产生管理漏洞。而数据录入的任务压在办案民警身上，数据是否能够完整、准确地录入则完全取决于办案民警个人。在没有相应监督流程的情况下，办案民警出于各种原因没有将数据准确录入平台中，将会导致部分涉案财物在源头上便失去了管理可能。而涉案物品管理员同样也存在不尽责问题，对生鲜物品、不宜由本单位保管的涉案物品"一入了事"，如某单位办理的非法捕捞案件中，办案民警将生鲜鲫鱼录为涉案物品意图作为证据固定，这种生鲜物品明显无法执行入库保管操作，但物品保管员仍然执行入库保管，说明在某种程度上，物品保管员的保管行为流于形式。与此同时，本就承受了较大办案压力的办案民警不仅要承担涉案物品的查封、扣押与冻结工作，在信息化管理中还要负责物品信息的登记、录入及入库工作。这无疑加重了民警的负担，也违背了信息化管理"向科技要警力"的初衷。

其次是平台本身设计的数据处理逻辑不够全面高效的问题。我市的涉案财物管理系统自与执法办案系统于2015年由省厅联系开发、同步开放使用以来已多年未有大型更新，期间也少有维护，不仅偶尔会出现数据错误等情况，而且一些信息化平台本身处置逻辑的疏漏一直未能得到及时解决。比如2023年上半年，我局在调研中就发现了涉案财物信息化管理平台在人员交接、物品交接以及冻结查询就存在三个方面问题疏漏：首先，部分办案单位在工作调动中没有及时在警综平台内办理案件移交手续，而涉案财物管理系统为了明确责任人，涉案财物又是与案件主办人绑定，因此导致了办案民警工作调动时涉案财物在系统中也随之移动的情况，如某派出所办案民警工作调动至市局后，因未及时交办案件（该案件在执法办案系统中仍在原单位，依旧可以正常办理），该案中的涉案财物虽在派出所物品保管库中，却无法通过查询功能搜索到，因为其在物品查询功能中已随"责任人"一并移至市局。同时，在物品交接中也存在问题，如某些生鲜或者危爆物品交由第三方机构代为保管后，该涉案物品在系统中的轨迹信息中便显示"出库"并不再有后续记录，使在外代管的涉案财物处于脱管失管状态。最后，信息化平台对于冻结措施的信息录入程序也存在问题。从实际办案过程中我们知道，冻结一般仅明确账户而不明确资金，只有对相应冻结账户开具调证文书并予以查询后才能明确冻结财产有几何。目前，信息化平台对于冻结程序的结果反馈为零，冻结文书开具后的结果并不清楚，从物品管理员角度来看既不知道是否成功冻结了，也不知道是否属于轮候冻结、何时到期、冻结数额等相关信息。通过总结，我们认为上述疏漏出现的原因在于涉案财物管理平台内部运行逻辑有待优化，而平台上的逻辑优化一方面有赖于信息化专业人员对平台间的数据交换、数据处理的优化，另一方面更有赖于法律专业人员根据涉案财物处置的法律特性、司法流程来形成高效、便捷、全面的数据处置路径。

最后是涉案财物信息管理平台输出结果对具体工作不能形成反馈的问题。我市之前使用的涉案财物管理系统有且仅有超时入库或超时借出提醒，而这一提醒仅在涉案财物管理系统内部进行提醒，而办案民警的所有工作都是在执法办案系统中完成再由系统自动推送至涉案财物管理系统的，因此涉案财物系统的预警信息无法直接反馈到办案民警。另外，如前文所述，涉案财物系统对涉案财物在借出、冻结、委托保管等一系列操作后均没有反馈内容，事实上也没有对上述行为为涉案财物的保管人员提供工作预警。而从数据录入缺失到保管流程的疏漏，平台数据的失真导致结果本身缺乏可信度，无法为涉案财物的监督人员提供全面、可信的参考内容。

综上所述，信息化平台的设置应当贯彻规范、高效、便捷的原则，然而因为上述种种原因，我市原先使用的涉案财物系统并未能够完全实现该原则。

（五）执法认识相对发达地区不高

执法队伍中"重打击轻保护"的思想仍然存在，涉案财物同时具备证据属性和价值属性，公安机关办理案件时更多的是偏向于涉案财物的证据属性，因此会出现"应扣尽扣""能不发还就不发还"的情形。同时又忽视了其价值属性，往往在案件办理完毕或者已经固定证据了之后遗忘了对涉案财物的处置。而根据《公安机关办理刑事案件程序规定》，涉案财物的扣押只需要办案单位负责人即可单独作出决定，仅在扣押财物价值较高或可能影响正常生产经营的情况下才需要县级以上公安机关负责人批准，即需要法制部门进行审批。然而在实际操作当中，对于何种涉案财物属于价值较高或可能影响正常生产的情形没有作出直接规定，办案部门出于便利执法办案的考虑更不会主动予以援引，从而导致该条款"形同虚设"。

除了扣押方面的问题之外，涉案财物的"被动"式保管也是涉案财物保管中的一大问题。当下涉案财物的保管同样更多的是保证其证据属性，但是对其财产属性并未过多关注。公安机关在侦办案件过程中，除非是贵重物品，否则极少有办案人员会关注其价值贬损问题。这一点在车辆保管中体现得尤为明显，案件办理过程中，办案民警对涉案车辆往往是一扣了之，但绝大多数涉案车辆都非涉案人专门用于作案的工具，并没有长期扣押的必要。而即使是需要长期扣押的涉案车辆往往也缺乏维护，车辆一旦长期停放在车库中未使用或未进行保养，对车辆性能的影响非常大，会直接导致车辆价值发生贬损，有的车辆甚至因长期扣押未能及时年检而导致强制报废，这无论是对涉案人员还是国家本身都是一种损失。

即便是在执法监督部门，对于涉案财物的执法监督工作也不受相关部门的重视。尽管我市法制部门定期组织了执法巡查，但囿于前文所述的原因，巡查效果并不理想。审计部门及警务保障部门的审计检查重点在于扣押款项及保证金方面，对于涉案物品的检查聊胜于无。纪检督察部门则是重在"事后"监督，往往是等到涉案财物问题引起了民警违纪违法或信访投诉时方才介入处理。

形成上述问题的根本原因是公安执法队伍在执法过程中对公民合法财产权益保护仍然不够重视，这种认识是执法规范化的一大阻碍，也是形成执法风险的一大原因。

（六）涉案财物外延不断拓展导致的新问题

1. 新型财物的保管问题

随着"财物"概念的外延和社会经济的发展，以往对涉案财物的规定在实践中便产生许多疏漏。如对电动车和老年代步车的保存管理，湖南省对于涉案车辆的规定出自 2010 年的《湖南省公安机关涉案车辆管理规定》，当年并没有电动车或老年代步车的说法，于是现在电动车与老年代步车虽在实践上是由公安机关比照机动车或摩托车处理，但总体上处于"无法可依"的状态。如果说电动车及老年代步车仍然有参照对比之外，那么对数字货币的"保管"可以说是当下法律的空白。数字货币本身是虚拟数字信息，其一般是作为网络交易特别是一些跨境犯罪的交易媒介。因为其从虚拟信息转到实物载体上需要一系列繁杂的过程且本身价值波动又较高，所以数字货币的保管成为目前新型涉案财物管理的最大"盲点"。目前，我局在办理部分帮信犯罪时发现，一些嫌疑人利用境外软件以数字货币形式收受违法报酬，因为嫌疑人普遍收受的是"Usdt"，该数字货币价值相对稳定，所以办案单位通行的做法是要求嫌疑人上缴与非法收受数字货币价值相等的人民币作为其非法所得。然而，数字货币的波动以秒计算，办案单位不可能精确到以嫌疑人接收数字货币具体时间的汇率计算其违法所得，于是办案单位要求嫌疑人上缴的违法所得一般为估算价值。虽然，目前我局办理的此类案件暂未涉及高额数字货币，估算价值与实际价值的偏差不大，但管理隐患始终存在，并有待解决。

2. 随身物品的保管问题

随身物品原则上不属于涉案财物，是嫌疑人到案时随身携带或者使用的与案件无关的财物。[①] 尽管随身物品不"涉案"，但它强调的是与涉案人员的人身依附性，因此它是广泛在办案实践中存在的，在广义上和涉案财物均

---

① 公安部《公安机关代为保管涉案人员随身财物若干规定》（公通字〔2012〕40 号）第 2 条。

属于公安机关在执法活动中取得的财物。随身物品通常是在涉案人员被传唤后的人身检查过程中由办案单位取得的，一般认为随身物品没有涉案物品所具有的证据属性，因此大多数情况下办案单位是怠于对随身财物进行保管的。按照文件规定，在嫌疑人被采取强制措施后，办案人员应当将手机随人移送至监管场所或按照嫌疑人要求退还其家属。但当下监管场所暂时没有接收随身物品的条件，而随身物品的扣押也并没有办理相应的法律手续，更没有录入平台，导致对随身物品缺乏有效的监督。但随着社会经济的发展，随身物品的价值也变得越来越高，如手机、首饰等。特别是手机，在这个移动支付相当便利的时代，手机一般可等同于钱包、银行卡，而侦查人员在办理案件过程中不可避免地要查看嫌疑人手机信息或支付记录，在此过程中也必然会拿到嫌疑人手机的支付密码，在缺乏有效管理和有力监督下，能否妥善保管好嫌疑人的手机甚至保存好其手机支付平台内的资金完全取决于办案人员个人的素质。在此情形下，随身物品保管的制度漏洞没有填补的同时，因涉案人员随身物品保管不善或遗失产生的价值风险却被放大了。因此，随身物品的保管制度的完善亦是迫在眉睫。

3. 涉案财物权属不明

在大量的经济案件、有组织犯罪案件以及电信诈骗案件中，涉案财物的权属比较复杂，存在嫌疑人、被害人人数多、社会关系复杂进而产生类似于代持股权、房产，权证瑕疵等诸多权属不明的情况。在案件侦办过程中，办案人员只对涉案财物进行基本的扣押手续，并未对实际财产流转与归属进行查证，在此情况下，法院的判决又往往只针对涉案人员而难以对案外人的财产生效。因此偶尔会出现当法院判决后，因为涉案财物权属不明导致案件在执行期间发生争议，进而放大了涉案物品因长期积压产生价值贬损的风险。如我局办理的某贩卖毒品案中，嫌疑人用于作案的小型轿车虽然被法院判决没收，然而公安机关凭判决书前往车辆管理部门对其涉案车辆拍卖过户时，才发现该涉案汽车登记在非涉案人员名下，仅凭法院刑事判决文书无法完成过户，导致该车辆未能得到及时处置，最终被强制报废。原本可以拍卖的资产最后被报废处置，实质上是国有资产的损失。为了防止上述现象的发生，办案单位在案件侦办过程中更应对涉案财物的权属积极取证，并及时与检察机关和法院执行部门进行沟通。

三 湘潭涉案财物管理制度的改革探索

如前文所述，在历年改革探索中，湘潭已经基本建成了包括制度在内的涵盖保管人员、保管场地以及保管设备的涉案财物管理体系。然而囿于前文所述多重原因，这套体系的运转一直不够畅通，且随着工作模式的转变及时代的进步，新问题也开始逐渐显露。在2023年上半年的调研环节中，我市学习参考了许多先进地区的经验，比如某市等地的涉案财物管理中心建设、管理模式都为我们的下一步改革提供了诸多思考。但是当下我市的经费预算并不足以为建设一个一体化的涉案财物集中管理中心提供人员、资金或场地上的支持。那么我市必须考虑利用有限资源并将其投入最关键的环节，再以点带面"盘活"原来涉案财物管理的整体工作格局，实现涉案财务管理的"规范、智能、高效、便捷"，达到"螺蛳壳里做道场"的效果。

（一）提高思想认识，转变工作模式

提高涉案财物管理工作的认识是涉案财物管理体制改革的首要任务，司法机关特别是公安机关应当认识到侦破打击违法犯罪与保护嫌疑人合法权益并非对立关系，而是刑事司法实体正义与程序正义的共同体现。公安机关办案部门、保管部门特别是主要负责人只有及时转变观念，才能督促各部门积极履职，同时打破涉案财物管理的部门壁垒，进而形成合力，推动涉案财物管理体系的建构与完善。

在2023年的改革方案中，我市已经发文要求市、县两级公安机关均需要成立由一把手担任组长的涉案财物工作领导小组，同时指定由法制部门担任领导小组的统筹协调部门以及涉案财物管理工作的牵头部门，警务保障部门、督察部门、审计部门、纪检部门以及各办案职能部门作为领导小组组成成员，对涉案财物的扣押、保存、处置等情况信息进行会商、收集，并在局

长办公会议上进行汇报。通过领导的资源调度与资源整合能力，尽最大能力消除涉案财物管理工作中的部门隔阂，通过工作领导小组的定期会商与工作汇报强化部门之间的合作与交流。

指定法制部门作为牵头责任单位，扭转原来涉案财物管理模式，从"被动管""事后管"转变到"主动管""事前审"。这种工作模式可以最大限度利用法制部门在涉案财物的扣押、保管再到处置的全流程管理优势，进而强化对办案单位扣押手续办理以及物品移交保管、移送起诉的法律审核；协同警保部门提升涉案财物保管质效，提高涉案财物管理场所周转率；配合督察、审计、纪检部门定期开展巡查审计工作，清理问题发生苗头，形成严密的监督管理体系，努力防范出现因涉案财物管理工作可能产生的信访投诉或民警违纪违法案件。

最后，由法制部门定期开展执法巡查，针对各办案单位和各职能部门在涉案财务管理中出现的问题或发现的先进经验进行检查或收集并予以总结纳入到年度执法讲评工作中，以案促学，在全市范围内提高执法队伍关于涉案财物管理方面的素养，凝聚权利保护共识，为涉案财物管理工作乃至执法规范化夯实法治思想根基。

（二）对重点管理环节进行明确的制度化设计

2023 年 7 月我市根据改革目标，由法制支队重新修订了《湘潭市涉案财物管理规定》，该规定的出台旨在建设一套"市、县、所"三级联动的涉案财物管理体制，核心原则是在有限的资源配置下整合当下的人员、空间与设备资源，将分级分类原则落地坐实，促成涉案财物管理体系的规范、高效运转。

1. 因地制宜设置保管场所

从架构来看，全市将涉案财物保管场所分为三级，在市、县两级根据涉案财物性质分为一般涉案财物保管场所以及包括枪支、毒品、车辆等特殊涉案财物保管场所，在所一级根据所队（派出所和交警中队，下同）性质在城区派出所设置一般涉案财物保管场所，在偏远乡镇派出所（特指在非设于区县分局内执法办案区进行案件办理的派出所）于一般涉案财物保管场所之外增设智能保险柜。通过因地制宜为全市所队一级设置涉案财物保管室并对场所应用予以科学分配，达到规范管理的同时，也能达到节省管理成本与开支的效果。

从保管场所设置功用来看，所队一级涉案财物保管场所的设置主要是为满足所队一级办案单位办理行政治安类案件以及轻微刑事案件的需要，所以所队一级的涉案财物保管室主要存放的财物一般仅限于三类：一是所队办理的行政治安类案件及轻微刑事案件所扣押的价值在5000元以内的涉案物品（一般以鉴定价值为准，暂未鉴定的物品价值以购买凭据为准）；二是有明确受害人可以退还的赃物；三是价值较低由公安机关在执法活动中取得并代为保管的随身财物，如烟、打火机、非贵金属制首饰等估值在500元以下的物品。对于在非设于区县分局内执法办案区进行案件办理的所队在涉案财物保管室内增设智能保险柜，主要用途是对在执法活动中取得的较为贵重且未办理扣押手续的物品，包括现场搜查缴获但未辨明是否涉案的物品以及如手机、贵金属首饰等估值在500元以上的较为贵重随身物品进行保管。我市在改革中，将执法办案区升级打造为政法协同中心，该中心将承接未辨明是否涉案的物品以及绝大部分贵重随身物品的保管任务，但目前该中心尚未辐射到所有办案所队（主要是偏远地区所队），因此仅在此类办案所队涉案物品保管室当中设置智能保险柜，以弥补政法协同中心辐射空白。

区县一级公安机关涉案财物保管场所的设置主要目的有三：一是满足区县一级刑侦、治安等办案警种办案时的保管需要；二是满足不便于存放在所队一级的涉案物品集中妥善保管的需要；三是满足现时不具备保管条件或不符合保管要求需向外委托保管或向上移交保管的中转需要。所以区县一级公安机关的涉案财物集中保管室用于集中保管刑侦、治安等业务警种在执法活动中取得的涉案财物以及下辖所队在执法活动中取得的价值在5000元以上的涉案财物，另下辖所队积压在其涉案财物管理室内超过三个月未及时处置的涉案物品也应按季度移送至集中保管场所。同时，区县一级根据需要以及上级部门要求设置特殊物品保管场所，对于专业警种或下辖所队在执法活动中扣押的特殊物品如车辆、枪支、毒品等予以集中保管。最后，由于我市目前没有存放危险爆炸物品、生鲜物品等有保管要求的物品的专门保管场所，对于上述需要委托专业机构保管而暂未委托的物品由各区县公安机关专门分配一个固定场所用于中转保存。

市级涉案财物保管场所的设置除了同样承担涉案财物的集中保管责任之外还肩负了全市涉案财物的管理责任。为此，不同于分县局根据需要自行设置特殊物品保管室，市局各业务警种根据自身职能设置分配特殊物品管理场所，刑侦支队负责鉴定检材的集中保存管理，治安支队负责枪支弹药以及危爆物品的集中保存管理，禁毒支队负责毒品的集中保存管理。各个业务警种根据其职责对全市范围内特殊涉案财物的保存、流转与处置进行统一管理或指导。

从保管场所的设置要求来看，除应满足基本的双人双锁、防虫防潮防火等基本保管要求之外，所有保管场所的安全监控应当无死角覆盖保管场所内部以及外部入口，同时监控系统接入督察网络以及涉案财物管理平台。集中保管室、专门保管室应当建立符合物品保存特性或保管要求的储藏场所。如涉案枪支保管场所应配备专人24小时值班，无法配置专人值守的，可以将涉案枪支与公务枪支进行共同值守管理，但涉案枪支与公务枪支存放场所应各自具备双人双锁等物理隔离措施，不得将涉案枪支与公务枪支混管。在烟花爆竹等易燃易爆物品以及危险化学品的专门保管场所设置问题上，囿于当前市、县两级部门没有符合条件的民用爆炸物品仓库，市、县两级治安部门应当与民爆公司及危化品处置公司建立联勤联动机制，在物品收缴后能够立即委托具有保管条件的保管场所进行保管。对于涉及国保、反恐案件的涉密物品，没有单独设置涉密物品保管场所条件的区县一级反恐、国保部门可以在涉案物品集中保管场所单独划出涉密物品保管区。

从保管场所的硬件配置来看，所有的保管场所均需配备货架、物证袋以及按照公安部保管要求配备硬件设备。我市利用警务通开发的移动端涉案财物管理App，使警务通替代了扫描仪、拍照机以及电子签录板，将节省大量硬件配置成本。

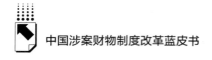

2. 明确部门保管职责

与场所硬件相配套的是人员与责任，涉案财物的管理责任应与公安部门设置相似，以条块结合的形式划分责任。保证涉案财物有人管理、有迹可循、有处可去。

从条线上看，部门保管主要是体现在涉案物品的集中保管与分散保管职能的具体落实，包括所队、警保的综合性管理和各个专业警种对特殊涉案物品的纵向管理：

所队一级办案单位以其办案数量和保管室数量在整个涉案财物管理工作中占据了最多的物品保存量以及周转量。对于价值低、时间短、关系清等由所队进行保管的涉案财物，自办案人员取得后的 24 小时内办理扣押手续并将实物移交。所队内勤和所队长分别是所队涉案财物管理的直接责任人和直接责任领导。区县一级由警务保障部门负责涉案物品的集中保管，仅枪支、毒品以及检材等有特殊保管需求的涉案物品交由对应警种配合市级管理部门按条块进行管理。市一级承担专案物品、特殊物品的集中保管。

市、县两级禁毒部门应按照要求建立专门的涉毒物品保管场所，集中、统一保管各办案部门收缴的毒品、管制药品和吸食、注射毒品的器具以及制毒原料、配剂等。同时指派一位民警专职或兼职担任毒品保管员，毒品保管员由禁毒部门内勤民警担任，负责本部门管辖地区的毒品收集、保管、清点、移交工作。市级禁毒支队应定期组织开展清查底数，盘查库存以及集中销毁工作。

市、县两级治安部门负责集中、统一收集、清点、保管、移交、销毁本级办案部门收缴的制式枪支、弹药或疑似枪支弹药。同时指派一位民警专职或兼职担任枪支保管员，枪支保管员由治安部门内勤民警担任。对于无法在 24 小时内做到委托保管的烟花爆竹等易燃易爆物品或危险化学品，应当在符合条件的安全地带设置中转仓库，并安排专人进行值守。市级治安支队应定期组织开展清查底数，盘查库存以及集中销毁工作。

市、县两级反恐、国保部门根据需要建立专门的涉案涉密物品保管场所，集中、统一保管各办案部门收缴的危害国家安全的传单、标语、信件及其他宣传品等涉密涉案物品。同时设立一位专职或兼职涉密财物保管员，涉密财物保管员由国保部门内勤民警担任。市级反恐、国保支队根据需要定期组织开展清查，盘查库存以及集中销毁工作。

刑侦部门建立专门的刑事案件涉案材料、物证保管场所，原则上涉案材料、物证由刑事科学部门专管员负责管理。

从条块上主要是体现在各职能部门根据职责对涉案财物管理工作的横向分工。

法制部门作为涉案财物管理工作的牵头单位，负责辖区内所有单位涉案财物管理系统的更新与维护、智能系统告警整改、对录入信息进行核查、与法检机关沟通衔接、为各级保管场所配备和升级与涉案财物管理系统匹配的各类智能化设备。

警保部门主要负责对涉案财物的具体保管，并对涉案财物保管室的场所进行配置、硬件进行升级。对于涉案财物按季度进行一次清点，对于无法在三个月内进行处置的涉案财物进行统一收集，汇总集中至对应涉案财物集中保管场所；对于可能出现价值贬损的情况及时采取维护保养措施，一般维护保养不能止损的及时上报涉案财物管理小组集体会商，形成集体意见上报主要负责人进行审批。警保部门应指派专人负责涉案财物保管工作，同时对所辖区域所有涉案财物保管场所进行统计、管理，对所有涉案财物保管员进行登记以及管理。

纪检部门负责对违反涉案财物管理规定的情况进行查处和问责。

警务督察部门负责对涉案财物管理情况开展网上巡查，各个涉案财物保管场所内的实时监控接入牵头单位，组织警务保障、法制、纪检、审计部门相关人员定期开展督察，并公开通报结果。

审计部门负责对涉案财物的管理情况进行审计监督。

3.厘清部门间流转程序

在明确各部门之间所承担的责任之后，我市将各部门在涉案财物保管的各个阶段所应做的工作，特别是涉案物品流转中的各部门需要做的衔接工作予以明确。由于涉案财物的管理流程繁复，环环相扣，我市划分出涉案财物管理的三个重要节点关口，以此作为切入点，厘清各部门在涉案财物流转时的具体职责，实现了对涉案财物的有效管理。

第一个关口是涉案财物的"入口关"，主要指由法制部门协助办案部门摒弃以往"能扣就扣"的取证思维，树立实事求是的办案理念，严格控制涉案财物进入司法程序的数量，避免司法资源被无端挤占或因司法程序对权利人合法权利产生不必要的损害。为此，我市通过明确涉案财物强制措施审批标准，规范涉案财物的来源与内容，防止对涉案财物违法采取强制措施。我市新修订的《湘潭市涉案财物管理规定》明确规定，对于分县局办理的行政案件或刑事案件中扣押的价值在五千元以上的财物，其扣押决定应由法制审核并交主要领导审批。涉案财物在扣押时的价值以鉴定价值为准，暂未做鉴定的以购买或销售凭证为准。法制部门从涉案财物与案件是否存在关联、是否具有扣押必要性、扣押决定是否会影响相关人员或企业的正常生活以及生产经营等多个角度进行重点审核，对于与案件无关的涉案财物扣押申请不予审核批准。对于与案件关联但扣押决定会影响相关人员或企业的正常生产生活的，可以先行办理扣押决定，并在作出决定后的七日内由法制部门组织办案单位与检察机关沟通，明确涉案财物的证据属性以及固定标准，对涉案财物的对应特征与信息进行及时登记或保存，在不影响案件正常办理的情况下可对涉案物品先行组织退还，退还程序及要求参照返还被侵害人或被害人的相关规定。[①] 与此同时，对于较大价值的涉案财物扣押纳入法制审核体系中，有助于督促办案单位厘清涉案物品权属，能够在案件判决进入执行程序后及时快速执行。

第二个关口是涉案财物的"保管关"，主要指由警务保障部门及各专业警种协同办案单位做好涉案财物入库后的各项流转工作，即对保管期间的鉴定、调用、转移等行为制订明确可行的操作手册，实现涉案财物保管有法可依、有据可查。

---

① 《公安机关办理行政案件程序规定》第192条以及《公安机关办理刑事案件程序规定》第234条。

  首先，明确涉案物品自所队一级分散保管到区县一级集中保管的流程管理。尽管省厅及市局文件规定了涉案物品在所队一级涉案财物保管场所保存三个月之后便需要移送集中保管，但我们认为该文件明确的是涉案财物的保管职责，即扣押超过三个月尚未处置的涉案财物其保管职责由办案所队转移至警保部门，而该文件并未明确涉案物品由办案所队向警保部门的流转程序，直接导致了在实践操作中出现警保部门不会主动要、办案部门也不会主动给的尴尬局面。为解决这一问题，我市规定涉案物品由分散保管向集中保管的流程同样也是集中收集的流程，明确由法制部门按季度清点上一个季度内所辖办案所队扣押的涉案财物整理清单移交警保部门，再由警保部门负责通知联络各办案所队物品保管员，最后由各办案所队的物品管理员负责将涉案财物及时移交警保部门进行集中保管。此外，对于可能退还受害人或已明确去向的能够在一个月内完成处置的，由办案单位在系统中的超时预警中备注相关情况后可不予移交。

  其次，特殊物品移送程序的畅通，主要指对不由所队保管的涉案财物，及时由专业警种进行收集保管。主要是对于毒品、枪支等物品，在办理扣押决定后由办案民警交给所队物品保管员，在物品保管员处办理物品入库后24小时内移交专业警种的物品保管员，以移交保管的形式办理登记，保证在集中保管的情形下不会出现涉案物品与关联案件相互分离的情况，保证特殊物品可溯源、可追查。

  最后，强化涉案财物在公安机关保管期间的鉴定、调用、委托保管等临时性保管措施的流程管理。在我们前期的调研中发现，涉案物品的鉴定、调用以及委托保管等保存期间的临时性转移保管在实践中形成了"脱管状态"。我市有一起案件的涉案财物在委托保管之后多年未有任何处理，即便法院早有判决但办案单位与警保部门、委托保管单位相互之间均没有沟通，导致早应处置的涉案物品被积压在委托保管单位，公安机关平白损失数年保管费用。其问题的根源在于这种临时性转移保管的流转责任不明确，导致办案单位、原保管单位与临时性保管单位对于涉案财物的流转状态不积极、不主动进行了解。因此我市明确"谁调用谁负责"原则，明确鉴定、调用、委托保管的涉案物品的流转职责在于调用人、委托鉴定人或委托保管人。对鉴定、调用、委托保管明确时限，对涉案物品的鉴定、调用、委托保管时限一般为七日，最长不超过三十日，超过三十日无法归还的，应当由调取人、委托鉴定人或委托保管人在涉案财物管理系统内办理延长申请，每次延长不得超过三十日，对于未办理延长审批导致物品保管超期、贬值损毁的，对调用人、委托鉴定人或委托保管人追究执法过错责任并由法制部门对其所在单位部门在执法质量考评中予以扣分。

第三个关口是"出口关"，即采取多种手段明确涉案财物处置意见，并对涉案财物快速进行处置，提高保管场所特别是集中存放场所的周转率，防止涉案财物的积压。在这里，我们主要通过明确涉案财物退还、移送及处置标准，特别是对变卖、销毁、没收、无主物上缴等具体处置行为提供明确指引的方式来提高涉案财物处置效率。

为了清理涉案物品积压以及提高涉案财物处置效率，在涉案财物的处置上我市通过政法协同中心建立起公检法联动处置机制，引入了对尚未判决的涉案财物"先行处置"与对判决时未形成法律处置意见的涉案财物"事后处置"两套工作模式，具体操作在下文政法协同中心部分详述。

警保部门与审计部门按年度对所辖涉案财物保管室进行全面清查，必要时可以到涉案财物保管场所进行实地抽查，检查涉案财物保管场所物品积压情况。清查的主要目的是清点符合处置标准的涉案财物，对于行政案件扣押的涉案物品，在行政处罚作出之日之后六个月内其所涉案件无复议诉讼情形或复议维持、行政诉讼判决维持的，可以进行集中处置。刑事案件中扣押的涉案财物在所涉案件判决生效后，由法制部门通过政法协同机制，会同法院对涉案财物进行集中处置，一般刑事案件涉案财物由法院执行部门进行处置，规定由公安机关处置的，如枪支毒品的销毁应当由公安机关进行处置。如公安机关处置更加适宜的，经法院委托可以由公安机关进行处置。处置方式分为退还、销毁、变卖或拍卖、没收或上缴。警保部门、审计部门以及法制部门对涉案财物进行清点统计后对涉案财物给出处置意见，并将物品处置清单及处置意见通知各个处置责任单位，由各责任单位启动处置程序。

对于行政案件或刑事案件当中查获的违禁品或无人认领的无价值物品，应当统一造册销毁。销毁程序遵循"谁保管谁负责"的原则，集中保管或分散保管的一般涉案物品，其集中销毁程序由对应的各级警保部门分别负责组织，特殊涉案物品，如枪支、毒品的销毁程序由市一级专业警种负责。销毁责任部门应先行清点所辖保管场所内涉案物品底数，并对符合要求的涉案物品统一进行清点成册，交法制审核关联案件无异议后督促各办案单位提交销毁申请，经公安机关主要负责人审批后集中统一进行销毁。

对于易损毁、灭失、腐烂、变质而不宜长期保存或难以保管的物品，包括易燃易爆物品、化学制剂等需要委托保管的物品，或者车辆、房屋等需要长期扣押但有价值贬损风险的物品，可以进行变卖或者拍卖处置。变卖或拍卖程序可以由物品权利人或保管单位向办案单位申请。办案单位提出呈请报告，在系统内层报至所属公安机关主要负责人批准后，交警保部门执行拍卖或变卖流程。

4. 特殊物品重点监管

在前期调研中，我们发现当下一般的管理制度难以对部分特殊的涉案物品进行有效保管，如数字货币、车辆、手机等。因此，我市对上述涉案物品的保管进行了单独的规定。

涉案车辆管理的问题主要在于两点，其一是车辆权属不明问题，其二是保管过程中的价值贬损问题。针对车辆权属不明的问题，我们要求办案单位在作出扣押车辆决定时，必须将车辆行驶证一并上传涉案财物管理系统，无法取得行驶证的，应在公安交通管理综合系统内进行查询并将查询结果上传涉案财物管理系统。对于车辆所有人并非涉案人员（包括违法犯罪人员和受害人员）但确有必要对车辆进行扣押的，需将车辆权属情况在扣押物品清单以及随案移送物品清单的备注一栏予以注明。由法制部门在对扣押决定以及移送审查起诉时进行法制审核时予以重点审核。另外，针对所有属于登记物权范围内的涉案财物，其扣押流程都参照涉案车辆扣押程序进行处置。针对涉案车辆的价值贬损问题，我们认为主要是需要解决涉案车辆的维修保养与年审问题。既然涉案车辆均是交由警保部门进行集中保管，因此警保部门在接收办案单位移交的涉案车辆时，需登记车辆的油量、行驶里程等车况信息，联系汽修单位定期到涉案车辆保管场地开展涉案车辆集中保养并对保养情况进行登记。同时，为避免因维护保养浪费过多司法资源以及长时间停放导致车辆价值贬损，法制部门在每季度对涉案财物进行清点时，对于扣押时间超过一年的涉案车辆，利用政法协同机制组织办案单位与检法机关会商，在不影响案件审理进展的情形下可以对涉案车辆进行先行处置。先行处置为拍卖处置，处置前应征得车辆权属人同意，拍卖所得价款由公安机关提存并转为暂扣款用于赔偿或罚款。另外，涉案车辆的先行处置程序可以在车辆权属人的申请下，由办案机关通过法制部门提交政法协同机制进行启动。

手机一般是被当作随身物品，如前文所述，在移动支付成为主流支付手段的现在，手机可以等同于钱包，其不同于一般随身物品，具有极高的价值属性。同时，由于手机内的数据信息与行为人的行为息息相关，甚至能够直接反映其违法犯罪过程，所以手机又具有极高的证据属性，这也是为何在目前的办案流程中，手机信息采集是案件侦办环节违法人员所必经的一道程序，这也导致了违法犯罪人员的手机必然需要由公安机关暂扣一段时间。为解决手机保管问题，我市以执法办案区场所管理为切入点，在执法办案区入区工作规范中明确违法犯罪人员的手机由办案区工作人员进行登记、采集并负保管责任，办案民警在登记后，可在审讯过程中临时保管违法犯罪人员手机。办案单位根据案件办理情况与违法犯罪人员意愿决定手机处置去向，包括自行领回、家属领回、邮寄领回或转为扣押物，办案单位需登记手机处置去向后方可将手机带离办案场所。决定邮寄领回的，可在办案中心办理邮政寄递业务。决定自行领回或家属领回的，由办案民警将手机交本单位物品保管员进行代为保管，代为保管时间不得超过一个月，超过一个月不能领回的必须办理扣押手续。

（三）提升信息化平台运行效能

信息化平台的完善应是执法信息化与执法规范化的应有之义，因此要发挥信息化平台的作用则需要从信息化和规范化两个方面进行入手。2023年我市对涉案财物系统进行升级改革，在信息化方面主要是增加移动互联功能，通过手机警务通的移动互联功能，将信息录入、场所管理、通知预警融为一体。在规范化方面主要是优化信息平台数据运算逻辑，并强化结果运用，通过智能化平台从法制审核、警保清点、审计监督三个维度对涉案财物管理工作。

1. 利用移动互联应用建立涉案财物"云仓库"

在沿海先进地区，公检法合建的涉案财物集中管理中心、物联网管理等先进管理模式经验都是我市希望参照学习的榜样。然而，我市在现实层面的资源投入能力并不足以能够完成上述构想，因此我市转而利用每一位民警均有配发的手机"警务通"来构建涉案财物管理的"云仓库"，以实现涉案财物的"云上"集中管理。通过以相对较低的软件开发费用取代高昂的标准仓库建设运转费用以及创新使用手机"警务通"应用的拍照、扫码、电子签名等功能，我市运用智能移动互联应用盘活了全市涉案财物保管场所并实现了涉案财物从扣押到保管再到处置的全流程智能化管理。

我市将涉案财物管理系统的移动端管理模块融入了"湘潭执法办案"App中，App设有"当场扣押"功能，办案民警可通过该功能对涉案财物的持有人信息进行登记，按照一般物品、手机、车辆、枪弹、毒品、现金、单据等多个类别对涉案财物的信息进行录入，并通过手机照片上传或现场拍照的形式一键录入涉案物品照片信息，免去了以往拍照转内网再上传的繁复操作，也无须再为各单位保管场所配备相关拍照设备。

在民警现场搜查过程中，民警通过手机端录入涉案物品相关信息自动生成涉案物品扣押清单，民警可根据App内预设的模板快速生成搜查、扣押笔录，并交给在场当事人或其亲属以及见证人进行电子签名，智能化应用将涉案财物管理工作延伸到一线扣押现场，在有效减少办案民警的重复操作的同时使民警在制作笔录清单制作更加规范。

在办案民警录入涉案物品信息后，可通过电脑端或移动端选择对应的保管场所进行入库操作，物品保管员接收到实物后选择接收入库。入库后，系统为每一件涉案财物自动生成二维码，由物品保管员将二维码打印并粘贴到物品上（或保管袋上），之后该涉案物品的调用、移交以及处置手续可以利用"警务通"进行扫码，实现一键借用、鉴定、移送、处置。同时在系统内自动生成涉案物品管理电子目录，保证涉案物品所有流转进程均有迹可循、有据可查，实现"一物一档"的电子化管理。这既完善了流程化管理的疏漏，又提升了物品流转的效率。

2. 优化信息平台数据运算逻辑，强化结果运用

"涉案财物管理信息平台建设应坚持效率原则。"[①] 为了提高智能化平台对涉案财物的管理效率，我市对原有的涉案财物管理系统在分类处理和通知预警两个方面重点进行了功能强化或升级。

分类处理主要是指系统根据涉案财物的特征进行初步分流管理，包括审批分流与保存分流。涉案财物管理系统中，将涉案财物具体分成"一般涉案物品""车辆""手机""枪弹""票券单据""现金""毒品相关制剂或物品"。根据物品录入信息，对其审批进行分流，如将估值在五千元以上的一般涉案物品、现金、票券单据分流至办案单位所属法制部门进行审批。其中特殊物品的保管，如毒品、枪弹等，在物品录入后只能选择固定对应的毒品、枪弹保管场所，相应审批会直接推送至物品保管员处。而为保证物品管理信息可溯源、实现不间断的管理，对于易燃易爆物品、危险化学品、生鲜易腐败物品等不易保存而需要委托保存的物品由办案民警在"一般涉案物品"中录入后，再由办案单位移交警保部门进行委托保管操作。另外，为进一步提高保管场所分类使用效率，系统根据各个保管场所的实际情况在"云上"划分出虚拟柜，方便涉案财物的保管与调动。

原来的涉案财物管理系统的通知预警都只停留在涉案财物管理系统中，民警不进入系统则无法知晓系统的告警。因此我市利用手机警务通，在涉案财物管理移动端 App 设置预警通知功能，通过手机应用通知推送的形式对涉案财物管理的相关预警和通知进行推送，实时向责任民警告警，以方便及

---

① 李玉华：《统一涉案财物管理中心建立的论证与设计》，中国法制出版社，2021，第 163 页。

时处置。预警通知包含两大块内容，包括告警事项与通知待办。告警通知包括"超期保管""超期归还""违规出库"，对涉案车辆增设"超期年检""超期保险"告警。待办通知包括审批待办、信息补录待办。审批待办主要指办案民警或保管员在进行涉案财物的入库、调用、处置等流程性审批时会在系统首页的待办事项中置顶推送。信息补录待办是我市根据涉案财物管理工作存在的几个疏漏设置的"修补"措施，包括在开具冻结文书上传回执后会提示民警补录被冻结账户内资金。而在涉案财物被移送起诉后，也会形成"处置待办"，即等候涉案财物的司法处置意见。目前，我市通过政法协同中心工作，由法制部门定期对涉案财物的司法处置内容手动进行上传。日后将引入政法大数据平台，实现法检数据自动导入功能。通过通知预警功能，系统将督促办案人员与保管人员进一步完善信息的录入，为统计分析打下数据基础。

（四）建立政法协同中心，创新跨部门协作

刑事涉案财物的合法高效处置离不开公安、检察、法院的互相配合与互相制约。[①] 2023年，我市建立全市执法办案管理中心，并将侦查监督与协作配合机制、公检法司联席协调机制、非羁押人员管控、涉案财物跨部门流转等诸多机制融入打造成全市政法协同中心。中心设有公检法司工作人员专用办公座席、接入内网并安排人员值班驻守负责协调配合等相应工作。在涉案财物司法程序中，检法机关处于司法程序的"下游"环节，公安机关与检法机关的"上下游"衔接不畅是导致涉案财物处置不到位进而造成积压拥堵的主要原因。因此，我市利用政法协同中心，并以此为基础提供涉案财物处置的政法协同方案。

1. 移送起诉前的先行处置

前文所述，部分被扣押的涉案财物存在因不易保存或不宜长期保存等各

[①] 参见周凌云等《刑事案件涉案财物处置多跨协同模式的构建》，《人民法院报》2022年11月23日，第7版。

类情形在案件审结前需要先行处置的情形，包括解封、退还、拍卖、变卖等情形，但不包括销毁与没收。为此，我市政法协同中心通过侦监协作机制或公检法联席会商机制确定了一般性的证据固定标准。

对属于违法犯罪所得及其孳息的涉案财物，办案单位需收集该涉案财物系违法所得及其孳息的主客观证据，包括但不限于犯罪嫌疑人供述与辩解、被害人陈述、交易凭证、权属凭证、银行流水等，同时应确定违法所得具体数额。

对属于实施违法犯罪行为的工具，及其他可以证明违法犯罪行为发生、违法犯罪行为情节轻重的物品和文件，办案单位需收集涉案财物的权属来源，与犯罪行为、嫌疑人之间的关联及作用等主客观证据，形式包括但不限于犯罪嫌疑人供述与辩解、被害人陈述、交易凭证、权属凭证、鉴定报告、监控视频等。

由于非法持有的违禁品其处置方式为销毁，因此对扣押的违禁品不得通过本机制在审前进行先行处置。

"先行处置不得损害他人利益，先行处置的涉案财物应当权属关系明确。"[①] 在先行处置过程中，办案人员对上述证明内容负有举证责任，必要时物品权利人、被害人、嫌疑人等当事人或利害关系人对物品权属、利益关系等负有证明责任。

先行处置的程序由物品权利人、被害人向办案单位提出申请后由办案单位启动或由办案单位直接启动。对于行政治安类案件中扣押的涉案财物需要办理先行处置的，办案单位在系统中提交呈请报告，报告内容应包含呈请先行处置理由、涉案财物状态以及建议处置方式，由法制部门对其是否符合先行处置标准并已完成证据固定程序进行审核，再交警保部门对涉案财物状态、建议处置方式进行审核，法制部门、警保部门同意后交公安机关主要负责人批准。对于刑事案件中扣押的涉案财物需要办理先行处置的，参照行政治安类案件进行程序呈报并在呈报批准后 1 个工作日内通过政法协同中心向

---

① 李玉华：《从涉众型经济犯罪案件看涉案财物的先期处置》，《当代法学》2019 年第 2 期。

检察机关报备。

对于公安机关办理的重大经济犯罪、集团犯罪或有组织犯罪案件所扣押的涉案财物需要进行先行处置的，应当由办案单位就涉案物品的权属事实、强制措施情况、与犯罪人员或犯罪集团的关联情况进行调查后呈报至法制部门，由法制部门启动侦监协作机制，必要时可启动公检法联席会商机制对涉案财物先行处置问题进行研究。上述机制将对涉案财物的涉案关联情况进行预先审查，并制订相应的资产处理方案。

2. 移送起诉后的换押与处置

检法机关囿于场地原因不予接收扣押的涉案财物实物是涉案财物管理的典型问题，对此以我市目前的资源条件也难以进行改善或解决。我们的调研发现，实践中文书移送并没有妥善解决保管责任问题，反而造成了公安机关与检法机关两不管的局面。因此，我市利用政法协同机制着力解决涉案财物在移送起诉后的换押与处置问题。

目前，根据我市政法协同中心中侦检协作机制要求，公安系统应为检察机关提供一台公安内网设备用于接受检察监督。我市在政法协同中心内设置侦查监督与协作配合办公室，为派驻检察官配备公安内网电脑，并在涉案财物管理系统中设置检察院身份，在案件移诉后由检察院案管部门在网上集中办理涉案物品换押手续，完成涉案财物实物不移送情况下的保管责任的移交程序。同时，政法协同中心派驻民警、检察官与法官每月6日（若6日为节假日则延后至第一个工作日）定期将各部门所需的数据收集并进行交换。公安机关法制部门应根据每月收到的法院判决以及检察院不予起诉情况对涉案财物进行清理，对于在检察院不起诉案件或者法院已决案件的数据巡查中发现存在涉案财物遗漏未裁决情形的，由法制部门以代为保管机关的名义向保管责任机构发出商请函，函询处理意见。必要时可以启动公检法联席会商机制，对相关涉案财物的处理意见进行会商。

3. 关于进一步深化政法协同改革的建议

囿于我市政法协同工作尚在起步阶段，诸多协同机制仍有较大深化改革空间，下一步，我市将在涉案财物管理政法协同的智能化与集约化等方面进行改革。一是进一步完善涉案财物的公检法各单位网上协同换押，将涉案财物信息数据引入现有的政法大数据平台，以该平台为基础，优化发起、受理换押程序，修复程序漏洞，加强办案人员业务技能培训，熟练使用数据平台，提升电子换押推送、接收成功率。二是建议在中心建立统一财物保管库，将公检法机关原来对涉案财物各自保管、分散管理的方式进行整合、优化，实现对所有涉案财物的集中、统一管理①，并仅在线上流转扣押文书及物品清单。同时，尝试设立中心统一账户，保管中心办理的案件所扣押财产及取保候审保证金等。三是在统一财物保管库建立后，将财政部门的监督指导引入政法协同的集中涉案财物保管，让市级财政统筹负担涉案财物集中保管中心的运行费用并对其中涉案财物的管理特别是处置进行监督、管理，在确保涉案款物"颗粒归仓"的同时，达成规范财物处置与财务制度的目标。

（五）完善审查监管措施

未来，为了适应今后独立统一的涉案财物管理中心的建立，不断完善涉案财物管理监督机制，需要重新明确监督主体、划分行为责任、完善监督程序、突出监督重点。②

首先，法制部门应当强化涉案财物的法制审查，主要有三点。其一是"事前"抓紧，即明确应当进行法制审查的涉案财物价值标准，目前我市拟定价值五千元以上物品的强制措施由法制部门审核。同时，法制部门在案件审批过程中发现无须法制审批的低价值物品没有必要采取强制措施的，应及时督促办案单位办理解除或作其他处理。其二是"事中"抓严，即案件在移送检察院起诉时应当将涉案财物一并列入移送清单，对应当移送而没有移送涉案财物的移送审查呈请报告，法制部门一律不予批准。其三是"事后"抓漏，即对于检察院不起诉案件或者法院已决案件，法制部门应当按月收集相关情况并对所涉案件中的扣押财物进行巡查，对于遗漏未裁决的涉案财物

① 参见李玉华《统一涉案财物管理中心建立的论证与设计》，中国法制出版社，2021，第7页。
② 参见李玉华《统一涉案财物管理中心建立的论证与设计》，中国法制出版社，2021，第193页。

及时向检察院或法院去函协商处理，真正做到"案结事了"。

其次，开展经常性巡查与审计。法制部门利用信息化平台对涉案财物的超时入库、信息遗漏、超期出库等可能存在的问题开展"日结、周清"式定期巡查。警保部门负责动态化对涉案物品保存情况，特别是保证金等暂扣款项的巡查。审计督察部门应将暂扣款、罚没金、涉案物品等情况纳入年度审计中。

最后，强化责任追究。由纪检、督查部门牵头，对违法违规扣押涉案财物的，玩忽职守致使涉案财物遗失、损毁或发生重大价值贬损的，私自截留保证金、违法所得等暂扣款项等重大违法违纪问题发现一起查处一起，严肃追责，绝不姑息。对过往办结的违规违纪案件定期开展讲评，以案促改，为涉案财物规范化管理画下不可逾越的制度红线。

B.7
常熟市公安局涉案财物管理
处置机制的改革探索

王志军　谢全发　焦　娜*

摘　要：　涉案财物管理处置是执法规范化建设的重要环节，对于维护当事人合法权益、保障刑事诉讼和行政执法各环节顺利进行、促进司法公正都有着重要的意义。为不断规范涉案财物管理处置，常熟市结合工作实际，以集约化、信息化、规范化、高效化为目标，建成跨部门集中统一的涉案财物管理中心，打造公检法共用的涉案财物管理平台，探索推出第三方委托运维、线上网络直拍、警银联动监督、电子非税罚没收据、行政罚款非诉执行等创新措施，着力构建涉案财物从物品到钱款再到收据"一一对应"的全流程闭环管理体系，形成涉案财物"快进快出"高效处置的共管新格局。

关键词：　涉案财物　信息化　共建共管　线上网络直拍

一　引言

近年来，随着经济快速发展，信息化水平不断提高，犯罪形式越来越多样化，由此衍生的涉案财物种类、数量和价值呈现"多、大、高"的新特

---

* 王志军，常熟市副市长，公安局党委书记、局长，主要研究领域为公安管理；谢全发，江苏警官学院侦查系副教授，剑桥大学法学院访问学者，法学博士，主要研究领域为经济犯罪侦查；焦娜，中国人民公安大学法学院讲师，法学博士，主要研究领域为刑事诉讼法学。

点，加上历年积压了大量涉案财物，给公安机关涉案财物管理处置工作带来了巨大压力，主要表现为以下几个方面。一是管理模式粗放造成资源浪费。在涉案财物管理处置过程中，从公安机关扣押和管理涉案财物，到检察机关和审判机关流转、处置涉案财物，都要求公检法各自设立管理机构、建设管理场所、配备管理人员，都需要消耗大量人力、物力、财力，造成了司法资源的重复消耗。同时，由于缺乏严格的监督管理和运行机制，且手续烦琐、管理多头、处置困难，一些基层民警在办案中查封、扣押涉案财物不积极、不全面、不细致已不是个别现象。二是衔接机制不畅影响办案效率。在"随案移送"刑事诉讼规则下，公安机关侦查终结之后，涉案财物随卷宗一起移交检察院审查起诉，在起诉阶段，检察院要将涉案财物随卷宗移交法院审理，侦查、起诉、审判各个环节都要经历提取、登记、移交、接收、保管、处理等重复流程，严重影响了涉案财物的管理效率和诉讼效率。实践中，公安机关按照法律规定"随案移送"涉案财物，但是检察院一般只接收实物性证据和其他权利凭证、财物清单、照片等证明性文件，法院也存在选择性接收和拒绝接收大宗实物的情形。有些涉案财物是在侦查阶段付出了艰辛努力才得以查封、扣押的，检察院或法院对此却不提出明确处置意见，致使大量涉案财物长期搁置在公安机关，部门间相互推诿导致涉案财物得不到有效处置。三是管理系统落后无法满足需求。公安机关针对涉案财物不但要采取查封、扣押等措施，还要对部分财物进行先行返还、先行处置，更要进行信息共享、管理监督、财物移交，这些流程都需要纳入案件信息系统进行管理。但目前相关管理系统仅仅可以登记涉案财物基本信息和当前状态，没有部门联动和管理、处置、监督等全流程功能，与其他管理系统也没有形成互联互通体系，难以适应公安工作现实需要，这已经成为公安信息化体系中的短板弱项。四是财物处置偏慢减损财物价值。一方面，公检法缺乏易损性财物处置有效机制。在实践中，对于因自身材质原因易损毁、灭失、腐烂、变质而不宜长期保存的食品、药品及其原材料，长期不使用容易导致机械性能下降、价值贬损的车辆、船舶等物品，以及市场价格波动大的债券、股票、基金份额等财产和有效期即将届满的汇票、本票、支票等有价票证，如果处

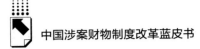

置不及时，不仅会产生大量保管费用，还可能导致涉案财物价值大大降低，严重损害当事人合法权益，削弱司法公信力。另一方面，公检法缺乏经营性涉案财物科学管理模式。根据《公安机关办理经济犯罪案件的若干规定》，经营性涉案财物不宜扣押、查封、冻结。在侦查实践中，如果对经营性涉案财物不予扣押、查封、冻结，则受害人、利害相关人经济利益往往无法得到有效保障；但如果对经营性涉案财物扣押、查封、冻结，则与公安部规定的精神相悖。同时，公安机关如果对犯罪嫌疑人（很多情况为企业、单位法定代表人）采取强制措施时，对相关单位公章予以扣押，将导致这些企业、单位无法正常继续经营，为涉案财物后续查扣处置带来很多不确定性。因此，如何处理易损性财物和经营性涉案财物，已成为当前公检法各部门的共同难题。

常熟市公安局围绕保管场所设施落后、公检法衔接机制不畅、财物处置效率低下、管理系统落后等涉案财物管理堵点难点，进行了系统考察调研，结合自身实际开展探索创新，联合检察机关、审判机关、财政部门以及银行、拍卖等社会机构共商共建共用，从保管场所、管理平台、运维模式、处置途径、缴款方式等方面进行系统建设，取得了初步成效。常熟市作为推进涉案财物改革探索最早的县级市之一，现对涉案财物共管中心建设情况进行总结分析，供其他地区涉案财物管理处置参考借鉴。

二　常熟市公安局关于涉案财物管理处置的探索

（一）建立跨部门集中统一的涉案财物共管中心

长期以来，各政法部门对涉案财物大多处于自建自管的模式，由于管理专业性不强、保管成本过高、监管机制不全等原因，导致涉案财物管理存在返还不及时、处置效率低以及监管不到位等问题，严重影响执法司法公信力，损害当事人的合法财产权，对社会造成不良影响。[①] 为解决这些问题，

---

① 何成军、王明东：《刑事案件涉案财物保管若干问题研究》，《人民法治》2018 年第 12 期。

2015 年 1 月，中共中央办公厅、国务院办公厅联合颁发《关于进一步规范刑事诉讼涉案财物处置工作的意见》，提出"进一步规范刑事诉讼涉案财物处置工作，健全处置涉案财物的程序、制度和机制""建立办案部门与保管部门、办案人员与保管人员相互制约的制度和探索建立跨部门的地方涉案财物集中管理信息中心"①，为各地探索建立涉案财物共管中心提供了方向指引和政策支撑，进一步对涉案财物管理进行规范。实行跨部门统一涉案财物管理，集中管理、细化分类，实现"流单不流物"和物证保管链的无缝结合，可以有效避免移送不及时、流转不顺畅等问题，有助于执法部门之间相互配合与监督，提高涉案财物管理精细化、规范化管理水平，努力实现公平正义的司法永恒追求。② 在市委、市政府领导下，常熟市公安局积极贯彻上级关于涉案财物管理相关要求，树立全市"一盘棋"思想，积极推动政法系统建立市级层面跨部门统一涉案财物管理中心，从选址建设、功能设置、安防保障、公检法共管共用等方面进行精心设计、开拓创新，强力助推涉案财物管理能力和水平提升。

1. 中心概况

（1）选址建设

常熟在筹建涉案财物管理中心时，首先奠定"集中统一"的思想，以打造一个"公检法共管共用"的涉案财物管理公共仓为目标，并拓展延伸服务市级其他执法部门。2021 年，"涉案财物管理中心"建设项目正式立项，2022 年，该项目被列为市级投资项目和市委督导项目，并作为常熟市公安局的"书记项目"重点推进。为了推动涉案财物管理中心项目快速落地，减少财政投入和有效利用国有资产闲置资源，常熟依托常熟市常安特种守押保安服务有限公司位于黄浦路 58 号的现有场地及建筑物，对约 3600 平方米建筑和土地进行改造。在建设过程中，整合公安、检察院、法院关于涉

---

① 黄华生、石军英：《批判与重构：刑事涉案财物的概念界定》，《江西社会科学》2022 年第 5 期。

② 戴建青、张庆余：《涉案财物跨部门管理的背景、实践及困境超越》，《江苏警官学院学报》2018 年第 33 卷第 5 期。

案财物管理各类硬件和软件需求，同步推进保管设备、技防工程、软件管理等系统研发，提高涉案财物集中保管条件，实现涉案财物管理中心统一建设、统一管理、共同使用。在常熟市委、市政府的大力支持下，公检法财等部门密切配合，常熟市涉案财物管理中心于 2022 年 9 月正式建成投用。至此，办案单位的涉案财物全部入中心集中保管，在案件诉讼各阶段，涉案实物在中心统一静止保管，公检法之间只需要网上办理换押手续即可"一键流转"，有效解决了多头建设、随案移送等问题。

（2）功能区设置

常熟市涉案财物管理中心合理划分功能区，推动涉案财物从入库保管到出库处置全流程管理服务，实现每一个区域利用价值最大化。中心设有主库、副库两个物管区域，按照分类分区保管原则，主库区设置在四层独立楼房，设有专业保管库房 20 间，配备各类智能化保管器具 60 余只、货架 324节，主要用于存放贵重物品、违禁品、毒品、涉密物品等特殊物品；副库区设置在一层，内设密集架 20 组、栈板 80 平方米，主要用于存放纸质档案和其他大件重品，另外为涉案车辆单独设置摩托车位 25 个、机动车车库 96个，其中新能源机动车与燃油机动车车库分离设置，车库采用全封闭防火隔离。通过库区划分，有效保护多样化涉案财物价值和安全，方便快速准确定位处置和监督，大幅提高了涉案财物的管理规范和效率。中心设立可视化庭审示证视频室，庭审辨认时，可直接通过高清视频和实时语音通话，360 度全方位立体展示涉案财物全貌，有效避免涉案财物在移送庭审过程中带来的损耗风险，同时降低司法机关刑事诉讼时间成本。中心设立办公区，运维团队在受理登记台接收核对涉案财物入库申请和清单、张贴 RFID 标签、核查处置文书、核对出库实物、核验出库手续等，并分类设置办公室，服务于公检法和第三方辅拍、处置团队登记办公。

（3）安防系统保障

涉案财物的安全是涉案财物管理处置的前提。在涉案财物管理处置过程中，要确保涉案财物的准确登记、无损保管和安全流转，杜绝人为、自然等损毁、灭失或调包风险，最大限度实现安全闭环管理。常熟市涉案财物管理中心同步推进保管设备、技防工程、软件管理等系统研发，采用物联网 EAS 射频防盗系统、RFID 射频标签、红外探测、AI 人脸识别等先进技术，提高涉案财物管理安全等级，通过在管理系统搭载安全监测管理模块，记录硬件、智能柜、门禁、通道等使用情况，对涉案财物进行数智化监管。

登记涉案财物时，以"一事一授权"方式指定库位和操作库管员，依托 AI 人脸识别技术实现操作功能授权，由指定的 2 名库管员将涉案财物放入指定库位，之后出库、入库均实行"双人双识别"刷脸认证，从制度上杜绝"调包"风险。采用 RFID 射频标签对入库涉案财物进行跟踪管理，每日盘库员使用盘库机扫描涉案物品 RFID 射频标签核对物品信息，确保账本和实物保持一致，对未做出库授权的异常离库进行安全门报警，杜绝物证遗失、暗箱操作风险，有力保证在库物品安全。引入 3D 建模技术，实时查询涉案财物所处保管区域、保管状态，动态掌控库区存储量变化，为入库、盘库、移库等相关操作提供准确指引，实现智能化全过程动态管理。机动车车库采取全封闭防火隔离，对涉案机动车采取交叉维保机制，并将维保信息制成"一车一档"随车登记卡，有效进行车辆保值，解决了办案单位停车资源被长期占用以及涉案车辆保管难的问题。

（4）公检法共用

涉案财物管理历来实行的是"自建自管"模式，即公安机关、检察院和法院均设有保管场所，但各部门保管制度、保管标准不一，在诉讼各阶段涉案财物需要在部门间随案移送，在整个移交、保管的过程中，各部门专业性不强、配合衔接较弱、监管力度不够，涉案财物管理混乱，处置效率低下，容易滋生腐败问题。常熟市建立跨部门统一涉案财物管理中心后，实行"政法牵头、公安主管、检法协同"的涉案财物共管模式，公检法各部门共同使用涉案财物管理中心，避免涉案财物管理场所多头建设，大大降低了公检法各部门在涉案财物管理人员、场所、经费等方面的重复投入。

为进一步加强涉案财物规范化管理，常熟市公安机关抽调 4 名警力常态入驻涉案财物管理中心，专门负责涉案财物入出库审核、换押流转、处置监督提醒、沟通协调、专项清查、系统维护等工作，确保涉案财物管理工作安全有序。检察院、法院明确专人对接中心相关管理工作，与公安建立沟通联络群组，即时处理涉案财物的文书流转、交接处置等问题。在案件办理各阶段，涉案财物管理中心统一集中保管涉案财物，权属变更手续通过公检法共用管理平台进行网上流转，彻底改变了过去重复录入操作的烦琐流程，有效降低了查扣实物多次流转可能造成的毁损、灭失等风险，为公检法各部门管理工作带来了极大的便利。中心运行以来，公安机关向检察院移送换押案件938 起，涉及查扣财物 56 万余件；检察院向法院移送换押案件 502 起，涉及相关财物 25266 件，整个涉案财物流转更加及时、处置更加高效、管理更加规范，有效解决了涉案财物管理盲点盲区。

2. 相关法律规范

为规范刑事诉讼涉案财物管理，保障刑事诉讼活动的顺利进行，保护当事人和利害关系人的合法权益，2022 年 9 月，常熟市委政法委牵头常熟市公安局、检察院、法院、财政局等部门，根据《中华人民共和国刑法》《中华人民共和国刑事诉讼法》《罚没财物管理办法》等规定，联合制订印发《常熟市刑事诉讼涉案财物管理办法》。该办法所称刑事诉讼涉案财物（以下简称"涉案财物"），是指公安机关、人民检察院和人民法院在刑事诉讼活动中查封、扣押、冻结、提取、调取或从其他办案机关或个人接收的与案件有关的财物，主要包括违法犯罪所得及其孳息，用于实施违法犯罪行为的工具，非法持有的淫秽物品、毒品等违禁品，其他可以证明违法犯罪行为是否发生、违法犯罪行为情节轻重的物品和文件。该办法确定了涉案财物管理严格依法、及时处置、相互配合、相互监督的基本原则，并逐一明确了涉案财物管理组织架构、功能设计、经费保障以及相关部门职能分工，其中特别规定了公安机关、检察院在起诉意见书、起诉书中要附带涉案财物处置建议，法院在判决书中要明确具体处置措施，有效避免因涉案财物处置意见不明导致的积压、贬值等情况。

同时，常熟市委政法委牵头公检法财等部门同步出台《常熟市刑事诉讼涉案财物保管工作实施细则》《常熟市刑事诉讼涉案财物处置工作实施细则》，详细规定了涉案财物交接入库、中途临时调用、中途库内流转、办结处置、盘库、维护等运维工作要求，明确涉案财物的部门处置分工、处置期限和先行返还、拍卖变卖及专卖专营物品、无主财物等分类处置方式，为准确规范处置、方便有效监督提供依据，进一步解答了涉案财物专管人员需要做什么、应该怎么做、具体由谁做等问题，促进了涉案财物管理中心有序运行。

3. 中心运营情况

（1）委托第三方管理

涉案财物的保管行为与依托强制性处分措施、生效裁判等依据对涉案财物进行处置存在本质的不同，后者是针对涉案财物的实质性处分，需要相关主体作出法律上的判断，属于侦查权、公诉权或审判权的范畴，而涉案财物保管并不需要保管主体作出法律上的判断和处置，仅是物理性的、技术性的管理，本质上属于事务性行为。[①] 因此，涉案财物保管权可以由公检法之外的机关行使，可以通过"公检法共管、第三方运维"等方式，实现办、管分离，提高涉案财物管理效率，降低暗箱操作及司法腐败风险，缓解司法机关管理压力。

常熟市涉案财物管理中心通过政府购买服务的方式，委托资质齐全、经验丰富的国资江南集团常熟市常安特种守押保安服务有限公司管理团队作为第三方，负责涉案财物的存储、盘点、流转等集中管理，保证专业性和安全性。在岗位配置上，设置涉案财物管理中心主任、副主任、制单员、库管员、网管员、车辆维保员、监控安全员等多个岗位，完善各岗位工作制度，明确物品入库、移库、换押、示证、借调、归还、盘库、日常维保等操作流程。在应急力量值守上，每日配备不少于 6 人的值班应急力量，24 小时不间断值守备勤，保障涉案财物安全。在服务质量保障上，与管理团队签订《廉政协议》《保密协议》，严格落实保密责任，实行季度综合考核机制，每季度由公检法对管理团队服务质量进行考评，联合签订《常熟市涉案财物管理中心季度管理考核表》，对涉案财物处置、系统升级、数据安全、社会

---

① 高洁：《论刑事诉讼中涉案财物保管的独立性》，载江溯主编《刑事法评论》2022 年第 46 卷，北京大学出版社，2022，第 625~626 页。

影响等方面进行考评，挂钩守护管理服务费，督促处置团队规范运作、及时协调解决各类问题。自中心成立以来，运维团队坚持贯彻"日清周盘月结"运行模式，切实以专业化、精细化管理保障涉案财物"零遗失、零脱管、零疏漏"。同时，财政局委托国资江南集团常熟市常安特种守押保安服务有限公司负责相关缴库涉案财物的处置工作，实现涉案财物管理中心第三方运维团队和处置团队分线分区独立运行，进一步提高了监督管理质效。

（2）全流程闭环管理

常熟依托涉案财物管理系统，在实现涉案物品全要素网上流转、全流程动态管理基础上，进一步探索建立涉案财物"物品—钱款—收据"的全生命周期管理体系，助推实现涉案财物管理规范化和高效化。

暂扣后移交中心管理阶段。公安机关办案单位扣押涉案财物后，清点核对并打印张贴物品条形码，在涉案财物管理系统内制作涉案财物移送入库清单并提交入库申请；中心接收入库实物时，第三方运维团队当面核对移交文书、清点交接物品，通过拍照、封袋、多方签名（移交人员、制单员、库管员）等措施固定物品原始特征，并张贴 RFID 标签进行数字化跟踪管理；在案件不同诉讼阶段，公检法各部门依据由接收部门盖章的移送清单进行网上随案移送，比如，在移送起诉时，涉案物品随起诉意见书网上换押至检察院；在提起公诉时，涉案物品随起诉书网上换押至法院。

判决生效后物品处置阶段。法院判决生效后，视情况委托公安机关处置或由法院执行局处置。委托公安机关处置的，公安驻中心工作人员下发"待处置"工作指令，公安办案单位在涉案财物管理系统内核查公安起诉意见书、检察院起诉书、法院判决书、检察院不起诉书等文书中对涉案物品的处置意见，按照规范要求 30 日内完成处置。以判决没收的涉案物品为例，办案单位填写物资缴库清单并报请公安机关驻中心工作人员审核，再向中心运维团队提交处置手续进行出库。对于价值较大的物品，公安机关推送拍卖指令给中心辅拍团队，辅拍团队直接对接阿里拍卖平台进行网上拍卖处置，拍卖款汇至公安机关暂扣账户；对于物品价值较小的，公安将处置指令推送给财政部门指定的中心处置团队，由处置团队分类进行处置，所得款项直接与财政部门对接交接；属于专管机关管理或专营企业经营的财物，按有关规定处理。

物品变现后款项上缴阶段。对于网拍上缴财政的物品，由公安机关驻中心工作人员在涉案财物管理系统内批量提交罚没拍卖款指令，系统自动生成《罚没物资网上拍卖成交明细表》，通过网银响应指令实现拍卖款从暂扣转罚没，经公安机关警务保障室审核后，款项成功进入财政罚没账户，系统及时生成对应罚没款专用电子收据，实现涉案财物"一案一处置、一物一收据"闭环管理，确保每一次上缴款项均有据可查、清楚明了。

（二）建设公检法共用的涉案财物管理平台

2015年公安部颁发《公安机关涉案财物管理若干规定》（公通字〔2015〕21号），提出"公安机关应当建立涉案财物集中管理信息系统，对涉案财物信息进行实时、全程录入和管理，并与执法办案信息系统关联"。最高人民检察院也在同年2月发布的《关于深化检察改革的意见》中提出"完善涉案财物处置法律制度，配合建立跨部门的地方涉案财物集中管理信息平台，统一集中管理职权内刑事诉讼涉案财物"的要求。① 常熟市根据公检法各部门在诉讼各阶段的不同需求，个性化定制涉案财物管理系统，打通部门数据壁垒，提供管理、处置、监督等重点服务，发挥信息化集约、智慧效能。

1. 打造涉案财物管理系统

传统的涉案财物管理方式占用较多资源，且由于缺乏共享和协作机制，涉案财物处置较为被动、滞后，管理和监督方面也存在盲区。在传统刑事案件中，由于涉案财物种类单一、数量较少，且总体价值不高，在案件办理中对涉案财物的管理和处置遇到的问题尚不明显。随着经济快速发展，社会财富增长，犯罪类型加速变化，刑事案件尤其是经济犯罪案件涉案财物数量之巨、种类之多、价值巨大②，特别是新增了股票、期货和一些经营性财物，

---

① 参见戴建青、张庆余《涉案财物跨部门管理的背景、实践及困境超越》，《江苏警官学院学报》2018年第5期。

② 参见李玉华《从涉众型经济犯罪案件看涉案财物的先期处置》，《当代法学》2019年第2期。

有些案件一次性扣押数百辆车辆或大量房产，再沿用传统管理处置方式不仅难以满足办案需要，甚至会引发群体性事件等不稳定因素，信息化管理涉案财物的呼声日益强烈。

在常熟市委政法委组织下，公检法联合探索打造了涉案财物共管系统。首先，以一体化为目标，系统梳理公检法涉案财物管理要求，聘请专业科技公司开发涉案财物管理系统，打通部门数据壁垒，加载换押模块，公检法能够在案件侦办、起诉、审判各阶段实现电子文书查阅和网上权属变更。其次，以信息化为支撑，搭载三维立体、基础信息、出入库、处置、统计查询、罚没、安全监测等各类模块，通过物联网、大数据手段运用，实现涉案财物智能化管理、跨平台对接、全流程监督，让涉案财物管理更加便捷高效。最后，以安全性为保障，根据角色差异和职责不同，通过打造专网、设置防火墙、运用安全边界等方式，为公安、检察院、法院、第三方团队分别赋予不同类别和范围的管理权限，比如，负责管理的运维团队只能获得"物"的基础信息，而公检法部门还能获取案件的起诉、判决文书等全量"案""物"信息，真正做到了"里外有别"和"专业高效"。中心还立足全局、着眼长远，为财政、市场监督等行政执法部门预留了系统接口，助推全市涉案财物集约化、智能化、规范化、高效化管理。

涉案财物移送至中心后，通过张贴 RFID 标签、扫描照片等方式将其数据化，为每一件入库财物定制唯一的电子"身份证"，录入涉案财物管理系统进行信息化管理。运维团队可通过系统查看涉案财物在库情况，进行入出库、示证等管理；公检法在案件各阶段可以通过系统"一键式"换押完成涉案财物的管理权属变更，并对财物进行分类处置，实现信息同步推送、手续高效流转、实物静止保管、一次快速处置、全程有据有痕。

2. 公检法数据信息共享

涉案财物信息共享可以避免"信息孤岛"和重复性工作，有利于提高司法效率，节约司法成本，同时，涉案财物信息共享促进了部门间信息对称，能够防止管理错误和司法腐败，确保涉案财物安全、完整和合法。刑事涉案财物信息的共享涉及公检法三个部门，其中，公安机关最先接触案件信息，因此，刑事涉案财物信息的共享首先应当从侦查机关开始。[①] 常熟建立公检法刑事涉案财物业务数据共享机制，在信息壁垒攻坚上，依托数据总线抽取公安"警综平台"涉案人、财、物基本信息，对案件编号、案件名称、入库财物等核心要素数据进行整理，汇入涉案财物管理系统；通过定制合规数据接口，打通涉案财物管理系统与政法协同平台的数据壁垒，获取检察院案件编号、起诉书、承办检察官、公诉日期等数据；根据本地实际经申请和审批后，通过政务网大数据"共享平台"获取法院案件编号、判决书、判决日期、生效日期等关键业务数据。畅通数据交换渠道后，涉案财物管理系统能够实时直观展示涉案财物从立案、侦查到起诉、审判的全量信息，公检法各部门同步共享，为刑事诉讼工作的衔接提供数据保障。在标准化统一上，常熟坚持以用户思维解决公检法数据匹配问题，从公安刑事涉案财物管理"进口关"破题，明确以公安案件编号作为涉案财物贯通全流程的索引基准，通过公安案件编号一键关联展示全部涉案信息，解决"公检案件命名规则不一致""一人多案""一案多人"等问题，防止出现公检法数据对接不畅、归类不全等情况。

3. 公检法平台互相监督

刑事诉讼传统理念以"人"为中心，缺少对"物"的重视[②]，加上案件各阶段公检法之间衔接不畅、流转滞后，检法对"物"监督相对乏力，实际工作中，涉案财物堆积压力主要集于公安一家，长此以往，易形成涉案财物管理不规范的顽瘴痼疾。根据《刑事诉讼法》的规定，公检法三机关是互相配合、互相制约的关系，这一原则同样是涉案财物管理与处置工作的根本遵循。[③]

常熟依托涉案财务管理系统，实现涉案财物各司法机关之间全流程公开

[①] 参见孙明泽、杨常雨《刑事涉案财物信息化管理的再思考》，《中国石油大学学报（社会科学版）》2019年第5期。

[②] 参见李丰等《北京市公安局涉案财物上缴机制研究》，载李玉华主编《中国刑事涉案财物制度改革发展报告 No.2（2021）》，社会科学文献出版社，2021。

[③] 参见李玉华主编《统一涉案财物管理中心建立的论证与设计》，中国法制出版社，2021，第189页。

透明流转，公检法均能够全量获取案件办理和涉案财物处置信息，从而履行对"物"的监督。首先，在涉案财物随案移送时，检法接收部门对涉案财物的登记信息、流转手续、法律依据、处置意见附带情况等进行核对检查，确认无误后才进行处置权属变更，各部门随涉案财物流转进行"案""物"统筹监督，保证案物一致。其次，通过规范换押程序，公检法各部门层层压实责任，加强对各部门涉案财物的管理、处置和监督，有效杜绝涉案财物管理紊乱、登记错误、上缴无依据、处置不及时等问题。最后，发挥信息融通优势，促进司法机关加强"逆向"提醒监督。公安机关对检察院不起诉案件的涉案财物以及法院未判明的涉案财物可以进行处置提醒，检察院对法院不当或有误的涉案财物处置裁定判决，及时启动监督或抗诉，法院也可以对不当或有误的涉案财物处置裁决，及时启动审判监督，公检法依托涉案财物管理系统发挥监督合力，共同营造严格、规范的涉案财物处置环境。例如，"20220315"开设赌场案中，法院对扣押的犯罪嫌疑人金某的25万元人民币未明确判决，通过系统发现该情况后，市公安局及时与市人民法院沟通，市人民法院也认识到该笔钱系赌场内的"庄风款"，应当予以没收，后法院启动审判监督程序，目前再审程序正在进行。

（三）涉案财物处置的改革亮点

常熟市公安机关高度重视涉案财物管理处置工作，不断创新方式方法，通过探索线上直拍、警银联动监督、电子非税罚没收据等措施，打通便捷快处渠道，强化内外监督，推动涉案财物快进快出、高效处置，涉案财物管理中心的库房占用率常态化保持在1/3左右，大宗涉案财物积压情况不复出现。2022年9月中心运行以来至2023年底，共接收涉案财物206.8万余件，处置涉案财物71.6万余件，银行回收黄金600克，所得资金280万余元。

1. 采用线上直拍处置

随着科学技术水平的进步和互联网信息技术的广泛运用，网络拍卖行业蓬勃发展，在涉案财物处置中引入线上直拍模式，有效拓宽了涉案财物处置渠道，加快了涉案财物处置速度，同时，通过先期评估、网络竞价等手段，实现了涉案财物价值最大化，有效保障了国家、人民的财产权益，且大幅减少了人为干预和暗箱操作的可能，是全面深化涉案财物管理处置改革的未来方向。常熟积极推动涉案财物网上拍卖工作，借助阿里拍卖平台在用户体量、市场份额、专业度、经验等方面优势，遵循合法、公开、公平的原则，与拍卖平台建立合作关系，将涉案财物在阿里拍卖平台依法实行公开网络竞价。同时，阿里拍卖平台与国资江南集团常熟市常安特种守押保安服务有限公司处置团队建立合作关系，聘请其作为常熟涉案财物管理中心物品拍卖的辅拍团队，确保网络拍卖工作顺利、快捷进行。

（1）判决生效后线上直拍处置。罚没判决生效后，对有价值的涉案物品进行分类，将价值较大的涉案财物及时委托网拍平台上网拍卖，保障资金及时回收上缴财政。公安机关驻中心工作人员在涉案财物管理系统中勾选需要上拍的涉案物品，系统将非敏感的涉案财物上拍指令数据推送给辅拍团队，辅拍人员5个工作日内响应上拍指令，公安和辅拍团队两方填写罚没物资移交清单并盖章确认，辅拍团队对需要上拍的物品进行特性描述和图片附件补充、保密处理后，将拍卖信息上传到拍卖平台。阿里拍卖平台依协议有序开展标的物评估、发布竞买公告、网上拍卖工作，期间公众可以登录拍卖平台了解情况、参与竞价。拍卖结束后，涉案财物管理系统调用拍卖平台接口获取拍卖结果、成交通知书、竞价清单等信息，中心辅拍团队辅助进行物品交割寄递，网拍款直接汇至指定公安暂扣账户。上拍的物品出现流拍或悔拍的，由辅拍团队重新联系上拍，上拍价在前一次基础上打8折，第三次上拍价在第二次基础上打8折，如物品上拍三次后仍出现流拍或悔拍情况的，公安、财政、处置团队三方填写罚没物资移交清单并盖章确认，将涉案物品上缴财政，由财政委托中心的处置团队直接分类处置。其中，网拍后出现悔拍的，竞拍人的保证金将被汇至指定公安暂扣账户。采用线上直拍机制后，物品处置效率明显提升，有效解决了涉案财物处置"出口难"的问题。例如，某贩卖毒品案中扣押的一辆奥迪A6L轿车，因法院未明确判决导致车辆长期存放于常熟市公安局，市公安局积极与中院沟通，征得中院书面同意后采取线上直拍及时予以处置。因车辆存放年限较久已不符合排放标准，只能以报废车辆竞拍，起拍价为 1500 元的车辆经网上竞价 300 余次，最终以 157600 元成交，溢价超百倍。再如，2015 年孙某某敲诈勒索案中，暂扣的一辆轿车一直停放于常熟市公安局某派出所占用停车资源，判决的孙某某 12 万元罚金也未执行到位。涉案财物管理中心线上直拍机制实施后，法院委托市公安局将该车辆进行拍卖，最终该车（已报废）以 4400 元价格成交，所得款项全部上缴财政抵扣部分罚金。2023 年 7 月以来，成功拍卖汽车、电脑、手机等物品 1600 余件，所得款项 240 万余元。

（2）诉前先行线上直拍处置。刑事案件一般办理周期较长，涉案物品长期存放在保管场所既占用了管理资源，又会致使涉案财物贬值，常熟探索诉前先行处置机制，有效解决刑事涉案财物"待得久"的积压问题。一方面，实行先行发还快处机制。对依法应当返还被害人或者经查明确与案件无关的，公安机关可以先行发还，对需要进一步协商确定的，公安机关在起诉意见书中提交发还处置意见，检察院在起诉意见书中明确发还处置意见后，即可对相关涉案财物实施先行发还处置，有效缩短了权属明确的涉案财物在中心的滞留时间，减轻了涉案财物管理中心的保管压力。另一方面，探索诉前网拍保值机制。对易贬值、易腐败、机械性能易下降的涉案财物进行诉前网拍，在权利人书面同意或申请后，经常熟市公安局主要负责人同意和党委会讨论通过，提交市委政法委，组织公安、检察院、法院、财政四方会商，将决议报市纪委监委备案，最后联系辅拍团队对接阿里拍卖平台，对相关涉案财物进行评估并上网拍卖，将拍卖结果及时告知权利人，最大限度避免涉案财物价值流失，有效保障当事人的合法权益。比如，在常熟"8·16"组织领导传销活动案中，扣押了 2 辆嫌疑人使用赃款购入的奔驰牌轿车，因案情复杂、办案周期较长，若车辆长时间停放必然导致机械性能下降、价值贬损，市公安局履行诉前网拍相关手续后，将涉案的 2 辆奔驰牌轿车进行了先期处置，经网络拍卖，两辆车分别溢价 35% 和 53% 成交，有效避免了涉案财物的贬值。

2. 实现警银联动监督

涉案资金一直是涉案财物管理的重点，在传统管理模式下，公安和银行信息不同步，长期现金保管、收缴不及时等现象普遍存在，更有私自截留、擅自挪用等违法违纪问题发生。为了解决涉案资金收执难、监管难等问题，常熟市密切警银协作，探索涉案资金管理"警银通"新场景，通过架设防火墙、在涉案财物管理系统设计接口，打通涉案财务管理专网和银行专网，实现涉案款保管、发还、上缴、移交业务全流程线上办理、全过程可视监管。公安财会部门和检法部门可实时动态监督，进一步堵塞管理漏洞，涉案资金管理效率大幅提高，涉案资金管理更加智能化、规范化。

通过向银行推送暂扣账户进账、罚没账户缴款等指令数据，创建待缴款明细数据，在正式缴款时，既可根据接口校验数据，对柜面缴款进行核验，也可在网银系统预设转账条目，实现网银便捷缴款功能。通过涉案资金数据流与银行系统资金流的交互通信，实时获取银行已入账的公安涉案资金数据，全面梳理涉案资金未及时解缴银行的风险底数。以暂扣款为例，系统自动抽取公安"警综平台"案件暂扣款数据，办案部门新增进账单明细并上传扣押报告书、扣押决定书、扣押清单、暂扣票据后，警务保障室对该笔资金的扣押手续进行审核，审批后系统自动生成进账单，办案部门打印进账单并向银行上缴该笔暂扣款，系统显示"已入账"，至此，暂扣款完成上缴公安局暂扣专户闭环。对于2日内未上缴的暂扣款，涉案财物管理系统自动下发"未入账"提醒，提示办案单位尽快上缴或发还。再以暂扣转罚没款为例，办案部门在系统新增罚没明细并上传判决书等法律文书，警务保障室对该笔资金的罚没手续进行审核，审批后办案部门即可通过网银将该笔暂扣款项进行罚没操作，警务保障室二次审核后，该笔暂扣款项顺利进入财政罚没专户，系统同步显示"已缴款""已开票"，至此，暂扣转罚没完成上缴财政罚没专户闭环。对于未及时罚没的涉案资金，公安机关驻中心工作人员核查罚没的相关法律文书后，及时下发"未处置"提醒，提示办案部门及时上缴国库。通过线上双重比对、点对点下发预警，对未完善法律手续的涉案资金实行智能化跟踪，对未及时上缴银行的涉案资金定向推送预警，避免出

201

现暂扣款、罚没款等涉案资金管理不规范、处置不及时问题，有效降低执法风险。运行以来，共下发涉案资金提醒275条，督促及时上缴没收资金66.6万余元。

3. 运用电子非税罚没收据

传统模式下，罚没款采取物理"罚缴分离"方式，缴款人须携带执法部门出具的处罚决定书等法律文书，到指定银行窗口排队缴费，完缴后才能获得银行开具的代收罚没款专用收据，程序较为烦琐。部分当事人因为不便、遗忘等原因，不会至指定银行缴纳罚没款，造成罚没款收缴率低，而公安机关财务人员也因大量的代缴罚没业务疲于往返银行。为进一步推进公安"放管服"改革，提升服务效率和服务水平，常熟市公安局联合市财政局、常熟市农商行开发了具有自主知识产权的"公安非税罚没系统"，搭载于涉案财物管理系统中，创造"进口融合、出口分离"的信息化"罚缴分离"模式，实现案件办理、罚没款缴纳、财政票据开具"一站式"办理。

作出罚没决定后，办案人员在涉案财物管理系统罚没管理模块内勾选对应缴款数据，经警务保障室审核后，系统及时生成附有付款二维码的缴款通知书。除了传统的现金缴款方式外，缴款人还可以通过微信、支付宝、数字人民币等方式，扫描缴款通知书上的二维码缴纳罚没款，改变了传统单一的柜面缴款途径，缴款方式更加方便灵活。缴款后，系统自动生成电子"江苏省罚没款专用收据"，缴款人可按需查询、下载、打印发票，实现了罚没缴款和非税收入票据电子化同步管理。电子非税罚没收据可以实时监测罚没款缴收情况，确保罚没款准确、及时入库，真正做到"以票管费、源头监控"，从此，罚没款缴收更加安全、规范、透明，真正为当事人、办案单位提供"零跑腿"便捷服务。运行以来，共上缴财政罚没款900万余元，行政罚款收缴率从不足40%提升至90%以上。

4. 加强行政罚款非诉执行

行政非诉执行是保障行政机关作出的行政决定执行到位的一项重要制度，有利于保障案件当事人合法权益、维护行政机关法治权威。常熟公安机关重视执法末端环节，围绕公安机关办理的各类案件，以罚款为抓手，主动梳理出在法定期限内未申请行政复议或提起行政诉讼，又不履行行政处罚决定的被罚款人员名单，开展电话敦促、书面催告无果后，在法定期限内向法院申请强制执行。经审查裁定准予后，法院执行部门通过制发报告财产令等法律文书，传唤被执行人接受调查询问，责令其申报财产情况、履行付款义务；对拒不配合的，通过网络执行查控系统发出查询通知，发现并冻结、扣划被执行人名下可供执行的财产；对未执行成功的，制发限制消费令，限制被执行人实施法定高消费及非生活和工作必需的消费行为。2022 年 10 月试行以来，共申请强制执行涉及 45 人、60400 元，其中限制消费 12 人，执行 29353 元，有效确保公安机关行政处罚决定的严肃性和权威性。

5. 运用智能化报表

随着科技信息水平的提高，用智能化手段简化统计流程、整合研判数据、按需快速生成各类报表，逐渐成为现代化管理的刚需。涉案财物数量庞大、涉及部门众多、管理环节冗杂，在报表编制统计方面亟须智能化辅助，为管理人员减负松绑，进而提高管理效率。

常熟市以实用、管用、好用为导向，协同科技公司在统计查询模块开发智能报表功能，系统可以根据所填时间段，一键生成出入库统计表、处置统计表、工作简报。智能报表有效节约了人力成本，让涉案财物管理人员从"表山报海"的束缚中解脱出来，集中精力抓管理、抓监督、抓服务。智能报表还直观展示了涉案财物入出库、换押、处置的最新情况，帮助及时发现当前涉案财物管理和处置中存在的问题，快速查漏补缺。2023 年 7 月运行以来，依托智能报表，迅速发现了部分处置未闭环数据，及时研究梳理原因，针对检察院作出不起诉时未明确处置意见以及法院未明确判决的情况，公安局通过发函的形式协商督促解决，共向检察院发函 5 次，涉及 11 起不起诉案件、69 件涉案物品，检察院已全部回函；向法院发函 6 次，涉及 96 起未明确判决案件、266 件涉案物品，法院已全部回函，上述涉案财物已全部顺利处置。常熟市通过智能化统计、一键生成报表的形式，倒逼公安机关、检察院、法院等部门认真对待涉案财物管理处置工作，不断增强规范意识、打磨操作环节、升级管理系统、优化处置机制，促进涉案财物管理工作提档升级。

三　常熟市公安机关涉案财物管理处置的未来展望

（一）树立重视财产权的法治理念

依据"对物之诉"模式正确处置涉案财物是全面实现司法公正、提升司法公信力的必要前提[①]，因此，要树立重视财产权的法治理念，从涉案财物的扣押、保管、移送、处置全流程，执行规范化标准，确保涉案财物管理处置合法、合理、公平。

在实践中，在基层办案单位方面，在涉案财物管理工作中仍存在办案人员登记涉案财物不规范、清单上物品名称与系统内物品名称不一致、体外扣押不录入系统等问题。有些办案人员对新制订的《常熟市刑事诉讼涉案财物管理办法》整体了解不足，对涉案财物管理的重要性缺乏认识，对涉案财物管理工作存在抵触情绪，怠于将扣押的涉案财物移交中心。办案单位在涉案财物处置上较为被动，均要等到涉案财物管理中心公安机关工作人员核查下发提醒后才开始处置涉案财物，部分单位还要经多次提醒才进行处置。在公检法换押移交方面，存在沟通协调不够畅通的情况，不能按规定在3日内完成核对及换押接收，特别是检法接收换押存在滞缓。为此，公检法三方应当定期对各方涉案财物管理工作人员进行规范培训和警示教育，提升各执法主体的证据意识、程序意识、规则意识、风险意识、责任意识，坚决杜绝体外流转，减少不及时入库、登记不规范、换押迟缓现象，提升涉案财物管理处置的业务水平。建立日常联络会商机制，理顺公检法部门衔接环节，定期会商解决涉案财物移交、处置等方面的新问题，实时联络协商复杂疑难案

---

① 参见戴长林《依法规范刑事案件涉案财物处理程序》，《中国法律评论》2014年第2期。

件中的涉案财物处置方案，及时通报涉案财物处置进度和积压情况，保障涉案财物管理处置规范和高效。

（二）推进信息化管理水平

涉案财物信息化管理系统的构建是我国涉案财物管理工作的努力方向，对于提高执法办案效率具有重要意义。[①] 必须高度重视人工智能、大数据算法等信息化手段与涉案财物管理处置的紧密结合，进一步加强科技在涉案财物入库、出库、处置以及日常管理等方面的广泛运用。在实践中，办案单位是通过涉案财物管理系统对已判案件自行核查处置，在监督环节，也是通过驻中心公安人员人工核查比对后下发提醒实现的，存在一定的出错风险，且相关人员工作量相对较大；法院判决后生效数据目前无法通过系统自动获取，需要人工逐案逐人核查，在一定程度上延缓了涉案财物处置进度。

为此，要不断深化涉案财物管理系统建设，促进平台迭代升级，始终适应时代发展和当前涉案财物管理处置工作需求。拟将中级人民法院和法院执行局关于涉案财物和案件的数据接入涉案财物管理系统，并改进系统功能，实现信息化筛选生效数据，破解人工筛选滞后难题。在涉案财物管理系统加载公安法制、审计和检察院监督模块，加强对移送、换押、处置各环节的法律手续、时间节点、程序规范等方面的监督，增强涉案财物管理处置规范性和高效性。运用先进的信息化手段，帮助更加合理规划涉案财物的存储位置与保管方式，为实时了解物品状态、突发情况预警快处提供技术支撑。

（三）完善监督制约机制

公检法在各自诉讼阶段对涉案财物仍然行使法律上的管理、处分权，应分别派员入驻中心，通过条块化的工作模式，承担各自诉讼阶段的审核、调

[①] 孙明泽、杨常雨：《刑事涉案财物信息化管理的再思考》，《中国石油大学学报（社会科学版）》2019年第35卷第5期。

用和相互监督义务，既有分工又有合作，在一定程度上确保涉案财物管理中心在中立状态下运行，对公检法和第三方团队权力进行制约平衡。对于驻中心工作人员，要选派责任心强、工作素质好的专业化政法人才，构建过硬的涉案财物管理人才队伍，全力保障中心安全运行。检察机关可参照驻所检察官建制向中心派驻检察官，监督中心的日常运作。比如，在涉案财物入中心管理过程中，需要核查比对、送检送审、庭审质证的，办案单位履行手续后，可以调取涉案财物，公检法同时进行监督，确保程序合法规范。公安机关要将涉案财物管理处置纳入执法监督和执法质量考评范围，细化考评规则，通过法制大队飞行临检、专项检查等行动，核查办案部门涉案财物管理处置质态，防止涉案财物损毁、灭失、挪用、调包、不按规定移交、拖延处置等。通过进一步明确涉案财物管理人员配备、责任追究、机制约束等，发挥涉案财物管理处置的内外部监督合力。

市委政法委联合公检法财部门会签的《常熟市刑事诉讼涉案财物管理办法》（以下简称《办法》），虽然已经明确公检法部门在案件各阶段对涉案财物的责任，但是尚缺乏相应的责任追究机制，特别是在换押过程中未按规定进行移送和接收、未在规定时间内及时处置涉案财物等情况，往往通过多方沟通提醒才能督促履职，影响涉案财物处置效率，各部门的涉案财物工作自觉性尚未形成。可以考虑将公检法各部门涉案财物管理处置工作质态纳入部门考核，各部门应该将涉案财物管理工作人员落实《办法》情况挂钩个人考评，通过个人自评、部门互评、年度总评的方式，严格监督和科学评价各部门涉案财物管理处置工作，从而压实各部门、各层级责任。

（四）深化涉案财物存量清理

传统随案移送模式下，涉案财物中特别是体积较大的涉案财物为"书面移送"，检法部门在随案移送的涉案财物中也存在选择性接收现象，实际上涉案财物大多存放于公安机关。案件经法院审理后，法院执行部门由于没有相应的涉案财物实物，无法及时进行处理，加上有的判决中未对涉案财物作出明确处置，有些涉案财物经过公检法协商依旧难以达成有效处置意见，长此以往，造成公安机关涉案财物不断积压现象。且公安机关内部执法办案单位多、条线广，历史上积压的涉案财物数量庞大。以2020~2022年为例，常熟市公安局就有60余万件涉案物品未及时处理，虽经对近三年物品开展了自查清理工作，但由于数量庞大，经处置后仍然存在较大底数。因此，要常态化开展涉案财物清查专项行动，根据"去存量，控增量"要求，组织督察、法制、警保等部门，会同检法机关，围绕涉案财物"扣押措施、法律手续、信息录入、保管存储"等要素，对全市物证管理室、大型保管室等执法办案场所进行全面清理，分批次组织各办案单位将积压涉案财物全量移交至涉案财物管理中心统一保管处置，并填写常熟市公安局历史遗留涉案财物清理表，同步推送至检察院、法院核实补充，逐步厘清历年积压涉案财物的来源去向，做到逐案建档、物案关联，实时掌握涉案财物底数，最大限度防范化解违规扣押、保管、处置涉案财物等执法风险。

（五）拓展中心涉案财物范围

常熟市涉案财物管理中心现阶段主要接收刑事涉案物品，由于行政案件的单一管辖权、行政涉案财物的低价值属性及法律法规无明文规定保管处理单位，且行政案件侦办周期相对较短，实物尚未实现集中管理，行政涉案财物仍以派出所等办案单位自我保管为主。中心先行先试推动交通类行政案件涉案财物数据接入涉案财物管理系统，推动涉案财物处置监督，实现了良好效果，并逐步向其他行政案件涉案财物延伸拓展，当前行政涉案财物数据已全部接入涉案财物管理系统，实现扣押、处置合法性和及时性线上监督，处置效率大大提高。

另外，虽然设计之初考虑到监察、农业农村等执法职能部门涉案财物管理的需求并预留了一定存储容量，但尚未制订市级层面的涉案财物管理规定或者细则，与相关部门尚未形成统一意见。目前，中心正在接收市场监督管理部门的部分涉案财物，已拍卖成交家具1套，拆解电动车71辆，处置170只去标库存抽水马桶、10只去标花洒，正在处置9.94吨去标毛毯、90套实木家具。下一步，拟加强与市场监督管理部门对接，将相关涉案财物入中心管理处置，为其他执法职能部门涉案财物统一入中心管理处置打通渠道、打造样板。提请市委政法委牵头，协调财政及各执法职能部门，全面梳理涉案财物保管需求，制订市级层面的涉案财物管理规范，保障涉案财物有序"进出"，减轻全市涉案财物管理压力，减少处置各类涉案财物的人力物力成本，最大化发挥集约管理效能。

B.8
涉案财物处置文献综述
（2021~2023）

李玉华　李华晨*

摘　要：　2021~2023 年，我国涉案财物处置理论研究取得重大进展，学者们围绕新颁布的法律法规和刑事司法实践，在涉案财物处置领域形成一系列具有实证基础和实践依据的理论成果。涉案财物的认定依旧是理论研究的热点。涉案财物处置所具有的权利保障、程序阻隔、维护社会稳定等程序价值引起学界注意。更多学者开始关注涉案财物处置中被害人、被追诉人、案外人，以及涉案企业的权利保障。随着扫黑除恶专项斗争的持续开展，《反有组织犯罪法》的颁布和实施以及国家对电信网络诈骗犯罪的严厉打击，学者开始对有组织犯罪案件、涉众型犯罪案件、电信诈骗犯罪案件等特定类型案件的涉案财物处置问题展开研究。与网络信息技术的飞速发展相比，针对虚拟涉案财物处置的理论研究还相对薄弱。不同学者分别站在不同角度对涉案财物处置进行程序设计。还有学者对涉案财物管理问题进行专门研究。

关键词：　涉案财物处置　权利保障　特定类型案件　虚拟涉案财物　程序设计

---

* 李玉华，中国人民公安大学法学院院长、教授、博导，法学博士，主要研究领域为刑事诉讼法学、证据法学、警察法学等；李华晨，中国人民公安大学博士研究生，主要研究领域为刑事诉讼法学。

刑事涉案财物处置工作现代化是中国式现代化、政法工作现代化的应有之义和本质要求，刑事涉案财物的规范化处置关系到程序正义的实现以及当事人合法权益的有效保障。自 2015 年以来，随着"两办"《关于进一步规范刑事诉讼涉案财物处置工作的意见》，公安部《公安机关涉案财物管理若干规定》，最高检《人民检察院刑事诉讼涉案财物管理规定》等相关规范性文件的颁布或修订，围绕刑事之"物"的学术探讨日益增多，刑事涉案财物处置问题成为刑事诉讼理论研究的重点领域。理论与实务界开始重新审视刑事诉讼中人与物、定罪量刑与涉案财物处置之间的价值关系。司法实践中重人轻物，重定罪量刑、轻财产保护的现象有所改善。

2021~2023 年是中国刑事涉案财物处置工作具有代表性的三年。为强化产权司法保护，2021 年《最高人民法院关于适用〈中华人民共和国刑事诉讼法〉的解释》充实完善了对涉案财物审查、处理、执行的相关规定，明确要求对定罪量刑和涉案财物处理并重。在党中央决定常态化开展扫黑除恶专项斗争的背景下，2021 年颁布的《反有组织犯罪法》以专章形式对有组织犯罪涉案财物处置提出具体要求。面对日益猖獗的电信网络诈骗，立法机关积极回应社会关切，2022 年颁布的《反电信网络诈骗法》明确要求加强电信网络诈骗案件追赃挽损，完善涉案资金处置制度，及时返还被害人的合法财产。

新形势下，刑事涉案财物处置问题的理论研究也呈现新的特征。截至 2023 年 10 月 17 日，笔者在中国知网上进行高级检索，通过对 2021~2023 年发表在核心期刊的相关文献进行收集整理，现作文献综述如下，以期为后续理论研究和实践探索提供启发和参考。

一　关于涉案财物的认定

有学者认为，现有的法律规范和学理研究均未能合理地界定刑事涉案财物的概念，导致实践中无法为司法机关准确认定刑事涉案财物提供科学指引。

在重新界定刑事涉案财物的概念时，应着重考虑以下四个要点：一是坚持惩治犯罪与保障财产权相结合的司法理念，不断规范司法行为；二是确保新概念的外延能够覆盖所有类型的涉案财物，满足刑事司法实践对刑事涉案财物全面监管的需要；三是以为办案机关提供明确的刑事涉案财物认定标准为目标，进一步说明涉案财物与刑事案件之间的关联关系；四是选择实质意义与形式意义相统一的界定方式。综上，刑事涉案财物是指与刑事案件的事实有关、能够用于证明案件事实，或者与刑事案件的财产处理结果有关、需要用于赔偿损失或者执行财产罚没，因此应当被司法机关采取查封、扣押、冻结等处置措施的各种财产和物品的总称。具体来看，主要包括违法所得，犯罪工具，违禁品，能够证明案件事实的其他物证、书证，需要用于赔偿被害人损失或者执行罚金，被没收的犯罪嫌疑人、被告人合法财产，取保候审保证金等财物。同时，该学者认为，为避免案外无关财产混淆刑事涉案财物概念而对司法实践造成困扰，无须再另设一种"其他与案件有关的财物"的兜底性条款。[①]

也有学者从保障刑事诉讼顺利进行的诉讼目的出发，认为涉案财物宜作广义理解。即公安机关、检察机关、审判机关等办案人员在办理刑事案件过程中，从案情出发，基于合理理由推断或者依法认定与案件有关联的具有财产价值的有形物或财产性利益，包括违法所得、犯罪工具、违禁品以及作为执行财产刑、退赔被害人而采取刑事强制措施的被告人合法财产以及作为证据使用的当事人及案外人的财物。[②]

还有学者分别从保障被追诉人和第三人财产权的角度，以列举的方式厘定了刑事涉案财物的范围。首先，为了实现对被追诉人的财产权保障，可以将刑事涉案财物归纳为四个方面：（1）犯罪所得及孳息。具体来看，一是通过犯罪行为获得之物；二是基于犯罪行为取得之物；三是基于犯罪行为所获收益。（2）犯罪行为人实施犯罪所用物。（3）违禁品及其他危害社会的

---

① 参见黄华生、石军英《批判与重构：刑事涉案财物的概念界定》，《江西社会科学》2022年第5期。

② 参见梁健《刑事涉案财物处置的失范与规范》，《中国刑事法杂志》2022年第5期。

财物。（4）犯罪所得后获得的孳息及收益。① 其次，为加强对刑事诉讼第三人的财产权保障，应进一步规范司法实务中"与案件有关的财物及其孳息"等表述的概念。在一般情况下确认"与案件有关的财物及其孳息"应当坚持原则性和灵活性相结合的方式。原则上，"与案件有关的财物及其孳息"具体包括（1）犯罪所得及孳息；（2）供犯罪所用的财物；（3）非法持有的违禁品。灵活性主要是结合案件具体事实情节对"与案件有关的财物及其孳息"予以明确，具体包括：（1）可以证明犯罪行为发生与否的物品；（2）可以证明犯罪行为情节轻重的物品；（3）电子数据载体。②

综上可见，在立法规定不明的情况下，理论上对于涉案财物的认定并没有形成较为一致的认识。大部分学者以列举的方式企图明确涉案财物的具体范围，但在列举的名称、内容以及方式上都有所差异。

二 涉案财物处置的程序价值

第一，权利保障作用。有学者指出，规范化的涉案财物处置工作对于改变刑事诉讼中长期存在的"重人身权、轻财产权"办案观念，加强产权司法保障具有积极作用，可以有效促进惩罚犯罪与财产权保障的协调统一。③ 在此基础上，有学者提出，习近平法治思想中蕴含着保障人民美好生活权利的根本价值，通过规范的涉案财物处置程序保护被执行人的合法财产权利是落实美好生活权利的重要途径。④

第二，程序阻隔效果。有学者立足于程序正义对裁判结果的塑造作用，认为程序正义具有"程序自治效应""结果选择功能""裁量限制作用""程序限制效果""程序阻隔效果"等四种自主性价值。其中，"程序

---

① 参见杨胜荣、周雪操《刑事被追诉人涉案财物保障机制探究》，《社会科学家》2022 年第 5 期。
② 参见杨胜荣《论刑事涉案财物处置中对第三人财产权益保护》，《湘潭大学学报（哲学社会科学版）》2022 年第 6 期。
③ 参见陈卫东《中国刑事程序法治文明的新发展》，《中国社会科学》2022 年第 12 期。
④ 参见汪习根《论习近平法治思想中的美好生活权利》，《政法论坛》2021 年第 5 期。

阻隔效果"是指涉案财物追缴程序中程序正义对于侦查机关和检察机关诉讼主张的一种程序阻断和实质审查作用。主要体现在以下三个方面。首先，被告人、被害人与案外人等利害关系人可以对侦查人员非法的查封、扣押、冻结行为提出反驳和挑战。其次，上述利害关系人可以通过举证、质证和发表意见等方式，对公诉方提出的涉案财物追缴申请进行有效质疑，从而阻止法官毫无疑问地同意检方申请。最后，利害关系人可以提出新的证据、事实和法律意见，督促法官对涉案财物的权利归属问题作出实质性的法庭调查，从而对依法应当追缴的涉案财物与利害关系人的合法财产作出有根据的区分。①

第三，维护社会稳定。有学者认为，涉众型经济犯罪案件具有受害人数多、涉案领域广、涉案资金大等特点，使社会秩序面临巨大威胁。司法实践中，如果司法机关能够妥当地处置涉案财物，不仅可以安抚被害人，实现权利救济，还可以有效修复社会秩序，起到维护社会稳定的作用。②

三 涉案财物处置与权利保障

上文提到，涉案财物的有效处置具有权利保障作用。从近三年文献研究情况来看，学界对被害人、被告人以及案外人在涉案财物处置中的财产权利均给予了相应关注。其中，案外人的权利保障问题成为研究的重点。同时，在近年来服务保障民营经济发展的政策背景下，涉企案件的涉案财物处置问题成为理论研究的又一大重要趋势。

第一，关于被害人的权利保障。有学者认为，根据我国相关规定和司法实践情况，可以将刑事涉案财物处置分为涉案财物先行处置程序、判决前返还程序和被害人追赔程序三种方式。从所涉及的法律关系和处置的财产性质来看，这三种处置方式兼具民刑程序特性，但遗憾的是，在民刑交叉视域

---

① 参见陈瑞华《论程序正义的自主性价值》，《江淮论坛》2022年第1期。
② 参见李兰英、薛储佳《网络金融犯罪综合治理效果评估的理论图景与实现路径》，《厦门大学学报（哲学社会科学版）》2023年第1期。

下，实践中三种处置方式均未能有效保障刑事被害人的合法财产权益。对此，其提出以保障被害人权利为中心的被害人赔偿优先原则，当国家的涉案财物处置权和被害人的求偿权发生竞合时，应保障被害人优先获得经济补偿。①

第二，关于被追诉人的权利保障。有学者表示，尽管我国《刑事诉讼法》及相关司法解释对被追诉人的财产权保障有所规定，但由于缺乏有效的公开机制，实践中司法机关在处置刑事涉案财物时对被追诉人的权利保障情况仍有很大不足。首先，受"侦查不公开"影响，部分侦查机关在办理刑事案件过程中随意查封、扣押、处置涉案财物。其次，当前仍有很多地区的涉案财物处置工作信息化与智能化建设尚不健全，涉案财物管理平台的功能相对单一且适用范围有限，一些经济欠发达地区至今仍未普及。最后，目前关于涉案财物处置信息不公开的救济措施并不完善，缺乏对于涉案财物处置信息公开救济的法律依据。对此，为保障刑事被追诉人合法财产权不受侵害，防止办案机关擅自处置（暗箱操作）涉案财物，应当强化对涉案财物处置的公开程度。一是规范涉案财物处置公开的方式。在不同的诉讼阶段采用不同的公开方式。在"互联网+"时代，除采用书面通知书的形式外，还可以积极利用互联网平台、官方客户端、qq、微信等多种方式进行公开。二是完善涉案财物处置公开的程序。在内容上坚持"最大限度公开"原则，在方式上选择公开渠道发布信息，在时间上注意公开的及时性。②

第三，关于案外人的权利保障。2012 年《最高人民法院关于适用〈中华人民共和国刑事诉讼法〉的解释》（以下简称《刑事诉讼法解释》）第364 条第二款规定，法庭审理过程中，"案外人对查封、扣押、冻结的财物及其孳息提出权属异议的，人民法院应当审查并依法处理"，确立了我国

---

① 参见王约然《民刑交叉视域下涉案财物处置程序研究——以被害人及利害关系人的财产保障为中心》，《甘肃政法大学学报》2022 年第 5 期。
② 参见杨胜荣、周雪操《刑事被追诉人涉案财物保障机制探究》，《社会科学家》2022 年第 5 期。

的刑事涉案财物处置案外人保护制度（又称"案外人异议制度"）。2021年，最新的《刑事诉讼法解释》第 279 条进一步规定，"案外人对查封、扣押、冻结的财物及其孳息提出权属异议的，人民法院应当听取案外人的意见；必要时，可以通知案外人出庭"。针对案外人财产权益的保护愈加受到学界重视。近年来，围绕刑事涉案财物处置案外人权利保障的研究相对较多，并主要集中在基本内涵、正当基础、实践缺憾以及完善措施等方面。

首先，有学者对案外人异议制度中异议主体、异议事由以及异议效力等要素的基本含义予以分析。其认为，尽管我国刑事诉讼法中并没有"案外人"的概念，但《刑事诉讼法解释》中所指的对涉案财物提出权属异议的"案外人"与《刑事诉讼法》未定罪没收程序中所指的"利害关系人"仅是称谓不同，二者在程序地位、诉讼权利等方面均无本质区别。根据法条理解，只要案外人对查封、扣押、冻结的财物及其孳息提出权属异议，就有权获得被法院听取意见乃至出庭的机会。但遗憾的是，对于案外人提出权属异议的类型，刑诉法司法解释并未明确规定。在异议的效力上，从新刑诉法司法解释来看，案外人的异议并不必然能够获得出庭的机会，但至少可以产生被法院听取意见的效力。案外人无论是否出庭，都可以向法院提出自己的证据、主张和意见。[①]

其次，关于刑事涉案财物处置中案外人权利保障的正当性基础。有学者认为主要包括三个方面。一是涉案财物处置的公正化。随着近年来刑事诉讼独立品格的提升，社会公众对于刑事司法机关公正处理涉案财物提出了更高期许，在刑事诉讼中建立案外人异议制度是公正处置涉案财物的必然要求。二是对物之诉发展的法治化。刑事诉讼案外人异议制度的建立为刑事涉案财物处置程序提供了合理性基础，刑事对物之诉步入法治化进程。三是刑事诉讼对民事请求权的保障。基于所有权或其他民事权益，刑

[①] 参见李奋飞《刑事诉讼案外人异议制度的规范阐释与困境反思》，《华东政法大学学报》2021 年第 6 期。

事诉讼案外人与涉案财物存在一定利害关系，因此其有权参与到刑事诉讼中对涉案财物的处置结果施加积极影响，这是利害关系人行使民事请求权的基本法理所在。① 也有学者将其概括为两点，一是刑事诉讼程序公正的要求。二是利害关系人财产权益保护的要求。刑事涉案财物处置程序同样应当满足程序正义的基本要求，赋予案外人程序参与权，允许其在刑事诉讼中针对涉案财物行使有效的民事请求权和异议权是保护其财产权益，实现程序公正的应有之义。②

最后，关于刑事涉案财物处置案外人权利保障的不足和完善。综合现有研究来看，实践中主要存在三大缺憾。一是审前阶段刑事诉讼案外人异议权的缺位。我国刑事诉讼在审前阶段并未建立司法审查制度，也并未赋予案外人以异议的方式参与诉讼的权利，实践中，无论是公安机关还是检察机关，都可以自行认定和处置涉案财物，即使认定和处置错误，案外人也很难对该结果施加积极的影响。这显然违背了程序正义的最低要求，也无法为案外人提供基本的制度保障。二是审判阶段刑事诉讼案外人异议权无法兑现。虽然司法解释规定案外人可以在审判阶段对涉案财物处置提出异议，但目前为止我国刑事诉讼法并没有建立独立的"对物之诉"程序，针对涉案财物的审理只能依附于以对被告人定罪量刑为中心的"对人之诉"。由于缺乏详细的制度设计，实践中案外人异议权的实现无法保障。三是执行阶段刑事诉讼案外人的异议权难以发挥实效。根据最高人民法院《关于刑事裁判涉财产部分执行的若干规定》，执行过程中案外人对涉案财物处置存在异议的，可以通过提出异议、复议或申请审判监督程序进行自我救济。但长期司法实践表明，法院基本不会因涉案财物处置问题启动再审，执行阶段案外人的救济权仍处于虚置状态。③ 针对上述问题，学者们认为，有必要在刑事诉讼程序中

---

① 参见李奋飞《刑事诉讼案外人异议制度的规范阐释与困境反思》，《华东政法大学学报》2021 年第 6 期。

② 参见张元鹏《论刑事涉案财物处置中案外人的权利保障》，《法律适用》2023 年第 5 期。

③ 参见李奋飞《刑事诉讼案外人异议制度的规范阐释与困境反思》，《华东政法大学学报》2021 年第 6 期；张元鹏《论刑事涉案财物处置中案外人的权利保障》，《法律适用》2023 年第 5 期。

设立案外人"参加之诉"，即凡是涉及案外人财物的涉案财物处分行为，法院应当通知案外人参加诉讼，并在法庭审理中通过对涉案财物进行法庭调查和法庭辩论，查明案外人的主张是否成立。[①] 案外人"参加之诉"的设置能够重塑刑事诉讼涉案财物处置程序的诉讼构造，从而从根本上解决刑事诉讼案外人的财产权保障问题。

此外，还有学者专门针对刑事涉案财物处置程序中存在的"处置过度失范""处置滞后低效""涉案财物追缴与民事善意取得、信托等制度存在冲突"等不利于保障案外人财产权益的问题，提出体系化的财产权保障措施。一是坚持依法、规范、稳妥的工作原则，树立底线思维和程序思维。二是进一步明确刑事涉案财物处置工作的责任主体、处置程序、工作期限，优化工作流程，健全监督机制。三是建立检法联动机制，加强检察机关对人民法院涉财产案件执行活动的法律监督。四是健全利害关系人财产保护救济性措施，建立利害关系人辩解意见机制和权利义务告知机制，健全刑事涉案财物执行异议机制。[②]

第四，关于涉案企业的权利保障。在"六稳六保"和服务保障民营企业高质量发展的政策背景下，涉企犯罪案件中针对涉案企业的涉案财物处置备受关注。2023 年 7 月，中共中央、国务院发布《关于促进民营经济发展壮大的意见》（以下简称《意见》）针对实践中司法机关不能及时处理涉案财物，导致企业发生财务困难，资金链断裂以及停产、破产等情形，有学者结合《意见》第 10 条提出，应进一步提升司法人员的民营企业保护意识，将执法司法活动回归法律正当程序的轨道。在处置涉案财物时，对于经营性涉案财物，应当本着维护企业生存发展的司法善意，慎重处理。对属于被害一方民营企业被不法侵占且正常经营所急需的涉案财物，司法机关应当尽早

[①] 参见李奋飞《刑事诉讼案外人异议制度的规范阐释与困境反思》，《华东政法大学学报》2021 年第 6 期；张元鹏《论刑事涉案财物处置中案外人的权利保障》，《法律适用》2023 年第 5 期；王约然《民刑交叉视域下涉案财物处置程序研究——以被害人及利害关系人的财产保障为中心》，《甘肃政法大学学报》2022 年第 5 期。

[②] 参见杨胜荣《论刑事涉案财物处置中对第三人财产权益保护》，《湘潭大学学报（哲学社会科学版）》2022 年第 6 期。

确定产权归属，及时返还被害企业，避免因延宕不决造成被害企业生产经营陷入困境。①

四 特定类型案件涉案财物处置问题研究

在所收集的文献中，大多数文章是针对特定类型案件中的涉案财物处置问题进行的专门研究，具体来看，主要包括有组织犯罪、涉众型犯罪以及电信网络诈骗犯罪案件。

第一，有组织犯罪涉案财物处置研究。近年来，我国扫黑除恶专项斗争不断走深走实，在取得积极治理效果的同时，也面临有组织犯罪涉案财物处置方面的困难和问题。

有学者表示，长期以来，我国的有组织犯罪呈现出企业化发展趋势，具有明显的经济性特征。随着犯罪组织在管理模式、行为方式以及文化建设等方面的企业化发展，有组织犯罪与公司、企业犯罪之间的界限愈加混淆，有组织犯罪案件涉案财物处置的司法矛盾也日益突出：一方面，司法机关不断加大涉案财产的处置力度，力图实现"打财断血"，彻底摧毁支撑犯罪组织发展的经济基础。但另一方面，犯罪组织走向企业化的过程中，"以黑护商""以商养黑"，资产状况错综复杂，财产性质、归属以及用途犬牙交错、相互混同，常常导致司法机关对涉案财物的认定和执行陷入困境。② 此外，在规范层面，有组织犯罪涉案财物处置的相关制度并不完善。首先，《刑法》与《刑事诉讼法》关于刑事涉案财物的相关规定都较为原则和抽象，并且均以一般刑事案件为适用对象，并没有针对有组织犯罪案件的特殊性制订专门规则，无法有效适应当前有组织犯罪涉案财物处置的司法需要。其次，"两高两部"联合印发的《关于办理黑恶势力刑事案件中财

---

① 参见张建伟《为民企量身定制的涉案财物保障如何落实》，《上海法治报》2023 年 8 月 18 日，第 B7 版。
② 参见蔡军《我国惩治有组织犯罪的刑事司法问题及其机制调适——基于有组织犯罪企业化发展趋势的思考》，《河南大学学报（社会科学版）》2021 年第 6 期。

产处置若干问题的意见》（以下简称《意见》）虽对涉黑恶犯罪财产处置问题作出了一些细化规定，但其法律位阶仍然较低，难以对有组织犯罪涉案财物处置工作起到全面有力的指导作用。基于预防和遏制有组织犯罪集团向企业化发展的需要，构建一套系统、有效的有组织犯罪涉案财产处置制度迫在眉睫。①

2021年12月，十三届全国人大常委会第三十二次会议审议通过《反有组织犯罪法》，标志着我国的扫黑除恶工作进入依法全面推进、深度治理的新阶段。该法第四章对有组织犯罪案件的涉案财产认定和处置进行专门设置，并以11条的篇幅详细规定了有组织犯罪涉案财产的调查制度、处理措施与特别程序以及权利保障和救济等内容。对此，学者们给予了高度评价。

有学者认为，《反有组织犯罪法》以专章形式对涉案财产的认定和处置进行了全面系统的规定，使有组织犯罪涉案财物处置的系统框架更加健全和立体，进一步丰富了我国刑事涉案财物处置法律规范体系。一是以解决司法实践实际困难为目标，完善了有组织犯罪涉案财产处置规则体系。针对调查取证难问题，第39条和第40条强调了对有组织犯罪案件的严格取证和全面调查原则，要求公安机关、人民检察院和人民法院根据需要可以全面调查涉嫌有组织犯罪的组织及其成员的财产状况，有关单位和个人应当配合。针对涉案财产认定难问题，第44条特别要求公安机关、人民检察院负有对涉案财产进行审查甄别并提出处理意见的职责，强化在审前阶段相关机关对涉案财产分阶段甄别责任。同时，该条第2款还规定在审理有组织犯罪案件过程中应当对与涉案财产性质、权属有关的事实、证据展开法庭调查、辩论。针对涉案财产处置难的问题，首先，第41条明确规定了解除与案件无关财物强制措施的期限，要求对被害人合法财产予以及时返还，从而防止实践中出现的超范围查封、扣押、冻结涉案财物以及

---

① 参见蔡军《我国有组织犯罪刑事规制体系的检视与重构——基于有组织犯罪集团向企业化发展趋势的思考》，《法商研究》2021年第3期；蔡军《有组织犯罪涉案财产处置规范研究》，《江西社会科学》2022年第2期。

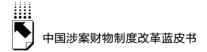

"一扣到底"的现象。其次，第 43 条规定，对不宜长期保存的物品、即将届满的金融票证、随着市场波动而价值变化大的金融债券等特殊财产可以由扣押、冻结机关先行处理并妥善保管。从而防止涉案财产保管不善所造成的财物灭失、毁损、价值减损等问题。最后，第 45 条还规定了"高度盖然性"的认定标准和举证责任倒置，通过"推定"违法的方式切实有效地解决了对"来源不明"财产处置的难题。二是重塑产权保护观念，构建了财产权保护规则和权利救济机制。关于前者，一方面，通过建立和完善涉案财产处置相关规则，限制公权力的随意行使；另一方面，通过对重要保护条款予以明文规定，确立权利保障规则。关于后者，《反有组织犯罪法》第 49 条明确了权利救济渠道和机制，即利害关系人可以就涉案财物处置提出异议，公安机关、人民检察院、人民法院应当及时核实并作出处理；对处理意见不服的，可以提出申诉或者控告。三是坚持创新发展，在完善涉案财产处置制度的同时突破既有法律规定。《反有组织犯罪法》关于涉案财物处置的创新性规定主要表现在以下两个方面：其一，有组织犯罪案件涉案财产的范围显著扩大；其二，将"来源不明财产"的证明设置为举证责任倒置。①

另有学者认为，《反有组织犯罪法》的立法主线是"程序法治"，其标志之一就是第四章对于涉案财产认定和处置的专章规定。该章的设置有效弥补了我国在有组织犯罪涉案财产认定和处置程序方面的规范空缺与立法不足，其关于公检法机关处置涉案财产职责的规定以及涉案财物处置中利害关系人诉讼权利的规定均体现出深刻的程序理性。②

还有学者表示，《反有组织犯罪法》第四章的诸多规定具有突出的创新性，一是赋予公安机关在发现涉案财产有灭失、转移等紧急风险的情况下，可以采取紧急止付、临时冻结、临时扣押等紧急措施的权力。二是赋予了公安机关、人民检察院以及人民法院根据有组织犯罪案件办案需要进行全面调

---

① 参见蔡军《有组织犯罪涉案财产处置规范研究》，《江西社会科学》2022 年第 2 期。
② 参见印波《〈反有组织犯罪法〉的程序内涵与法治嬗选》，《江西社会科学》2022 年第 2 期。

查的权力。三是规定了公安机关、人民检察院、人民法院可以针对特定的涉案财物进行先行出售、变现或者变卖、拍卖。四是规定了全面处置制度、等值追缴或者没收制度以及特殊的证明制度。这些规定为今后彻底摧毁有组织犯罪的经济基础提供了严密的制度保障。[①]

第二，涉众型犯罪涉案财物处置研究。涉众型经济犯罪受害人数众多、涉案资金巨大、财产关系复杂，此类案件涉案财物的有效处置不仅涉及广大受害人合法权益的保护，还关系到社会的和谐稳定。非法集资犯罪作为典型的涉众型经济犯罪，大量集资参与人在案发后会产生极大的挽损需求，稍有不慎就会损害被害人的合法权益，继而引发聚集性、群体性事件，严重威胁社会生活秩序与稳定。对此，诸多学者围绕这一罪名，对涉众型经济犯罪涉案财物的科学合理处置展开讨论。

首先，有学者针对司法实务中普遍存在的因诉讼结构失范而导致的退赃退赔事实认定不清、集资参与人和利害关系人合法权益受损等问题给予对策回应。其主张，未来的程序立法和司法实践应立足于刑事诉讼行为规制、法益保护、自由保障的司法功能，将集资参与人和利害关系人纳入刑事诉讼当事人范围，并赋予二者相应的程序参与权和知悉权。针对规范性文件分歧所导致的涉案人员退赃退赔罪责认定不一的问题，其呼吁司法机关从罪责刑相适应原则角度，对不同涉案人员分类处理。具体来看，不仅要在量刑上体现主从犯之间的量刑差异，还应当在退赃退赔问题上体现主从犯承担责任范围的差异。对于一般涉案人员来说，可以不再对不足部分承担共同退赔责任。针对体系解释欠缺所导致的民刑交叉案件执行退赔顺位争议问题，其认为，根据物权优先于债权，债权之间具有平等性的原则，对于追缴的违法所得部分，退赔被害人时可优先于一般债权；但对于被告人的合法财产部分，在退赔被害人时则不具有优先性。[②]

---

① 参见牛忠志、王顺安《从刑事法学角度解析〈反有组织犯罪法〉》，《山东社会科学》2022年第10期。

② 参见李书静《非法集资案件中"退赃退赔"的司法困境与制度完善》，《国家检察官学院学报》2022年第2期。

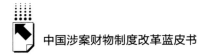

其次，也有学者基于集资犯罪中集资参与人的追赃挽损诉求，在理论层面提出了相应的"法益恢复"方案。其指出，长期以来，我国在打击集资类犯罪问题上秉持"秩序维护"的治理思路，司法办案机关出于维稳需求，在集资犯罪行为发生后主要以追究集资人刑事责任为主，而在挽损问题上通常采用"抓小放大"策略，即要求非法集资人用少部分的资金兑付单笔金额较小但数量庞大的集资参与人的资金诉求，从而确保社会秩序的总体稳定。这种"安抚型"处置方案一方面在维护社会稳定方面发挥了积极效果，但在另一方面侵犯了那些数额较大集资参与人的利益，其实际法律效果值得反思。其认为，经济犯罪的保护法益应当是经济自由，如何更好地保护社会公众的财产权益应该是刑法打击集资犯罪的根本目的。实践证明，在集资犯罪领域，单纯的刑法压制手段并不能有效解决所有问题，在"追赃挽损"问题上，应当及时转变立场，由以"犯罪化治理"为价值追求的"惩罚模式"转向以"更多地回应社会需求"为价值追求的"法益恢复除罪化模式"。具体而言，可以将非法集资人、非法集资协助人是否积极履行清退义务作为入罪与否的实质根据，如果非法集资人、非法集资协助人事后能够及时、有效清退集资参与人的集资款项，就可以考虑对其从轻处罚。通过法益恢复的除罪化激励作用，倒逼集资犯罪行为人积极履行清退义务，从而实现集资犯罪追赃挽损社会效果和法律效果的有机统一。①

此外，还有学者认为，系统性法律规定缺失、涉案财产法律关系复杂、刑事诉讼处置程序缺位以及集资参与人法律意识淡薄是造成非法集资案件涉案财物处置工作堵点多、周期长、保管保值困难、资产接管无门、诉求矛盾突出等问题的根本原因。非法集资案件涉案财物处置工作应坚持合法性原则，以实现涉案资产保值增值为目标，最大限度提高资产变现价值、降低财产损失，在管理、处置、清退涉案财物时应充分尊重集资参与人的意愿，充

---

① 参见庄绪龙《集资犯罪追赃挽损诉求与"法益恢复"方案》，《政治与法律》2021 年第 9 期。

分保障其知情权和参与权，最终实现消除社会矛盾、维护社会稳定的价值追求。对此，可以以庭前会议为节点启动审前处置程序，对于经人民法院审查确认构罪，且事实和证据无争议、无非法证据排除申请，犯罪嫌疑人自愿认罪的案件，在庭前会议阶段就涉案财产进行先行处置。同时，为保障资产处置的专业性、系统性、时效性，确保财产保值和管理得当、避免损失，可以参考商事案件中的破产管理人制度创设刑事案件资产管理人涉案财产管理机制，通过引进律师、会计师、经济师等专业人员，成立资产管理人团队，从而为妥善处置涉案财物、尽力追赃挽损提供前提和基础。①

第三，电信网络诈骗犯罪涉案财物处置研究。近年来，电信网络诈骗猖獗，严重危害公众财产安全、损害社会诚信，成为司法打击的重点以及人民群众关注的焦点。对于被害人来说，相比于犯罪分子被定罪量刑，其更关心自己的受骗财物能否挽回。但就目前实际情况来看，部分司法机关在办案中依然存在"重人轻物"倾向，被害人资金挽损仍存在一定难度。

有学者基于最高人民法院、最高人民检察院、公安部《关于办理电信网络诈骗等刑事案件适用法律若干问题的意见》《关于办理电信网络诈骗等刑事案件适用法律若干问题的意见（二）》以及《反电信网络诈骗法》中的相关原则性规定，指出当前电信网络诈骗涉案财物处置中仍然面临的两大程序性困境。一是审前阶段涉案财物处置程序性救济的缺失，被追诉人、被害人、利害关系人对涉案财物的审前处置结果不服只能向决定机关或其上级机关申诉。二是审判阶段涉案财物处置程序的依附性，庭审中重"定罪量刑"轻"财物处置"的倾向严重。对此，其提出以"诉讼化"为核心，完善电信网络诈骗案件涉案财物处置程序的思路。针对前者，可以设置一种具备诉讼形态的事后型救济性审查程序，即当事人或利害关系人对办案机关审前返还或先行处置结果不服的，可以向人民法院提出申请并提供证据和理由，由法院对审前阶段涉案财物处置结果进行审查并作出裁决。针对后者，

---

① 参见任志中、王珊《非法集资犯罪案件资产管理与处置问题研究》，《法律适用》2021年第2期。

应当在未来的刑事审判中设置相对独立、专门化的刑事涉案财物处置程序，贯彻"人物并重"的刑事诉讼理念。①

五　虚拟涉案财物处置问题研究

随着互联网、区块链等技术的广泛应用，数字经济蓬勃发展，经济活动中交易的方式和财物的形态均发生深刻变化，司法机关认定和处置刑事涉案财物遇到新的挑战，对虚拟类涉案财物的处置成为实践中的一大难题。

但从文献检索情况来看，近年来针对虚拟涉案财物处置的理论研究十分匮乏，既有文献中，有学者以洗钱犯罪为例，分析了当前洗钱犯罪虚拟涉案赃款追缴、处置面临的三大难点。其一，现有法律并未对虚拟货币属性以及虚拟货币交易过程中产生的法律责任进行明文规定，导致公安机关在侦查中面临定性和追缴难题。其二，在我国，围绕虚拟货币开展的各种兑换业务以及服务性业务均被认定为非法金融活动，导致公安机关在查扣涉案虚拟货币后面临处置难题。其三，由于虚拟货币自身去中心化的交易特点以及外部监管缺失、市场价格波动等因素，导致公安机关在认定犯罪数额时面临确认难题。对此，其主张，应尽快完善涉案虚拟资产处置制度，规范涉案虚拟货币处置流程。一是加快制订涉案虚拟货币处置规范性文件，对处置主体、处置方式、处置流程等进行明确规定，实现有法可依。二是建立虚拟货币保管制度，通过"专人专管"，从而降低办案单位和办案人员处置涉案虚拟货币时面临的各种风险。②

还有学者指出，在缺少专门理论研究的支撑下，实践中针对虚拟涉案财产的强制处分面临诸多困境。首先，混淆适用相关强制处分造成的强制侦查和任意侦查处分界线淡化，以及执法不严或法律规定模糊而导致的处分措施运用欠规范，都可能对基本权利造成侵犯。其次，一体查扣、单独

---

① 参见郭烁《电信网络诈骗犯罪应对的程序性困境与完善》，《法学论坛》2023 年第 4 期。
② 参见王晓伟《虚拟货币洗钱犯罪打击难点与治理对策》，《人民论坛》2022 年第 24 期。

提取、强制划扣和变现冻结等四种现有针对涉案虚拟财产的强制处分模式都存在局限性。预先外部审查缺失，同步监督不足，事后监督乏力，既无法有效制衡涉物处分，也无法加强对产权的司法保护。最后，强制处分后的延续性状态和效力无法确保。实践中，对比特币相关电子数据采取程序性处分措施后，还存在后续保管方式和具体措施的适用困惑。面对上述困境，强制处分传统法律治理理论表现出指导性有限、适配性较弱、针对性不强等不足。对此，其创新性提出"新型技术性过程监督理论"，对虚拟财产强制处分的程序监控应以正当程序吸收适宜技术，并融入改造后的过程性监督，从而形成新型技术性过程监督。在此基础上，对涉案虚拟财产的强制处分应走向新型技术性过程监督下的综合模式。首先，在正当程序的前提下引入适配技术；其次，将技术融入程序，实现技术辅助司法对处分全流域的监督。[①]

六　涉案财物处置的程序设计

新时代党的政法工作现代化要求迫切呼吁刑事诉讼理念和刑事诉讼程序的现代化转型，刑事涉案财物处置程序作为刑事诉讼的重要组成部分，其程序设计的独立性与科学性关系到刑事诉讼人权保障的价值实现。对此，近年来学者们聚焦于涉案财物处置程序的基本模式、证明体系、行刑衔接以及缺席审判程序中的涉案财物处置等问题，对涉案财物处置的程序设计展开积极探讨。

第一，关于涉案财物处置程序的基本模式，有研究者提出一种"相对独立的涉案财物处置程序"的设想。其认为，依据《刑法》《刑事诉讼法》及相关司法解释，刑事指控体系的实体范畴实际上应包括定罪指控、量刑建议与财物追缴三个方面，但长期以来，我国刑事司法实践中的涉案财物处置仅属于定罪量刑指控程序中的一个附属性活动，并没有作为一个独立的诉讼

---

① 参见田力男《刑事涉案虚拟财产强制处分论》，《中国法学》2023 年第 5 期。

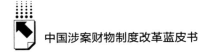

请求而存在。附属性的涉案财物处置程序导致侦查机关的查封、扣押、冻结以及处置权力不受专门的司法审查和监督，继而引发被害人、利害关系人的权利保障危机。对此，基于《中华人民共和国宪法》和《刑事诉讼法》保护公民财产权利的基本原则，该研究者提出中国刑事指控体系的新思路——建构相对独立的涉案财物处置程序，设立涉案财物追缴之诉。所谓"相对独立"，即在法庭在定罪量刑活动结束后，就财产性事实启动专门审理，并适用区别于定罪证明的证据规则和证明规则。[①] 在具体程序设计方面，该研究者另有文章予以详细介绍。首先，相对独立的涉案财物处置程序的审理对象具有特定性，即定罪量刑程序中尚未查清的独立性财物事实，主要包括以下三个方面：一是涉案财物权属性事实；二是涉案财物合法性事实；三是"查扣冻"涉案财物的全面性事实。其次，该程序的启动主要包括两种方式，一是法院依职权启动，二是依当事人及利害关系人的申请启动。其中，关于申请启动相对独立的涉案财物处置程序的具体环节，该学者认为，应充分发挥庭前会议的制度功能，允许各方主体通过庭前会议就涉案财物处置问题提出主张和异议，用以启动相对独立的涉案财物处置程序。最后，关于相对独立的涉案财物处置的法庭审理程序，其认为，整个庭审活动可以按照程序性裁判、定罪裁判、量刑裁判及涉案财物处置的顺序展开。法官可在涉案财物处置程序启动伊始，就庭前会议相关情况进行介绍，总结并确认有关涉案财物处置的争议焦点。随后，法庭将以检察机关提出的涉案财物追缴请求为基础，围绕涉案财物争议焦点展开法庭调查和法庭辩论。在此过程中，对于重合性财物事实的调查与认定应当以定罪量刑程序为优先。但如果在相对独立的涉案财物处置程序中发现先前定罪量刑程序在事实认定上发生错误，应及时启动程序回转，恢复定罪量刑程序，待定罪量刑事实查清后再继续进行涉案财物处置程序。[②]

---

① 参见闵春雷、王从光《以事实为面向：中国刑事指控体系建构的新思路》，《吉林大学社会科学学报》2022 年第 3 期。

② 参见闵春雷、张伟《论相对独立的刑事涉案财物处置程序之建构》，《厦门大学学报（哲学社会科学版）》2022 年第 4 期。

还有学者针对司法机关打击黑恶势力犯罪重刑事责任追究、重刑法措施运用，轻不法利益剥夺、轻涉案财物追缴没收等重心失衡的问题，主张推行追诉犯罪与涉案财物处置一体化的办案模式。一体化的办案模式要求司法机关积极立足自身职能，在审前、审判、执行等环节强化涉案财产查证、判罚和执行，确保充分合法剥夺犯罪行为人的不法财产。具体来看，在审前阶段，公安机关不仅要及时快速打击追捕黑恶势力犯罪行为人，还要注重对黑恶势力犯罪相关涉案财产进行同步、全面保全。检察机关受理移送审查逮捕、审查起诉后，除关注定罪、量刑证据材料外，还要对公安机关移送的涉案财产认真审查，在提前介入、退回补充侦查时要注意督促侦查机关查清涉案财产情况。在审判阶段，法庭应对涉案财物问题进行严格的法庭调查，并积极引导控辩双方就涉案财产的来源、性质、权属、处置方式等问题充分发表意见。宣判时，人民法院还应当告知被告人可以就财产处置部分一并提出上诉意见。在执行阶段，为避免出现涉案财产由哪一机关查扣冻就由哪一机关实际处置，进而导致涉案财产不能由审判机关作出实体性处置的不利局面，应当构建以审判为中心的涉案财产处置执行机构，通过严格审判、依法执行倒逼侦查机关和检察机关全面收集、依法审查证明涉案财产来源、性质、用途、权属、价值的证明材料。[①]

第二，关于涉案财物处置程序的证明体系。上述主张构建相对独立的涉案财物处置程序的学者认为，相对独立的涉案财物处置程序为涉案财物处置证明机制提供了运行的程序空间，为证明机制的实现提供了程序基础。涉案财物处置程序证明机制的确立应综合考虑案件性质、证明程序、举证能力以及程序衔接性、制度可操作性等因素。具体来看，根据"谁主张，谁举证"的证明责任分配原则，首先，对于在定罪量刑程序中予以查明的重合性财物事实，仍应适用严格证明，由检察机关将该事实证明至"证据确实充分，排除合理怀疑"的最高证明标准。其次，对于检察机关提出的有关涉案财

---

① 参见徐岱、毕清辉《黑恶势力犯罪涉案财产处置程序完善路径探析》，《国家检察官学院学报》2021年第2期。

物追缴的独立性财物事实，由于涉案财物处置程序不如定罪程序严格，证明材料也更为丰富多样，因此可以参照量刑程序设置其证明标准。最后，对于当事人和利害关系人提出的有关涉案财物追缴的独立性财物事实，由于该诉求具有对物之诉的性质，且个人举证能力较低，因此可以适用自由证明并采用民事诉讼的证明标准。①

　　还有学者专门针对涉黑案件涉案财物处置程序证明机制进行研究。其中，有学者主张，为解决黑恶势力犯罪涉案财产属性混同难辨的处置困境，在证明涉案财物与犯罪行为关系以及涉案财物性质时应采用高度盖然性标准并限制性引入推定规则。首先，黑恶势力犯罪涉案财产处置具有特殊性和复杂性，为保证充分合法处置涉案财产，防止犯罪行为人的合法财产权遭受侵犯，采用高度盖然性标准较为适宜，主要原因如下。其一，涉案财物处置的证明标准设置过高需要较高的诉讼成本，不利于黑恶势力犯罪涉案财产的有效剥夺，采用高度盖然性标准符合司法实践需求。其二，涉案财物处置属于一种对物之诉，并不涉及对人的追责和惩罚，没有采取排除合理怀疑证明标准的必要。其三，从域外立法来看，大部分国家或地区在定罪没收方面并未强加给控诉方较重的证明负担，采用高度盖然性证明标准，符合域外相关领域立法趋势。其次，作为有组织的黑恶势力犯罪，在涉案财产处置程序中限制性适用推定规则，符合我国扫黑除恶斗争实践的客观需求。一是践行了宽严相济的刑事司法政策，符合从严惩治黑恶势力犯罪的治理要求。二是能够有效降低检察机关的证明难度，提高诉讼效率，保障司法机关充分合法处置涉案财产。三是通过严格限制推定的适用条件，也能够保障当事人及利害关系人的合法财产权益。② 还有学者基于《反有组织犯罪法》第 45 条第 3

① 参见闵春雷、张伟《论相对独立的刑事涉案财物处置程序之建构》，《厦门大学学报（哲学社会科学版）》2022 年第 4 期。
② 参见徐岱、毕清辉《黑恶势力犯罪涉案财产处置程序完善路径探析》，《国家检察官学院学报》2021 年第 2 期。

款①，论证了涉黑违法财产处置程序的证明体系。首先，涉黑违法财产的证明对象是涉黑违法财产，即涉黑违法所得及其孳息、收益。根据文义解释，此处"违法"宜作扩大理解，不仅包括黑社会性质组织的刑事违法行为，而且还应包括其民事违法和行政违法行为。但"违法所得及其孳息、收益"的范围不宜扩大，只能适用于有组织犯罪，而不包括涉恶及其他犯罪所得及其孳息与收益。其次，涉黑违法财产的证明责任分配并没有完全遵照"谁主张，谁举证"的规则，而是规定涉黑违法财产的证明责任在控方与被告人之间附条件转移。具体来看，对于财产是否高度可能属于涉黑违法财产的事实，仍由控方承担证明责任。但在定罪量刑事实已经查清、控方已有证据证明被告人在犯罪期间获得的财产高度可能属于涉黑财产的条件下，证明财产合法性的责任就从控方转移给了被告人。再次，涉黑违法财产适用"高度可能性"的证明标准。认定涉案财物的核心目的在于区分合法财产和非法财产，并非证明标准越高就越有利于实质正义的实现，与"排除合理怀疑"的证明标准相比，"高度可能性"证明标准能够减轻公诉方的证明负担，弥补举证不足，更符合对物之诉的实践需要。最后，涉黑违法财产应适用相对独立的证明程序。与涉黑罪刑证据与证明相比，涉黑违法财产证据与证明具有诸多特殊性。一方面，涉黑违法财产证据与涉黑罪刑证据承载的信息不一致，证据的利益主体也不同；另一方面，涉黑违法财产证明与涉黑罪刑证明的证据规则也不完全相同。对此，应适当吸收被害人、第三方参与，通过举证、质证、认证过程，认定涉黑财产的违法事实并依法处置财产。②

还有学者以被告人在境外类案件为视角，讨论了刑事缺席审判程序中的证明标准。其以现有法律规定为根据，同样认为刑事缺席审判程序中涉案财物的认定无须达到确实、充分的证明标准。首先，《刑事诉讼法解释》第

---

① 《反有组织犯罪法》第 45 条第 3 款："被告人实施黑社会性质组织犯罪的定罪量刑事实已经查清，有证据证明其在犯罪期间获得的财产高度可能属于黑社会性质组织犯罪的违法所得及其孳息、收益，被告人不能说明财产合法来源的，应当依法予以追缴、没收。"

② 参见姚显森《论涉黑违法财产之证明体系》，《政法论丛》2022 年第 5 期。

604 条规定，对于人民检察院提起的缺席审判程序，"人民法院审理后应当参照本解释第二百九十五条的规定作出判决、裁定"并"可以对违法所得及其他涉案财产一并作出处理"。其次，根据《刑事诉讼法解释》第 295 条第 2 款规定，对涉案财物，人民法院应当根据审理查明的情况，依照本解释"第十八章涉案财物处理"的规定作出处理。最后，在第十八章中，法条在规定涉案财物裁判标准时，使用的是"不能确认属于"或"确属"等表述，这并不是证据确实、充分证明标准的典型表述。因此，刑事缺席审判程序中对涉案财物的认定并不适用确实、充分的证明标准。[①]

第三，关于涉案财物处置程序中的行刑衔接。通过知网检索显示，现有论文中关于行刑衔接的研究主要围绕某一类案件或某一罪名而展开，其关注点往往在于行为认定、案件移送、证据转化等方面，针对涉案财物处置行刑衔接的探讨并不多见，相关论文十分有限。笔者认为，这同样是司法实践中"重定罪量刑，轻财产处置"在理论研究上的一种反映。

涉案财物行刑衔接是行刑衔接机制的重要组成部分，行刑衔接是涉案财物处置的重要保障，在大多数行政犯罪案件中，行刑衔接已经成为涉案财物处置的必经程序。在为数不多的研究中，有学者敏锐地察觉到完善涉案财物行刑衔接的重要性和紧迫性，其指出，由于涉案财物行刑衔接相关立法不够完善，行政执法机关和司法机关对于同一法律问题的理解通常会有所偏颇，因此实践中经常出现行政执法机关与司法机关对同一涉案财物的处置有所差异甚至相互矛盾的情形。对此，为保障涉案财物处置合法公正，应当建立"刑事优先原则"，以案件移送立案时所处的行政执法阶段为根据，制订不同的处置方案。具体来看，第一，如果行政执法机关将案件移送至公安机关进行刑事立案前，并未对涉案财物采取任何处置措施，其只需要将相关案件材料移送至公安机关即可，涉案财物将由公安机关根据后续侦查情况予以处置。第二，如果在移送刑事立案前，行政执法机关仅对涉案财物采取了查

① 参见高通《论刑事缺席审判程序中的证明标准——以被告人在境外类案件为视角》，《法学》2022 年第 9 期。

封、扣押、冻结等程序性处置措施，则只需将其查扣冻的涉案财物，先行拍卖、变卖的价款，以及与案件有关的其他材料移交至公安机关。公安机关后续将按照刑事诉讼标准对移交的涉案财物进行处置。第三，如果行政执法机关在移送刑事立案前已经对涉案财物作出收缴、追缴或者没收等实体性处置决定的，根据"一事不二罚"的原理，有关司法机关不应再次作出处理。综上，其提出四点完善行政和刑事涉案财物处置的立法建议：一是进一步明确供违法犯罪行为所用之物的认定标准，确立涉案财物处置的相当性原则。二是统一涉案财物实体处置措施，明确不同涉案财物处置术语的法律含义。三是在行政立法中明确规定违法所得产生的孳息应予没收。四是在刑事立法中完善案外人财物返还制度。①

第四，关于缺席审判程序中的涉案财物处置。有学者通过对职务犯罪类缺席审判程序的特殊性加以审视，指出构建符合职务犯罪类缺席审判程序自身特点的涉案财物处置机制的必要性。其认为，职务犯罪类缺席审判程序克减了被追诉人的程序参与权，冲击了现有的人权保障原则和证据制度，其执行端通常还有赖于国际刑事司法协助。在此类审判程序中，继续适用普通程序关于涉案财物处置的规定已经难以适应现代刑事诉讼人权保护的司法理念，并且不利于缺席审判国际司法协助活动的顺利开展。为此，亟须构建专门针对职务犯罪类缺席审判案件的涉案财物处置司法审查机制，由法院对缺席审判程序中限制被追诉人财产权的强制性措施给予事前审查或事中审查。其中，事前审查是指任何办案机关对涉案财物采取查封、扣押、冻结等强制性措施必须经过法院签发令状才能实施。事中审查是指法院可以对对物强制性措施的实施过程予以司法审查。关于法院作为该司法审查的主体，理由有二。一是由法院签发令状是域外大多数国家的通常做法，我国选择法院作为涉案财物处置司法审查的主体符合国际司法习惯，能够减少国际司法协助过程中其他国家的困惑和质疑。二是此类案件的启动以域外送达为基础条件，

---

① 参见刘艾涛、黄有湘《涉案财物处置的行刑衔接》，《行政法学研究》2021年第1期。

实践中的案件数量并不多，由法院进行司法审查并不会明显增加法院工作负担。①

七 涉案财物管理问题研究

在整个涉案财物处置程序中，涉案财物的妥善管理是涉案财物得到妥当处置的基础和保障，也是刑事诉讼保护当事人和其他利害关系人财产权的重要环节和体现。自涉案财物跨部门集中统一管理改革以来，各地积极探索和创新，形成了各具特色的实践样本。

有学者基于当前涉案财物管理的实践样态和探索成效，对不同涉案财物管理改革模式进行对比分析，提出了未来涉案财物管理改革最适宜的路径。根据其考察，当前的涉案财物管理主要存在公安代管、公检法共管、行政机关管理以及社会主体托管四种样态。

虽然以往实践中存在的涉案财物保管无序、移送不顺、处置不畅等状况随着改革探索的推进已得到有效改善，但改革中仍然面临诸多制约发展的问题。一是集中管理中心的合法性遭受质疑。一方面，公安代管样态下公安机关承担整个诉讼阶段的涉案财物管理有违权力法定原则之嫌；另一方面，行政机关管理和社会主体托管样态中行政机关和社会主体的管理资格缺乏法定授权。二是集中管理中心缺乏独立性定位。实践中，集中管理中心并未核定独立编制，缺乏独立财政支持，通常被认为是非独立性的组织机构，这也导致其管理权行使的完整度有所欠缺，直接影响改革效果发挥。三是集中管理中心的职权范围不明。实践中大多数涉案财物集中管理中心仅负有管理涉案财物的责任，而并不具有涉案财物管理的权力，对于公检法机关违法调用、处理涉案财物的行为，集中管理中心缺乏实质约束力。四是被追诉人合法财产权益保障不全面。当前，很多地方的涉案财物

---

① 参见杨帆《我国职务犯罪类缺席审判中涉案财物处置机制构建——从传统刑事诉讼财产权保障不足展开》，《云南师范大学学报（哲学社会科学版）》2021年第6期。

管理信息化平台建设仍处于初步阶段，配套设施并不完善，相关制度并不健全，当事人和利害关系人在司法实践中的财产保障权和信息知情权无法得到有效保障。

其认为，探索最理想化的涉案财物管理改革路径，必须首先解决涉案财物管理改革的正当性问题。在涉案财物跨部门集中统一管理的改革模式下，公检法三机关"赋权管理"是实现涉案财物管理改革目标的应然基础。自主性和独立性是赋权管理的特性所在，也是能够取得高质效管理的优势所在。通过赋权管理，公检法机关将专职司法案件办理，集中管理中心将统一管理涉案财物，二者各司其职、分工合作，从而实现"优化司法职权配置"和"精细化办案"的司法改革要求。基于赋权理论，该作者进一步对四种管理样态的内在逻辑自洽性予以分析。根据管理主体是否独立于公检法为标准，可以将当前的四种改革样态划分为"内部统一管理"和"外部统一管理"两种模式。其中，公安代管和公检法共管属于内部统一管理模式；行政机关管理和社会主体托管则属于外部分离管理模式。综合改革目标、司法效益以及改革风险评估等各方面因素来看，外部分离管理模式应是未来跨部门集中化涉案财物管理最适宜的改革路径。首先，相比于内部统一管理模式，第三方管理更具有独立性和中立性，更契合涉案财物管理的转型目标。其次，第三方赋权参与更有利于节约司法资源，优化资源配置，能够有效提升涉案财物管理制度效益。最后，在专业人员具备和监督机制完善的条件下，由第三方专业化管理更符合"两害相权取其轻"的风险权衡理念。

从风险规制的视角来看，当前的外部统一管理模式还需要进行以下完善。一是建立管理主体资质审核机制，确保第三方主体涉案财物管理的专业能力。二是建立内外部监督考核机制，助推管理效能和司法公信力提升。三是建立责任追究与救济机制，保障被追诉人的合法权益。①

---

① 参见江佳佳《刑事诉讼涉案财物管理的改革模式与路径选择》，《地方立法研究》2023 年第 3 期。

八 结语

整体上看,近三年关于涉案财物处置的理论研究呈现以下特点。第一,关注所有涉案主体的权利保障。除案件当事人外,学者们同样重视涉案财物处置对案外人所造成的影响。在服务保障民营企业发展的背景下,还高度关注涉案企业的财产权保护。第二,特定类型案件涉案财物处置问题成为研究热点。学者们积极响应社会治理需要,对有组织犯罪、涉众型犯罪、电信网络诈骗犯罪等特定类型案件中的涉案财物处置问题展开针对性研究。第三,强调涉案财物处置程序的合理性设计。公正的涉案财物处置需要有科学的程序加以保障,基于当前我国涉案财物处置存在的普遍问题,学者们从基本模式、证明体系等不同角度提出涉案财物处置的程序设计方案。

这些理论研究成果系统分析总结了近三年来我国刑事涉案财物处置工作中行之有效的经验做法,并对其中出现的一些问题进行反思,为下一步涉案财物处置工作现代化提供了理论支撑和路径指引。但针对涉案财物处置问题的核心论文数量相对较少,在研究内容上比较零散,结合实践需求来看,仍存在以下不足。一是基础性问题仍未形成定论。关于涉案财物的概念以及范围一直都是学术讨论的重点,但始终没有形成统一明确的共识。作为基础性问题,涉案财物的概念和范围决定了司法机关"查冻扣"的数量和种类。不同学术观点虽然都旨在更加准确地限定强制性措施的适用范围,但实际上相互之间的争论也在另一方面导致执法司法机关参考标准不一、理解适用不同的现象。二是关于虚拟涉案财物处置的理论研究匮乏。当前司法实践中,比特币等新型虚拟涉案财物的处置问题十分棘手。但从检索结果来看,关于虚拟涉案财物处置的核心论文仅有两篇,相应的理论供给严重不足,已经远远无法满足实践治理的需求。三是相关完善建议较为笼统粗浅。针对实践中暴露出的制度漏洞,大多数文章给出的完善建议较为原则化和抽象化,仅有数句对策性提议,并未给出具体的解决方案。事实上,刑事涉案财物处置所面临的困难和挑战仍非常严峻,实践中重人轻物的局面并未得到根本性扭转。上述不足既是目前理论研究的短板和弱项，同时也为未来涉案财物理论研究和实践探索指明了方向。2023 年 8 月，最高人民检察院印发《2023—2027 年检察改革工作规划》，指出要"强化涉案财物公诉职责""协同完善涉案财物集中统一管理制度。加强对涉案财物处置的法律监督"。同年 9 月，最高人民法院印发《最高人民法院关于优化法治环境　促进民营经济发展壮大的指导意见》的通知，专门强调要"健全涉案财物追缴处置机制""强化善意文明执行"。在新的政策要求下，笔者期望更多的理论研究以实践需要为导向，以实现司法公正为宗旨，为新时代涉案财物处置现代化建设提供智力支持。

Abstract

In the past two years, under the policy guidance of "Opinions on Further Regulating the Disposal of Property and Evidence Involved in Criminal Proceedings" and the "Framework Opinions on Several Major Issues of Comprehensive Deepening Reforms of Public Security" issued by the General Office of the CPC Central Committee and the General Office of the State Council, and in accordance with the specific requirements of the "Several Provisions on the Administration of Property and Evidence Involved in Case by Public Security Organs", the national public security organs have carried out in-depth reforms of the criminal property system, New experiences, practices, and work outcomes have been formed.

"The Blue Book on the Reform of Litigation Property System in China" is compiled by the Law School of People's Public Security University of China. Its aim is to continuously record and describe the development status of China's criminal property and evidence system involved in case from traditional to modern reforms, analyze the problems existing in the reforms, predict future development trends, and promote the modernization process of the involved property and evidence management and disposal. The 2023−2024 volume of this blue book is titled *Report on the Reform and Development of Criminal Property and evidence System in China No. 3 (2023−2024)*, which is divided into two parts: the general report and the sub report. The 2023−2024 volume describes the current situation of the disposal on the involved property and evidence in China, sorts out and analyzes the problems existing in the disposal work, and puts forward proposals for improvement of the reform of the disposal in China.

The general report points out the importance of the disposal on property and evidence involved in criminal case, summarizes the typical experiences of reform and exploration in various regions. This article analyzes the main problems and challenges faced in the current reform of the criminal property system, and proposes the future development direction of China's criminal property and evidence system reform.

The sub-reports select representative cities in the reform of the involved property and evidence system and describes the difficulties, challenges, advanced experiences, and innovative measures in the process of reform exploration in various regions, which will help us fully understand the current disposal situation. Beijing Municipal has successfully created a "Beijing model" for the management of property and evidence involved in case, relying on the cross departmental management mechanism of "physical stationary and procedural circulation". Xiamen Municipal, in collaboration with finance, procuratorate, court and other departments, has developed an online platform for managing property and evidence involved in case, and created a trans-departmental property management center offline, achieving centralized management of goods, online circulation of information, and centralized disposal of the center. Huzhou Municipal has established a system of property managers for involved case, iterated the supervision mechanism for involved property, and established an "intelligent supervision platform for criminal involved property". Wenzhou Municipal innovates the socialized disposal model of property and evidence involved in case, continuously optimizing and upgrading the digital disposal platform of property and evidence involved in case. Xiangtan Municipal utilizes institutional norms, mobile intelligence, and political and legal coordination to form a "Xiangtan model" for the management of property and evidence involved in case. Changshu City is focusing on building a closed-loop management system for the entire process of property and evidence involved in case, forming a new pattern of joint management with fast in and out, and efficient disposal.

At present, there are still some bottlenecks and difficulties in the reform of the criminal involved property system. For example, a unified management center for property involved in case nationwide has not been widely established, and the established unified management center for property involved in case faces problems such as insufficient independence and unclear scope of authority, which affects the

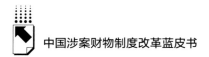

overall progress of the reform of the criminal involved property system. For example, under the conditions of unclear legislation on the storage period of property involved in case, lack of regulations for the disposal of digital assets, and insufficient protection of the rights of stakeholders, the existing criminal justice system cannot meet the practical needs of the disposal of property involved in case. In the face of these problems, it is necessary to further deepen the reform of the property system involved in cases, strengthen the theoretical supply of property involved in a case, and promote the modernization of political and legal work in the new era through the modernization of criminal property disposal work.

Keywords: Disposal on the Property and Evidence Involved in the Criminal Case; The Advanced Disposal; The Management Center of Trans-departmental Property and Evidence Involved in Criminal Case.

Contents

I General Report

Abstract: Property rights are an essential component of citizens' fundamental human rights. Strengthening the management and disposal of property and evidence involved in criminal case is conducive to the protection of property rights and the safeguarding of human rights. Over the past two years, the reform of the involved property and evidence system have been ongoing in China, with further improvements in relevant laws and regulations, albeit with varying progress and depth across different regions. A nationwide modernized unified management center for involved property and evidence has yet to be universally established; existing unified management centers for property and evidence face new challenges; the advanced disposal and return of property and evidence are not smooth, and the realization of disposal of digital property and evidence involved in criminal case is difficult; the rights of interested parties in property and evidence involved in criminal case are insufficiently protected, among other issues. The future direction of reform and development of the system for managing property and evidence involved in criminal case is to promote the establishment and improvement of a unified and trans-departmental management center for the property and evidence involved in criminal case, facilitate the "exit" position of property and evidence involved in criminal case, and prioritize the protection of the rights of interested parties.

Keywords: Unified Management Center for Involved Property and Evidence; the Advanced Disposal; the Protection of Right; Property Right

Ⅱ Sub-report

B. 2 Exploration and Research on the Deepening Reform of the
Involved Property Management in Beijing Municipal
Public Security Bureau

Xiao Song, Liu Yan, Cao Wenjian and Li Kai / 024

Abstract: Since the General Office of the CPC Central Committee, and General Office of the State Council jointly issued "Opinions on Further Regulating the Disposal of Property and Evidence Involved in Criminal Proceedings", the Beijing Municipal Public Security Bureau, under the leadership of the Municipal Committee's Political and Legal Affairs Committee, has comprehensively promoted the reform of property and evidence involved in criminal case. Relying on the establishment of a trans-departmental management mechanism for "static physical objects and procedural circulation" of property and evidence involved in criminal cases, it has opened up a "green channel" for the transfer of physical objects to the national treasury, constructed a "3 + 3 + 3" management framework for venues, personnel, and information systems, and successfully created the "Beijing Model" for the management of property and evidence involved in criminal case. In recent years, the Party Committee of the Beijing Municipal Public Security Bureau has always attached great importance to the management of property and evidence involved in criminal case, adhering to the principles of courage and innovation, focusing on establishing and improving institutional norms. It has tightened and implemented the "three-tiered responsibility" from the municipal bureau to the branch bureau and grassroots police stations, continuously innovated and enriched the "core" mechanism of trans-departmental centralized and unified management of property and evidence involved in criminal case, promoted the integration of the property management center and the law enforcement case management center, and standardized the key management of the origin, process, and exit of property and evidence involved in criminal case, continuously making precise efforts and deepening the reform of property and evidence involved in criminal case. The professionalization level of the overall property management team, the standardization level of storage facilities, the intelligence level of information systems, and the refinement level of supervision and management have achieved leaps, providing strong legal guarantees for the modernization of the capital's social governance capacity and governance system.

Keywords: In Kind to the State Treasury; Management on the Property and Evidence involved in Case; Disposal on the Property and Evidence Involved in Case; Law Enforcement and Case Management

B. 3 Exploration and Research on the Reform of the Involved Propertyy Management in Xiamen

Ye Wentong, Chen Zhongyi, Lin Zun and Jiang Fa / 057

Abstract: In recent years, under the overall coordination of the Political and Legal Affairs Committee of the Xiamen Municipal Party Committee, the Xiamen Public Security Bureau has collaborated with departments such as finance, procuratorate, and court to develop an online platform for managing property and evidence involved in case. This platform has opened up data barriers among the police, procuratorate, court, financial, and appraisal institutions, integrated a system for operation, built a unified database of property involved in case throughout the city, implemented coding management for all property involved in case, and expanded the scope of case related funds Full channel payment and payment methods for margin, realizing real-time, dynamic, and full process information supervision of the involved property. Offline, through the purchase of socialized services by the government, we will establish a cross departmental property management center, centralize the management of criminal and administrative property in the city, establish virtual sub accounts for involved funds, and implement specialized management of different types and risk levels of involved property through separate warehouses. Third party institutions will be introduced to provide unified storage, circulation, auction, "one-stop" judicial appraisal and other professional services for involved property, Realize centralized management of items, online circulation of information, and centralized disposal.

Keywords: Datatbose of Property and Evidence Involved in Case; Centralized management; One-stop Judical Identification

B.4 Exploration of the Involved Property Management and Disposal in Huzhou Municipal Public Security Bureau

Guo Louer, Li Yixuan and Jiang Fa / 092

Abstract: The management and disposal of property and evidence involved in case is an important part of administrative law enforcement and criminal justice, which is related to the vital interests of the people. As a pilot project for the management and disposal of property and evidence involved in case in Zhejiang Province, the Huzhou Public Security Bureau has innovated the custody mechanism of property and evidence involved in case, established a "Criminal Litigation Property Management Center", established a third-party centralized custody mechanism, optimized the "one-stop" system upgrade, and established a system of property managers for stakeholder case. Iterative supervision mechanism for property and evidence involved in criminal proceedings, establishment of an intelligent supervision platform for property involved in criminal proceedings, establishment of a linkage supervision mechanism, and consolidation of the responsibility system of all parties. Improve the mechanism for handling property involved in case, innovate the "one click" online auction, and establish a sound mechanism for safeguarding rights. However, in practice, there are still difficulties in dealing with new types of property and evidence involved in case, blind spots in the supervision of property involved in administrative case and non involved property (mainly including personal belongings), difficulties in multi party collaborative transfer, and inadequate protection of legal rights for all parties. In order to solve the above problems, Huzhou Public Security has taken three measures: expanding the scope of integrated custody of property involved in case, improving supervision and custody mechanisms, and creating an ecosystem for the disposal of property involved in case. Following the three wheel drive concept of "system, mechanism, and technology", it has further promoted the iterative optimization of intelligent supervision and disposal of property and evidence involved in case.

Keywords: Property and Evidene Involved in Case; Custody Mechanism; Regulatory Mechanisms; Disposal Mechanism

B. 5 Exploration and Improvement of the Disposal Reform of the Involved Property in the Criminal Proceeding in Wenzhou

Chen Qingfu, *Jin Shu*, *Wang Zixiang*, *Li Yiqian and Li Huachen* / 130

Abstract: Wenzhou Municipal, as a pilot area for the reform of criminal litigation related property disposal in Zhejiang Province, actively explores the modernization construction of criminal litigation related property disposal work. On the basis of establishing a trans-departmental property management center, we have innovated the socialized disposal mode of criminal litigation property, created a digital disposal platform for criminal litigation property, and reconstructed the process of criminal litigation property disposal by reshaping the mechanism, achieving a series of significant results. However, in the process of reform, there are still bottlenecks such as incomplete joint efforts from the competent units, the need to further expand the scope and channels of disposal, the need for iterative digital disposal methods, and inadequate supervision and relief channels. In this regard, it is necessary to further improve the construction of institutional systems, iterate digital disposal platforms, broaden disposal paths, strengthen regulatory efforts, and achieve standardized, intelligent, efficient, and transparent disposal of property and evidence involved in case.

Keywords: Property and Evidence Involved in Case; Reform of the Disposal of Property Involved in Case; Social Disposal; Digital Disposal Platform

B.6　Exploration of the Reform of the Involved Property Management Mode in Xiangtan Municipal Public Security Bureau

Xie Hengxiang, Tan Jinxiu, Chen Yanyuan and Qu Yiqi / 156

Abstract: The management of property and evidence involved in case is an important part of law enforcement standardization. Due to its characteristics of both evidential and value attributes, the management and disposal of property and evidence involved in case must strike a balance between ensuring the smooth handling of the case and safeguarding the legitimate property rights and interests of the parties involved. In the years of reform and exploration, the Xiangtan Public Security Bureau has continuously proposed solutions tailored to local conditions for the frequent collection, storage, and disposal of property and evidence involved in case. In the situation where human, financial, and material resources are relatively insufficient, the "Xiangtan model" of property management related to the case is formed through institutional norms, mobile intelligence, and political and legal coordination.

Keywords: Property Management Involved in Case; Three-Level Linkage Between Cities, Counties and Local Police Station; Mobile Intelligence Upgrade; Political and Legal Cooperation

B.7　Exploration of the Reform of the Mechanism for the
　　　　Management and Disposal of the Involved Property in
　　　　Changshu City Public Security Bureau

Wang Zhijun, Xie Quanfa and Jiao Na / 186

Abstract: The management and disposal of property and evidence involved in case is an important part of the construction of law enforcement standardization, which is of great significance for safeguarding the legitimate rights and interests of parties, ensuring the smooth progress of criminal litigation and administrative law enforcement, and promoting judicial fairness. In order to continuously standardize the management and disposal of property and evidence involved in case, Changshu City combines practical work with the goal of intensification, informatization, standardization, and efficiency, and has established a trans-departmental centralized and unified property management center. It has created a police, procuratorate, and court shared platform for managing property and evidence involved, and explored innovative measures such as third-party commissioned operation and maintenance, online network direct shooting, police bank linkage supervision, electronic non tax confiscation receipts, and non litigation execution of administrative fines, Efforts will be made to build a closed-loop management system for the entire process of the involved property, from items to money and then to receipts, with a "one-to-one correspondence", forming a new pattern of efficient co management of the involved property through "fast in, fast out".

Keywords: Property and Evidence involved in case; Information; Co construction and co management; Online auction

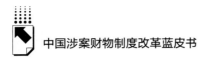

B.8　Literature Review on the Disposal of Property and
　　Evidence Involved in the Case（2021-2023）

Li Yuhua, *Li Huachen* / 209

Abstrct：From 2021 to 2023, China has made significant progress in the
theoretical study of the disposal on the property involved in cases. Scholars have
formed a series of theoretical results with authentic basis and practical basis in the
field of the disposal on the property involved in cases, focusing on the newly
enacted laws and regulations and the practice of criminal justice. The identification
of the property involved in cases is still a hot spot of theoretical research. The
procedural value of the disposal on the property and evidence involved in cases,
such as the protection of rights, obstruction of procedures and the maintenance of
social stability, has attracted the attention of the academic circles. More scholars
have begun to pay attention to the protection of the rights of the victims, the
accused and outsiders, as well as the enterprises involved in cases, in the disposal
on the property involved in cases. With the continuation of the crackdown on gang
crimes; the promulgation and implementation of the Anti-Organized Crime Law
and the state's severe crackdown on telecom and online fraud, scholars have begun
to study the disposal on property and evidence involved in specific types of cases,
such as organized crime cases, crowd-related crime cases and telecommunication
fraud crime cases. Compared with the rapid development of network information
technology, the theoretical research on the disposal on the virtual property
involved in cases is still relatively weak. Different scholars design the program for
the disposal on the property in cases from different perspectives. There are also
scholars specializing in the management of the property involved in cases.

Keywords：Disposal on the Property Involved in Cases; Protection of
Rights; specific types of cases; virtual property involved in case; Program Design

权威报告·连续出版·独家资源

皮书数据库
ANNUAL REPORT(YEARBOOK)
DATABASE

分析解读当下中国发展变迁的高端智库平台

所获荣誉

- 2022年，入选技术赋能"新闻+"推荐案例
- 2020年，入选全国新闻出版深度融合发展创新案例
- 2019年，入选国家新闻出版署数字出版精品遴选推荐计划
- 2016年，入选"十三五"国家重点电子出版物出版规划骨干工程
- 2013年，荣获"中国出版政府奖·网络出版物奖"提名奖

皮书数据库

"社科数托邦"
微信公众号

成为用户

　　登录网址www.pishu.com.cn访问皮书数据库网站或下载皮书数据库APP，通过手机号码验证或邮箱验证即可成为皮书数据库用户。

用户福利

- 已注册用户购书后可免费获赠100元皮书数据库充值卡。刮开充值卡涂层获取充值密码，登录并进入"会员中心"—"在线充值"—"充值卡充值"，充值成功即可购买和查看数据库内容。
- 用户福利最终解释权归社会科学文献出版社所有。

数据库服务热线：010-59367265
数据库服务QQ：2475522410
数据库服务邮箱：database@ssap.cn
图书销售热线：010-59367070/7028
图书服务QQ：1265056568
图书服务邮箱：duzhe@ssap.cn

社会科学文献出版社 皮书系列
SOCIAL SCIENCES ACADEMIC PRESS (CHINA)

卡号：594213723957
密码：

S 基本子库
SUB DATABASE

中国社会发展数据库（下设 12 个专题子库）

紧扣人口、政治、外交、法律、教育、医疗卫生、资源环境等 12 个社会发展领域的前沿和热点，全面整合专业著作、智库报告、学术资讯、调研数据等类型资源，帮助用户追踪中国社会发展动态、研究社会发展战略与政策、了解社会热点问题、分析社会发展趋势。

中国经济发展数据库（下设 12 专题子库）

内容涵盖宏观经济、产业经济、工业经济、农业经济、财政金融、房地产经济、城市经济、商业贸易等 12 个重点经济领域，为把握经济运行态势、洞察经济发展规律、研判经济发展趋势、进行经济调控决策提供参考和依据。

中国行业发展数据库（下设 17 个专题子库）

以中国国民经济行业分类为依据，覆盖金融业、旅游业、交通运输业、能源矿产业、制造业等 100 多个行业，跟踪分析国民经济相关行业市场运行状况和政策导向，汇集行业发展前沿资讯，为投资、从业及各种经济决策提供理论支撑和实践指导。

中国区域发展数据库（下设 4 个专题子库）

对中国特定区域内的经济、社会、文化等领域现状与发展情况进行深度分析和预测，涉及省级行政区、城市群、城市、农村等不同维度，研究层级至县及县以下行政区，为学者研究地方经济社会宏观态势、经验模式、发展案例提供支撑，为地方政府决策提供参考。

中国文化传媒数据库（下设 18 个专题子库）

内容覆盖文化产业、新闻传播、电影娱乐、文学艺术、群众文化、图书情报等 18 个重点研究领域，聚焦文化传媒领域发展前沿、热点话题、行业实践，服务用户的教学科研、文化投资、企业规划等需要。

世界经济与国际关系数据库（下设 6 个专题子库）

整合世界经济、国际政治、世界文化与科技、全球性问题、国际组织与国际法、区域研究 6 大领域研究成果，对世界经济形势、国际形势进行连续性深度分析，对年度热点问题进行专题解读，为研判全球发展趋势提供事实和数据支持。

法律声明

"皮书系列"（含蓝皮书、绿皮书、黄皮书）之品牌由社会科学文献出版社最早使用并持续至今，现已被中国图书行业所熟知。"皮书系列"的相关商标已在国家商标管理部门商标局注册，包括但不限于 LOGO（⬚）、皮书、Pishu、经济蓝皮书、社会蓝皮书等。"皮书系列"图书的注册商标专用权及封面设计、版式设计的著作权均为社会科学文献出版社所有。未经社会科学文献出版社书面授权许可，任何使用与"皮书系列"图书注册商标、封面设计、版式设计相同或者近似的文字、图形或其组合的行为均系侵权行为。

经作者授权，本书的专有出版权及信息网络传播权等为社会科学文献出版社享有。未经社会科学文献出版社书面授权许可，任何就本书内容的复制、发行或以数字形式进行网络传播的行为均系侵权行为。

社会科学文献出版社将通过法律途径追究上述侵权行为的法律责任，维护自身合法权益。

欢迎社会各界人士对侵犯社会科学文献出版社上述权利的侵权行为进行举报。电话：010-59367121，电子邮箱：fawubu@ssap.cn。

社会科学文献出版社